テーマでみる

保育実践の中にある保育者の専門性へのアプローチ

中坪 史典［編著］
Nakatsubo Fuminori

ミネルヴァ書房

テーマでみる
保育実践の中にある保育者の専門性へのアプローチ

目　次

第Ⅱ部　子どもの遊びを支える

第Ⅲ部　子どもの葛藤場面と向き合う

第Ⅳ部　子どもの表現世界をひらく

序章 なぜ保育実践の中にある保育者の専門性にアプローチするのか？

中坪史典

1 保育者の専門性の大切さと見えにくさ

（1）3歳児6月の砂遊び場面から

6月の晴れた日，筆者は，授業や研究などでかかわっている大学附属幼稚園の3歳児クラスに足を運びました。そこでは，子どもたちが思い思いに容器に水を入れて砂場に流して遊んでいました。翌日も朝から足を運んでみると，3歳児クラスの砂場付近には，ペットボトルなど透明の容器が前日よりも数多く準備されていました。保育者に尋ねてみると，「昨日，子どもたちは水を流して遊んでいて……そのとき透明の容器を好んで用いていたので，今日は数を増やしてみました」とのこと。この日も子どもたちが砂場に水を流して遊びはじめます。昨日より容器の数が多いからでしょうか，子どもたちの人数も多くなり遊びも活発です。まだ，協同遊びがそれほど見られない3歳児6月の幼稚園の光景ですが，この日は，砂場一帯がダイナミックなダムづくりへと発展していきます。どの子どもも夢中になっています。筆者も子どもたちの世界に入り込みながら，この光景を側から眺めていました。

（2）4歳男児と5歳男児の交流場面から

ある日の月曜日，公立幼稚園（2年保育）を訪問する機会がありました。4歳男児が水槽の中にいるザリガニを興味津々と眺めています。彼はどうも，ザリガニを自分の手で捕まえたいようです。そこに5歳男児がやってきました。5歳児が4歳児にいろいろとアドバイスを送ります。「このザリガニは凶暴だからやめといた方がいい。こっちのザリガニを狙った方がいい」「ザリガニの背中をしっかり持つんだ」「今だ！」……4歳児は，5歳児のアドバイスを頼りに，見事にザリガニを手で捕まえることができました。5歳児が「やったね！」と言い，4歳児が「うん」と言って誇らしく笑います。側で見ていた筆者も，思わず「やったね！」と心の中で叫びました。このエピソードを担任の保育者に話すと，「先週，子どもたちがザリガニの話題で盛り上がっていたので，もっとザリガニと触れ合えるように，週末に口の大きな水槽に移しかえてみました」とのことでした。

（3）保育実践の中にある保育者の専門性

上記の事例は，決して眼を見張るような輝かしい保育の一場面ではありません。保育所，幼稚園，認定こども園を問わず，どの園でも見られるような日常的な光景です。また，上記の事例は，いずれも保育者が前面に出て，子どもの遊びをリードするわけではありません。むしろ保育者が子どもとかかわっていないときの事例です。それにもかかわらず，3歳児のダイナミックなダムづくりや，4歳児と5歳児の豊かな異年齢交流が展開されています。つまり，これらの事例において保育者は，決して顕著な存在ではないけれども，その背後では，それまで（前日や前週）に子どもが興味・関心を示していることを注意深く観察し，理解したうえで，その日の環境構成をアレンジしているのです。

このように保育者の専門性とは，子どもが安心し，園の中で心地よさを感じながら生活し，無理なことに背伸びしたくて挑戦したり，友だちと一緒にワクワクしたり，遊びに没頭したりするのを支える「黒子」のような存在の中で発揮されることが多いため，見えにくいのが特徴です。保育者の専門性は，日々の保育実践に埋め込まれているのです。

2　保育の質が子どもに与える影響と保育者の専門性

（1）保育の質が子どもの発達や生涯にわたって与える影響の大きさ

近年，欧米の研究から，乳幼児期の保育の質がその後の子どもの認知的スキルや社会的・情動的スキルの発達，小学校以降の学業，さらには生涯にわたっていろいろな側面に影響を与えることがわかってきました。ノーベル経済学賞を受賞した米国の著名な経済学者，シカゴ大学のジェームズ・ヘックマン教授（Heckman, J. J.）によれば，恵まれない環境に生まれた子どもは，さまざまな個人的・社会的問題をかかえるリスクが高いけれども，国家（政府）は，次の3点を踏まえて政策を策定することで，状況の改善が可能であるというのです。①人生の成功は，認知的スキルだけで決まるわけではないこと。むしろ，根気強さ，注意深さ，やる気，意欲，自信，忍耐力，協調性，計画力など，社会的・情動的スキルが鍵となること。②こうした社会的・情動的スキルは，乳幼児期に顕著な発達を示すこと。③したがって国家（政府）は，乳幼児期の保育に力を注ぐような公共政策を行い，とくに恵まれない環境に生まれた子どもに対して，幼い頃から手をかけることで，認知的スキルとともに，社会的・情動的スキルの発達を促進できることです（Heckman, 2013）。

このように，乳幼児期に質の高い保育が受けられるような公共政策の実施がひいては，学校教育の推進，犯罪率の低下，労働者の生産効率の向上，10代での妊娠の減少など，恵まれない環境に生まれた子どもがこれまでかかえがちだった個人的・社会的問題に関するリスクの軽減につながることから，近年では，多くのOECD（Organization for Economic Co-operation and Development：経済協力開発機構）加盟国が優先度の高い政策課題として，保育の質の保障や向上を位置づけています。

ヘックマンは，上記の主張を裏付ける科学的根拠として，1962年から1967年にかけて米国ミシガン州で実施された「ペリー・プレスクール・プロジェクト」（保育の質と子どもの発達に関する縦断研究）を引用しています（Heckman, 2013）。この研究は，乳幼児期の子どもを取り巻く環境を豊かにすることが認知的スキルや社会的・情動的スキルの発達に影響を与え，学業，職場での働きぶり，社会的行動などにおいて肯定的結果をもたらすことを示しました。つまり，子どもの自発性を重視する活動を中心とした質の高い保育を受けた子どものグループと，家庭で育てられた子どものグループを40年以上にわたって追跡してみると，前者のグループの子どもの方が学力検査の成績，高校卒業率や学歴，平均所得や収入，持ち家率などの面で高く，また，婚外子をもつ比率，生活保護受給率，逮捕者率などの面で低かったのです。

こうした保育の質と子どもの発達に関する縦断研究は，今日さまざまな国で実施されています。たとえば，英国では，The Effective Provision of Pre-school Education（EPPE）Project と呼ばれる研究において示唆的な成果が報告されています（Sylva et al., 2004）。この研究は，英国内の保育所や幼稚園など約 141 の乳幼児保育施設を対象に，約 3,000 名の子どもを抽出し，米国で開発された「保育環境評価スケール・修正版（Early Childhood Environment Rating Scale Revised Edition）」（Harms et al., 1998）や，それを英国の状況に合わせて作成された「保育環境評価スケール・拡大版（The Early Childhood Environment Rating Scale Curricular Extension to ECERS-R）」（Sylva et al., 2003）を用いて，保育の質に関する客観的評価を行いました。そのうえで，質の高い保育を提供している施設で育った子どもと，平均的な質の保育を提供している施設で育った子どもの発達を追跡し，小学校以降の学力などに関してどのような違いがもたらされたのかを検討したのです。その結果，質の高い保育を提供している施設で育った子どもの方が学力検査の成績が高かったことが明らかになりました。

このように，乳幼児期に受けた保育の質が子どもの認知的スキル，社会的・情動的スキルの発達だけでなく，生涯にわたって与える影響の大きさは，欧米諸国に限った話ではありません。日本でも今日，東京大学の秋田喜代美教授を中心とする研究グループによって，保育の質と子どもの発達に関する縦断研究が進められていますが，これまで欧米諸国で示された成果は，おそらく日本でも多くの面であてはまる可能性があることから，今後は，乳幼児期の子どもが受ける保育の質の保障や向上についての検討が求められるでしょう。

（2）保育の質を規定する重要な要因としての保育者の専門性の大切さ

それでは一体，こうした保育の質と，本書が取り上げる保育者の専門性は，どのように結びつくのでしょうか。この点に関して，秋田・佐川（2011）は，米国のSTARプロジェクトが示した興味深い研究結果を紹介しています。この研究は，保育者の経験年数や集団規模がその後の子どもの人生にどのような影響を与えるのかを検討したものです。その結果，10年未満の保育経験を有する保育者に育てられた子どもに比べて，10年以上の保育経験を有する保育者に育てられた子どもの方が，27歳時点において，1,104米ドル（約9万円）年収が高いことが示されました。こうした保育者の経験年数の差は，実は子どもの認知的スキルの発達においては，それほど大きな影響を与えるわけではありません。しかしながら，10年以上の保育経験を有する保育者に育てられた子どもの方が，他者とうまくやっていく能力や協調性，やる気・意欲・自信・忍耐力・根気強さ・注意深さなどの肯定的態度，しつけられていることといった，社会的・情動的スキルの発達への影響が与えられており，それらが27歳時点において，年収の差となって現れるというのです。つまり，保育者の経験年数に裏打ちされた専門性は，質の高い保育と結びついており，とくに子どもの社会的・情動的スキルの発達に影響を与えているといえるでしょう。

また，秋田（2009）は，保育の質と保育者の専門性の結びつきに関して，英国の興味深い研究を紹介しています。シラジ－ブラッチフォードとシルヴァ（Siraj-Blatchford & Silva, 2004）は，英国において，既述した「保育環境評価スケール・修正版および拡大版」（Harms et al., 1998；Sylva et al., 2003）にもとづいて抽出された「よい園」「最優秀園」を対象に，保育実践のエピソードを用いて「子ども中心の活動」と「保育者中心の活動」の割合を分析しました。その結果，「よい園」では，「子ども中心の活動」が約45％，「保育者中心の活動」が約55％であったのに対して，「最優秀園」では，「子ども中心の活動」が約55％，「保育者中心の活動」が約45％であったそうです。この結果をもとに，秋田（2009）は，質の高い保育とは，「子ども中心の活動」と「保育者中心の活動」の両方が重要であり，相互にバランスが取れていることが示唆されると述べています。つまり，質の高い保育とは，保育者が子どもを放任し，好き勝手に遊ぶような保育でもなければ，保育者が多くを主導し，教え導くような保育でもないのです。

同じく，シラジ-ブラッチフォードとシルヴァ（Siraj-Blatchford & Silva, 2004）では，「よい園」「最優秀園」を対象に，保育実践における挑戦的な活動に関する保育者と子どものやりとりについて分析しました。その結果，「よい園」では，「子ども中心」のやりとりが約55%，「保育者中心」のやりとりが約35%，「子ども中心&保育者がつないで発展」させるやりとりが約10%であるのに対して，「最優秀園」では，「子ども中心」のやりとりが約35%，「保育者中心」のやりとりが約30%，「子ども中心&保育者がつないで発展」させるやりとりが約35%であったそうです。この結果をもとに，秋田（2009）は，質の高い保育とは，挑戦的な要素を有しており，子どもが自分の能力をフルに発揮するような創意工夫のある活動を保育者が巧みに組み込んでいること，保育者が子どもとともに対象と向き合い，探求することを通して，子どもの理解や能力に目を向けながら，子どもが自由な発見や自己表現ができることなどが示唆されると述べています。そこでは，子ども中心であるけれども，保育者がそれをつないで発展させるような，いわば「思考を共有しつなげる（Sustained Shared Thinking）」（Siraj et al., 2015）ようなやりとりが鍵となるようです。

このように，本書が取り上げる保育者の専門性は，保育の質を規定する重要な要因であることがわかります。そして日本でも今後，保育の質の保障や向上が重要なテーマとなること，その際，保育者の専門性をどのように捉え，理論的に可視化し，エビデンス（科学的根拠）として示すのかが課題の１つとなることなどが想定されます。この点を踏まえるとき，保育実践に埋め込まれた保育者の専門性にアプローチするという本書の試みは，保育の質に関して，中でもとりわけ，保育者と子どものやりとり，関係性，コミュニケーションなど，日々の保育実践における「過程の質（Process Quality）」（秋田・佐川，2011）を捉えようとするものであり，それによって上記の課題に応じることをめざしたものであるといえるでしょう。

3　本書の目的と特徴・構成

（1）本書の目的

これまで述べてきたように，保育の質を規定する重要な要因としての保育者の専門性は，保育実践に埋め込まれていることが特徴です。授業をコントロールし，教室前方でクラス全体に発問したり，板書したり，多様な方略を用いて児童・生徒の学力向上を図ろうとする小学校以降の教師とは異なり，保育所，幼稚園，認定こども園の保育者の場合，子どもをケアし，環境を通して子どもの遊びを支えるために，その場の状況を読み取り，その子の内面を理解しながら，ことばをかけたり，援助したり，場合によっては，あえて介入せずに見守ったりするのです。したがって，一般の人からすると見えにくく，どことなく過小評価されがちです。とはいえ，こうした保育者の専門性が保育の質と結びついており，子どもの発達や生涯にわたって影響を与えているのです。

本書の目的は，保育実践の中にある保育者の専門性を理論的に可視化し，描出することによって，保育の質の保障や向上をめざすためのエビデンス（科学的根拠）となり得るような知見を提示することです。

エビデンス（科学的根拠）というと，定量的（量的）研究にもとづく実証的成果が想起されますが，見えにくい保育者の専門性にアプローチし，保育の質との結びつきを捉えるためには，定性的（質的）研究も必要です。その意味において，本書に示される内容の多くは，ケース・スタディ（事例研究）にもとづく成果であり，複雑で複合的な保育実践の文脈にもとづきながら，保育者と子どものやりとりを説明し，その背後に潜在する本質的な意味を記述したものです。本書が示すそれぞれの知見が，リアリティと説得力を伴って保育者の専門性の奥深さを社会に発信する素材となることを願ってやみません。

（2）本書の特徴・構成

本書は，「第Ⅰ部　子どもの生活を支える」「第Ⅱ部　子どもの遊びを支える」「第Ⅲ部　子どもの葛藤場面と向き合う」「第Ⅳ部　子どもの表現世界をひらく」「第Ⅴ部　多様化する保育実践における専門性」「第Ⅵ部　保育者の専門性発達をめぐる問題」の6つの部から構成されています。各章の中の各節において，それぞれの分野の研究者（一部実践者を含む）が自らの研究（実践）成果にもとづいて，保育実践の中にある保育者の専門性にアプローチします。どの章においても，子どもの可能性を信じ，その場の状況を見きわめながら，子どもを保育する保育者の見識や洞察に溢れています。したがって，保育学関係の研究者，保育者養成校の教員，保育士，幼稚園教諭，保育教諭，将来保育職をめざす学生のみなさんはもちろん，子育てと向き合う保護者の方々にも，是非とも読んでもらいたい内容です。

また，本書は，各章において，それぞれの分野の研究者が保育者の専門性にアプローチするだけにとどまりません。各章の研究者が示した保育者の専門性に対して，保育者が実践の立場からコメントするという特徴的な構成になっており，それによって本書は，研究者と保育者のコラボレーションをめざします。従来，研究保育や公開保育などにおいて，保育者が自分の保育を研究者に開示し，研究者がそれにコメント（実際には指導助言）することはよく行われてきましたが，研究者が自分の研究成果を保育者に開示し，保育者がそれにコメントすることは，ほとんど行われてこなかったのではないでしょうか。従来の研究者と保育者の関係は，研究者から保育者へのコメントという例からもわかる通り，つねに一方向的であったように思います。しかし，言うまでもなく，研究者には研究者の洞察と見識が，保育者には保育者の洞察と見識があるのであり，保育実践に埋め込まれた保育者の専門性の奥深さを社会に発信するためには，これら質の異なる2つの専門性が架橋することが大切です。両者が手を取りあい，コラボレートすることは，編者の長年の願いでもありました。

さあ，みなさん，早速本書を紐解いてみてください。どの内容も，保育の素晴らしさ，大切さ，奥深さで溢れています。読者のみなさんとともに，保育者の専門性を社会に発信することができるとしたら，どんなに幸せなことでしょう。

付記：本書における倫理的問題について

本書の中に登場する事例や写真等については，各章の著者の責任において，本書での内容公開について，対象となるフィールドの保育者，子どもの保護者等から同意を得ています。

また，各章に登場する子どもたちや保育者の名前はプライバシー保護の観点から，仮名を用いています。

第 I 部

子どもの生活を支える

第1章 乳児と絆を結ぶ保育者の専門性

水野佳津子

1 保育者と乳児の絆結びとは

保育者と乳児の絆結びとは，乳児期の子どもが１人の人間として生きるために必要な，人と人とが結びついていくための営みです。人は１人では生きてはいけません。そのためにこの世に生を受けた以上は，人と結びつくことが重要です。人と人との結びつきを強くすることで，安心して生きていける力がつくのです。ボウルビィ（1969/1982）は，自らが“安全であるという感覚”を確保しようとするところに多くの生物個体の本性があるのだと考えています。

そんな時期に保育者は，保育園で子どもを預かり，親に代わって絆を結んでいかなくてはならないのです。赤ちゃんは生まれてから親を頼りに育ち，親とのあいだには絆がしっかりと結ばれています。保育園という場はその親と離れての初めての集団です。それは子どもにとって恐怖ともなるでしょう。保育園という場に慣れ保育者を求めていけるように，抱いたりしながら保育者がかかわりをもっていこうとするところから絆結びははじまります。保育者は，子どもが保育者を求めていくようになるまで，試行錯誤しながら少しずつ関係を深めていきます。そうしているうちに，保育者が安全基地となり安心して生活できるようになっていくのです。そういう営みを積み重ねていくことで，保育者と子どものあいだに絆が結ばれていくのです。

保育園が家庭と大きく違うのは，つねに一対一で接することができるわけではないということです。同じぐらいの発達段階にある子どもが数人いて，保育者も数人いるという環境です。泣いて抱かれてもほかにも泣いている子がいれば一緒に抱かれ，一対一になれないこともよく起こるのです。そのため数名の保育者と絆を結ぶことで気持ちが安定し，行動範囲を広げた生活になっていきます。また抱っこを求めて保育者を取り合っていた以前の「ライバル」が「友だち」へと発展していきます。

親や保育者とのあいだに結ばれた絆は，保育園時期の安定した成長にかかわるだけでなく，生涯を通じて持続していきます。また新たな人と人とを結ぶ大きな絆結びへと発展していくことになるのです。

本章では，保育者が乳児期の子どもと絆を結ぶ様子をエピソードと考察から追い，その過程での保育者の専門性について述べていきます。なお，エピソードの中に出てくる子どもの名前は，架空のものに代えてあります。

2　特定の相手と結んだ絆を大切にするとき

（1）保育者と子どもの絆結びの入口

保育園の４月入園当初，初めて親と別れて，知らない場所や知らない人のところに置いていかれる子どもにとっては，恐怖のような思いからはじまることでしょう。保育者は何とか保育園に慣れてほしいと願い，抱いたりおぶったりしながら少しずつ安心できる場所にしていこうとします。絆結びはこのように保育者本位のかかわりからはじまります。

そんな最初の出会いを０歳児の４月のエピソードから覗いてみましょう。

〈エピソード１〉　泣いて，助けを求めて（タイト・０歳８か月男児）

今日も朝から泣きまくりの大合唱がはじまった。タイトくんもまた「ママがいなくなった」とばかりに泣く。私が抱き上げると「この人，誰だ」という感じであろうか，嫌がり抵抗しようとする。だが，しがみつくところはここしかない，仕方なくこの人でもいいかとばかりに引っついてくる。私のエプロンのあっちこっちを握りしめ，力いっぱい泣く。「よしよし」と抱っこしながら外を見せたり，おもちゃを見せたり，でもそんなものは目にも入らない。泣いて泣いて，でも全身でこんなに力をこめて泣く姿に小さな生きる力を私も全身で感じ，愛おしくなる。そのうち泣き疲れてウトウトしはじめる。両手を握りしめて，まだ泣きのヒクヒクが続きながらも私にグッタリと全身を預けている。眠いのに寝られない，敏感さを感じる。

そのうちヒクヒクが止まり，寝息が聞こえてくる。「おー，やっと寝た！」

絆結びの入口での保育者は，“吸い取り紙”の役割をしていくということがあります。保育者が，不安感をジュワ～っと自分の中へ吸収していってあげることで，子どもは安定し自分の居場所を保育園の中に見いだしていくのです。

〈エピソード２〉　吸い取り紙のように

４月には新入園児の不安感からの泣きの大合唱がみられる。自分の胸に抱きしめながら，私はいつも思う。このとてつもない不安感を私が吸い取ってあげられたらと……。まるで触れている体の部分から自分の内へと不安感を浸透させていくように，心穏やかにし“大丈夫，大丈夫”と心の中で言いながら，自分の中に染み込ませていく。泣いているうちは，まだ吸い取ってあげられていないのかなと思い，もっと深く心を静め，「大丈夫，大丈夫，ここにいるよ」と耳元で囁きながらスーっと，心の不安感を吸い取っていく。ジュワ～っと私の中に染み込ませていく。すると不思議と子どもは私に体を預け，ベタッとくっついてくる。

泣いて安心を求める子が何人もいると，早く泣きやませて次の子を抱きたいと焦ってしまうこともあります。するとそれを察して子どもはいつまでも泣きやみません。心穏やかにして“大丈夫”と子どもに言っているようでいて，保育者自身にも言っているのです。落ち着いて子どもに向かうための大切な行為なのです。お互いに安心につながること，愛おしいと思って抱きしめることが大切です。絆結びは，こんな保育者と子どもとの出会いからはじまっているのです。

（2）絆が結べない“人見知り時期”

0，1歳児のときには，絆を結びたくても結べない時期があります。いわゆる人見知りの時期です。保育者側がいくらかかわりをもとうとしてももたせてもらえない難しいときです。他方で人見知りは，知っている人，信頼できる人とそうでない人との区別をしている社会性の芽生えの時期でもあります。

〈エピソード3〉　人見知り（アンナ・0歳9か月女児）

0歳児クラスのアンナちゃんは人見知り時期で，お手伝いに時々しか入らない私になかなか慣れてくれない。大泣きして，担任の後ろに隠れにいく。少しでも遊ぶことができたら私を怖がらなくなるとは思うのだが，私がいることが不安材料になってしまう。近づけないし，私がいない方が安心して過ごせるのだ。ほかの子は私にくっついてくるのにアンナちゃんだけはどうにもならず，担任の保育者が本を渡して「水野先生にハイして来て！」と言って，アンナちゃんに頼むのだが，アンナちゃんは言われたことをしようとして，途中まで来て本を遠くから投げるようにして私に渡して担任の先生の後ろに隠れにいく。1日そんなことを何回か繰り返し，やっと近づけるようになり一緒におままごとができるようになって，その日が終わる。やっと仲良くなったのに，私が次の日から違うクラスに1週間入り戻ってくると，アンナちゃんはまた人見知りで私から逃げて，担任の保育者の後ろから私を覗いて見ている。なんとなく見覚えがあるのだろうが，近づかせてもらえない。絆が結べないのだ。

人見知りの時期は，保育者と子どもとのあいだに新たな絆を結ぶことに焦ってはいけない時期です。ただ，上記のように担任以外の人とのあいだで人見知りが起こるということは担任の保育者との絆がしっかり結ばれているということでもあります。だから担任ではない人が来ると，人見知りをして逃げていき安心できる担任の後ろに隠れるのです。これも1つの絆が結ばれている証拠でもあるといえます。ようやく結ばれた担任保育者との絆を大切にする時期でもあります。

（3）絆が結ばれていくとかけがえのないドラマが生まれる

安心できる場所・人ができると，保育園の生活の中でドラマが生まれてきます。ここでいうドラマとは，その時，その時期にしか生まれない子どもならではの表現や，保育者と子どものあいだに起こるかけがえのない出来事のことです。

子どもは，絆が結ばれてくると絵本やおもちゃを持って来て一緒に楽しもうとします。まだ小さいので表現できるものを使って，その時感じたことを伝えてきます。それを保育者が見逃さず子どもの表現を受けとめて，そして心にひびかせていくことで保育者と子どものあいだに絆が結ばれていくのです。

〈エピソード4〉　ことばのない会話1（コウト・1歳5か月男児）

コウトくんが私のところに絵本を持ってやってきた。私の前にちょこんと座ると『でんしゃでいこう　でんしゃでかえろう』の絵本を差し出した。「これ，見るの？」と聞くと，コウトくんはうれしそうに笑う。1ページ目をめくり，絵を指でさしながら私が，「ここに電車いるね。お花がいっぱい咲いている。電車は，今お花畑を走っています」と話をすると，コウトくんはじっと聞いて，お花を見つけると「あ，あ，……」と指をさしてお花があったことを教えてくれる。次のページをめくり，私が「電車が，トンネルを通ります。ゴーゴー」と言うと私の「ゴーゴー」に合わせて体を左右に振りだした。「え！　このトンネルの中に入った電車を表現しているの？」とびっくりして見ていると，コウトくんは絵本の電車を見ながら一生懸命体を左右に振っている。私が思わず「そうね。電車ゴーゴーって，そうやって走っているんだね」と言うと，私を見ながら体を左右に振って見せてくれる。次のページをめくると，その動きは止まる。

〈エピソード5〉　ことばのない会話2（ルカ・1歳6か月男児）

ルカくんが私のところに同じ絵本を持ってきた。私は，ルカくんとこの絵本を見ることにした。すると，ルカくんはトンネルに入るとジーッと見ているのに，トンネルから出てくると「デデン，ドドン」の私の声に合わせて体を左右に振る。コウトくんと表現が逆なのだ。私が絵本の文章を読んだり，「ここに，お花咲いているね」と言っても体を左右に揺らしながら，私の話を聞いていて時々私を見上げてにっこりする。コウトくんは，トンネルに入った音の「ゴーゴー」に反応して体を左右に振ってトンネルの中を表現してくれるのに対して，ルカくんはトンネルから出たときの「デデン，ドドン」に反応して，体を振って電車が外に出たことを表現してくれる。

私は，子どもが自分が感じたところを体を使って表現して伝えようとする姿に心を揺さぶられた。

コウトくんにしてもルカくんにしても，ことばにすれば「トンネルに入ったね」「トンネルから出てきたね」で終わってしまうところですが，まだことばで上手に表現できないからこそ体で表現し，その場面の電車に反応しているのです。私のことばに反応しているのです。ことばはないのですが，ちゃんと私とそしてこの絵本と会話しています。その子のその時の感じ方を体全体で表して絵本を楽しんでいるのです。ことばにしてしまうと一言でも，こんなに大きな広がりを見せてくれます。この時期だから交わせる会話がここにあるのです。ことばに代わる表現にも耳を傾けていきたいと思います。

子どもの心に寄り添って，子どもの思いを共に感じていくことで保育者として学び，大人になって忘れかけている感動する心が甦ってきます。また子どもも，保育者から認められたという思いがその出来事や表現への強化にもつながり，安心感を得て育まれていきます。そして保育者と子どもの絆をしっかりとしたものにしていくことにもなるのです。

3　保育者本位から子ども本位への移行

保育者と子どものあいだに，毎日いろいろなドラマが生まれるほど絆が深まります。すると保育者を取り合っていたかつてのライバルは，友だちへと発展し，一緒に遊ぶ楽しさを知っていきます。そして楽しいと思える遊びを自分で見つけていきます。その中で保育者は，何かを働きかけたり，与え続けたりしていくだけではありません。以下のエピソードのように保育者本位から子ども本位に移行してくことが重要です。

〈エピソード6〉　保育者は充電器と冷却器（タイチ・2歳2か月男児）

秋口の出来事である。登園するといつもならスムーズに入ってくるタイチくんが，ママにくっついて離れようとしない。ママも仕事に遅れそうになり，抱いていたタイチくんを保育者に預けようと必死になっている。その姿に保育者の方もタイチくんを受け取って抱こうとするが，ママの服を引っ張って離さない。ママの方も服を引っ張って離そうとするが，タイチくんも必死で大泣きしながらママを摑もうとしている。家で何かあったのだろうか，そんな姿はタイチくんにしては珍しかった。担任は，ママから離されて大泣きするタイチくんをほかの子と窓の外を見ていた私に託した。タイチくんが私を慕っていることを知っての行動であった。私の膝の上でのけ反って「ワーワー」泣いている。私は黙ってタイチくんの体をゆっくりとさすり続けた。泣きが止まり落ち着いた頃「タイチくん，おいで」と言って，のけ反ったままのタイチくんを私の膝に座らせて一緒に外を眺めだした。抱きしめ，さすっているとタイチくんは身体をグッタリと寄せて引っついてくる。「今日は，お日様ニコニコだね。後で遊びにいこうね」と言うと，「うん」とタイチくんがしゃべりだした。と思ったら，立ち上がって遊びにいってしまった。

その日は，時々私の手を握ってきては「あ～」と言って笑っていた。私のところに来ては充電して遊びにいくことを繰り返していた。そしてイライラするのであろうか。おもちゃの取り合いになって怒ったりすることも多く，私があいだに入っても勢いが止まらずケンカ相手に向かっていくので，抱きしめて止めたり，興奮がおさまるまで膝に座らせていた。すると少しずつ体を寄せてグッタリともたれかかってくる。私の方も愛おしくなって抱きしめたくなったとき，突然立ち上がって遊びに出かけていった。私の方が，名残惜しくなっていた。

体が助けを求めていたり，力が出ないときは，保育者の体は充電器なのです。保育者の膝に座りひと時を過ごし，充電が完了すると再び走りだし，遊びだします。私はそんなとき，子どもに合わせて黙って座らせたり，優しく声をかけたり，体をさすったりします。そして充電満タンになって再び動きだすまで待ち，私の膝から出ていくと“もう大丈夫だな”と思って安心するのです。

また，自分で自分を抑えられないオーバーヒートの状態になってしまう子もいます。体をギュッと抱きしめて，少しずつ落ち着いてくると，私は抱きしめていた腕の力を抜き，さすりながら少しずつ体をもたれかけさせていきます。すると子どもの体からも力が抜け，ダラーッと体を寄せてきたら子どもが満足するまで私は膝に座らせて，子どもに体を貸しておくのです。私の体は充電もできますが，過熱状態の子どもを冷却することもできるのです。

そして子どもが自分で“満足した”“十分だ”と思ったら，保育者から離れて再び遊びにいくのですから子ども本位なのです。絆が結ばれているからこそ，子どもは心を休めにくるのです。

4　安全基地となり，保育者からの自立・成長を見守る

保育者とのあいだに絆が結ばれていくと子どもは安心してほかの子に目を向けていきます。そして楽しいと思える遊びを見つけていきます。そこをどう見守っていくかによって，子どもたちの次への自立，成長につながっていくのです。

〈エピソード7〉 保育者からの自立（ナツエ・2歳3か月女児）

1，2学期のナツエちゃんは，私にベッタリであった。ほかの子を一緒に抱こうものなら相手を押し退けて独り占めしようとする。その子が私から引き離されまいとしがみつくものなら，もっと強い力で押し退けて私に抱きついて取られまいとする。朝は，私が部屋に入っていくと，1番にしがみついてくる。そんな毎日であった。

年が明けた現在では，私が部屋に入っていってもしがみついてこなくなり遊びの方に夢中になっていることが多くなった。遊びが一段落してから私がいるのに気がつくと，ニッコリして手を振ってくる。しがみつくことが少なくなってきた。友だちとのかかわりができてきて，2，3名と一緒に走り回りいろいろなところに遊びにいくようになった。私にくっついているより自分の遊びに夢中になったり，友だちと遊んでいることの方が楽しくなってきたようである。それでも転んで痛かったり，友だちとトラブルが起こると泣いて私にしがみつき，痛かったことや友だちにやられたことを主張してくる。そんなナツエちゃんを抱きしめながら，落ち着くまで主張することを聞いたり，痛いところをさすったりする。そして泣きやむと，ケロッとしてまた遊びに出かけていく。

いつまでも保育者にしがみついているのではなく，友だちと遊ぶことや遊びを見つけにいくことが子どもたちにとっての成長だとわかり，見守っていくことが重要なのです。子どもが保育者のところから自立していくことを喜びながら，安全基地であり続けていくこと，“ここにいるから何かあったらいつでもおいで”というメッセージを送り続けながら子どもの成長を見守っていくことが大切なのです。

5　離れていてもつながっている関係

絆結びのポイントは，保育者本位で慣らしていこうとするところからはじまり，子ども本位に移行していくことです。

これまでに紹介したエピソードのうち，エピソード２「吸い取り紙のように」は絆を結ぼうとしている姿であり，エピソード６「保育者は充電器と冷却器」は絆が深まった姿です。２つを比べてみるとどちらも保育者と子どもの関係性を表したものですが，これを逆からやろうとしてもできないのです。なぜならば，「吸い取り紙」のエピソードは，絆を結ぼうとして主に保育者がかかわりをもち保育園という場所に慣れ，保育者に助けを求めていけるような関係性をつくり，絆へともっていこうという姿です。それに対して「充電器」のエピソードは，子ども本位なのです。絆が結ばれた保育者のところに“充電・冷却”をしに子どもからやってきます。保育者の膝に勝手に座り込み，身をゆだね安心と安定が得られたら，自分から出ていくのです。絆が結ばれていない人や嫌いな人にはこんな姿は見せません。安定を求めていけるだけの絆が結ばれた証拠でもあるのです。

いつまでも保育者本位ではなく，絆が結ばれ，ここが安全で安心できる場であり，求めていけば保育者がいるということがわかってくると，子どもは保育者から自立し，自分の遊びや友だちとのかかわりに目覚めていくのです。それを保育者が見守り，充電器にも冷却器にもなれる準備をし，求められたときにはいつでも受け入れられる態勢であることが重要です。保育者本位から子ども本位へと移行していけるかどうかで，子どもの自立，成長へとつなげていけるのです。そうすることで体は離れていても何かがあったら保育者の元に戻っていけるという心のつながりがあるという関係ができるのです。これが本当の絆結びなのです。

ボウルビィ（1972）は，乳幼児期の養育者との人間関係は後の親密な人間関係の基礎となることを強調しています。小さいときの保育者と子どもの絆結びは，人との関係性を結ぶ土台となります。それだけに保育者と子どもの絆結びは，重要な役割をもつのです。

絆結びは，保育者と子どもが出会ったときからはじまります。顔を覚え信頼ができてくると保育者と子どものあいだに絆が少しずつ結ばれ，その絆がさま

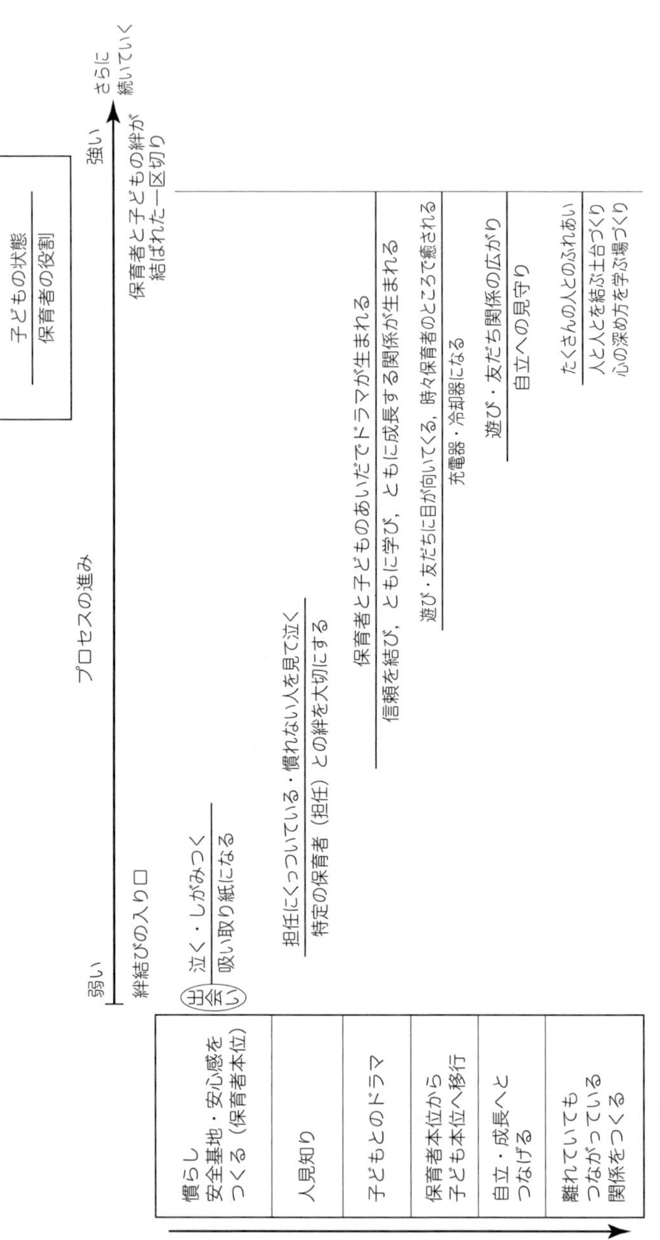

注：子どもの状態/保育者の役割 の線の長さは，その子によって違います。また始まる位置もその子によって違います。

図1-1　絆が結ばれるまでのプロセス

ざまなかかわりの中で強く結ばれていきます。それと同時に保育者の中で子どもだからかわいいという漠然とした感情から，その子のよさを知り，その子ならではの表情，表現を見ていくうちに，その子だからかわいい，愛おしいという感情が湧き上がってきます。子どもも保育者を頼りに，特定の保育者に信頼と愛情を求めていくようになります。保育者と子どものあいだには，だんだん離れていてもつながっているという安心感やお互いに愛しいと思う気持ちなどの感情が深まっていきます（図1－1）。

絆結びでは，保育者と子どもが互いに求め合う中で絆が，弱いものから強いものへとしっかり結ばれていきます。それと同時にお互いを信頼する思いや愛情などの感情が，絆の深まりを浅いものから深く心の底に沁みわたるような状態にしていくのです。

絆結びのプロセスをどの時点でどう移行をしていくかは，はっきりした区切りはありません。子どもによって状態やペースが違うからです。そして保育者と子どもとの関係性は少しずつ変化をしていきます。その時にその子とかかわっていく中でその子から学び，絆結びのプロセスを移行していくことが，保育者の役割であり，その見極めをしていくことが保育者の専門性です。

保育の場における乳児と保育者の関係

仁慈保幼園　妹尾正教

乳児との関係を構築するため，現場の保育者はさまざまなかかわりを試み，試行錯誤します。乳児の抱き方ひとつとっても人さまざまです。本論でも述べられているように生涯にわたる人間形成においてこの初期のかかわりが重要であり，かかわる大人が（J. ボウルビーは主に母親を対象とする）すべてにおいて全面的に受容し，愛着を形成することで人は発達していくと考えられています。

保育の場において乳児と保育者との関係は一方通行ではありません。乳児は自らコミュニケーションをもとうと大人に働きかけています。保育者である大人も乳児を受け止めようとする相互的な関係づくりがみられます。入園当初は乳児の生きる場，環境の中で互いがどう関係しあうのか，泣いて訴える乳児の心情の変化，保育者の気持ちの変化も互いに影響しあって関係ができていくと思われます。水野氏の「吸い取り紙」という表現は保育者が乳児を受け止められているかと，自分を謙虚にふり返り，自覚していることの現れでしょう。試行錯誤しながら，自分をふり返る保育者，「大丈夫」と自分に言い聞かせる保育者であればこそ，乳児も一緒にいて心地よいと感じられる人と人の関係になっていくのでしょう。

しかし，「人見知り」の時期は乳児も葛藤し，保育者も戸惑う時期でもあります。乳児と関係ができている特定の保育者は葛藤をあるがままに受け入れ，葛藤が沈静するのを待つことも必要です。水野氏は焦ってはいけないと述べていますが，激しく泣く場合でも，保育者同士が落ち着いて穏やかな雰囲気でいつもと変わらぬ環境を維持することは当たり前のようではありますが，保育の専門性の1つとして捉えられます。

また，生まれもったときから乳児は人として自己を意識し，能動的なコミュニケーションを求めていると佐伯氏は『驚くべき乳幼児の心の世界』（2015）を引用して解説しています。自立への準備は生後すぐにはじまり，保育者との関係づくりも乳児が主体的に働きかけていると考えても過言ではないでしょう。保育者も乳児からの働きかけに応じつつ，水野氏が充電と冷却とを使い分けると述べているように専門性を具体化し，主体的に発揮していくことではないでしょうか。

ここで水野氏が述べている「絆結び」について，それぞれの保育現場ではどのように捉えられ，どのように関係がつくられているのか，実践と照らし合わせて考えてみたいと思います。実際には人（保育者）がもつ親密的な情感（優しさなど）は必ずしも同じではありません。絆をつくれず悩む保育者は結局自信を失うこともあるでしょう。こうした現場を慮ると一対一の関係づくりのみでその専門性のすべてを語ろうとすることに若干無理があると考えられます。乳児保育は安心できる場，安全な場であることはすべての基本であることは間違いありません。特定の人との愛着関係もその中の重要な柱の１つです。しかし，保育の場ではそこに他の人の存在もあります。接してくれているすべての人のさまざまなかかわりがベースになり安心できる場が作られているのです。さまざまな人に接することも日常です。このさまざまな関係が実は乳児の育つ環境において一方では重要な柱になっていると考えています。その場にいる保育者同士の関係性，雰囲気，室内の空間構成もまた重要です。また移行対象というモノの存在も乳児にとっては欠かせません（遠藤，1990）。人の記憶をたどると幼い頃に拠り所となったモノの存在は生涯忘れることはできないでしょう。人との関係は多様であり，乳児が育つ保育の場であればこそ，その意味を考えていくべきではないでしょうか。ひたすら，保育者が一人の乳児と向き合う保育だけを考えるのではなく，人が人になっていくプロセスで人もモノも多様な環境を豊かにつくっていくことも保育者の専門性の重要な部分ではないかと考えます。

目前の乳児は昨日と同じ姿ではありません。日々著しく発達し，自己の世界を広げ探求していくのです。保育者も乳児と同じように保育の世界を自由に探求し自身の保育観を展開し，専門性を高めていくことが求められるのではないでしょうか？

第2章 乳児の〈泣き〉と保育者の専門性

塩崎美穂

1　赤ちゃんの〈泣き〉に揺れ動く保育者の気持ち
——「泣いたらすぐ抱っこ」の日本の保育者

（1）赤ちゃんが泣いたらどうしますか——乳児保育の実際

日本の保育園で一般的に「乳児」（0，1，2歳児）と呼ばれる身体の小さな子どものいる保育室をのぞいてみると，子どもの〈泣き〉に細心の注意を払っている保育者の姿に気づきます。とくに0歳児クラスでは，赤ちゃんたちが眠りにつく前など，ほかの子どもの泣き声につられて〈泣き〉が始まる「つられ泣き」が起こらないよう，一人ひとり，丁寧に寝かしています。抱っこで眠った子どもが保育者の腕や胸から布団へ移るその瞬間に泣き出さないよう，保育者はそーっと身体を離します。布団に降ろしても子どもがすやすや眠ったままであれば，赤ちゃんを寝かせることができた保育者からは，ふうっという安堵のため息さえ聞こえてきそうです。このように乳児期の保育では，〈泣き〉に配慮しつつ保育者が子どもにかかわっている場面が少なくありません。

ただ，「赤ん坊は泣くのが仕事」と日本では伝統的によく言われていますし，現場の保育者に聞いてみても，「赤ちゃんが泣くのは悪いことではない」「泣くことも必要」「〈泣き〉は赤ちゃんの大事な表現」だと応える人がほとんどです。にもかかわらず，いざ子どもの〈泣き〉に直面することになった日本の保育者の動きをみていると，すぐに泣きやませるよう抱っこしたり，声をかけたり，赤ちゃんに素早く対応している保育者が多いようです。なぜでしょうか。

「泣きへの対応によって保育者と子どもとの信頼関係が築かれる」という考え方が，日本の乳児保育理論の基底にあることが，理由の1つではないかと考えられます（星ほか，2009）。

（2）子どもと保育者の信頼関係のつくられ方——乳児保育の理論

さらに，私たちの保育者イメージには，泣いている赤ちゃんを見るや否やそばへ駆け寄り，かいがいしく子どもの世話をする（多くの場合すぐに抱っこする）実践者を「よき保育者」とする見方があるようにも思われます。〈泣き〉に対応することで，子どもとの関係を築く，子どもとの信頼が生まれるという保育理論があるわけですから，泣いている子どもを前にしてすぐに対応しないような人は，保育者の適性がないとさえみられかねません。

でも，ちょっと考えてみてほしいことは，「赤ちゃんが泣いていないとき，どのようなコミュニケーションをとっていますか」という質問をした際に，多くの日本の保育者が，一瞬黙ってしまったことです。これは他国の保育者が，「何かができたときや何かを見つけたとき，合図を送ってくるのでそれに応える」とか，「保育者をふり返り目で訴えてくる，そのときにうなずく」というような，泣いていないときのコミュニケーションを瞬時に思い出すことができた姿とは対照的でした（星ほか，2009）。

つまり，本当に「赤ちゃんは泣きやませてもらうことで，泣きやませてくれる保育者を信頼するようになっていく」のかどうか，少し立ち止まって考えてほしいのです。泣いていないとき，たとえば一緒にお散歩に行ったり，食事をしたり，歌をうたったり，カーテンで「いないいないばあ」をしたり，こうした子どもが泣いていない日常の場面，〈泣き〉を介さないつながりの中でも，大人と子どものあいだには，信頼関係が生まれていることはないでしょうか。

たしかに，日常的にありふれた，目と目を合わせてにっこり笑いあうというような行為は，子どもを泣きやませた後に味わう「保育をやり遂げた」という達成感ほどには，強い記憶として保育者の中に残らないのかもしれません。ただ，保育者が「自分は保育をしました」という証（あかし）としてわかりやすい〈泣き〉を鎮める対応に意識を集中させていることで，子どもの姿に含まれる〈泣き〉以外の表現が見落とされている可能性も考えられます。また，日本の保育者には，他の国の保育者に比べて，「泣きやんだ」という成果を必要と感じる人や，「泣いていない」状態を好む人が多いことも考えられます。

（3）「泣かせない」「泣きやませる」保育の盲点
――「子どもの願い」や「人間にとっての〈泣き〉」を考える視点の弱さ

「泣かせない」ことや「泣きやませる」ことに意識が集中していると，「その子どもにとっての〈泣き〉の意味」や「そもそも人間は乳児期になぜ泣くのか」など，保育の専門家としてつねに向かい合うべき基本的な問いをたてる余裕がなくなってしまうことはないでしょうか。子どもにかかわった自分の姿を丁寧にふり返り，一人ひとりの子どもへの理解を深める「省察」は，保育の専門性として欠かすことのできない思考の実践です。そうであれば，〈泣き〉への技術的対応ばかりに気を取られ，自らの実践を根源的かつ論理的に問い直す機会を逃してしまうことがないように，工夫していく必要があるでしょう。

たしかに，「泣かせない」方法や「泣きやませる」コツのような技術の習得も，多くの子どもを相手にする保育の場では，場合によっては必要になることもあるでしょう。しかし，「保育のプロは赤ちゃんを扱うコツや泣かせないわざを習得しなくてはならない」というような，保育技術ばかりが気になってしまうと，そこで行われている保育が「望ましい」とされる背景にある規範的な判断そのものについて，それは果たして実際に望ましいものなのかどうかを問う視点が弱くなります。これでは，悪くすれば，保育者の思い込みによる旧態依然とした「泣きやませる保育」ばかりが連綿と続いてしまうことも考えられ，人間理解の専門家としての保育者の役割が果たせません。

たとえ保育者が泣きやませたおかげで赤ちゃんが静かになっていたとしても，それによって，「子ども自身が〈泣き〉に向かい合う経験」や「自分に対峙する時間」を奪ってしまったという可能性はないでしょうか。フランスの保育者は，すぐに抱っこして泣きやませる日本の保育者を見て，「この子どもは，いつ，自分と向かい合う時間があるの？　いつ一人になって感じたり考えたりするの？」と，子どもの意志の扱われ方が気になるようです（星，2004）。

そもそも，赤ちゃんは本当のところ，なぜ泣いたのでしょう。おなかがすいたからでしょうか，おむつが濡れたからでしょうか，おもちゃが近くにないからでしょうか，背中がかゆかったからでしょうか，おなかが痛いのでしょうか，なにか思い出したのでしょうか。それを知るためには，泣きやませようと働きかける前に，一瞬でも立ち止まって，子どもの姿や表情をよく見てみる必要があります。〈泣き〉の最中にあっても，冷静に見ることが必要です。

〈泣き〉が小さな子どもの表現だとするならば，泣きだした原因が姿勢の悪さだった場合，姿勢を変えることを促したり，姿勢が変わるように手伝ったりするだけで，子どもの要求には応えています。泣くことが即「大人をほしがっている」状態とは考えられません。そうであれば，やみくもに抱っこする必要は本来ありません。子どもが手を伸ばして抱っこを求めれば抱っこしても，子どもが意志表示をするまでは，〈泣き〉の原因を探りつつ，よく観察し，子どもの思いを想像し，間をとり，ゆっくりと対応してもよいはずです。

日本の保育者が「泣いたら抱っこ」の保育にたどりついている背景には，先輩保育者たちが築いてきた乳児保育の歴史があると考えられます。

2　子育て文化の比較からみえてくる保育者の専門性

（1）保育者の動きの中にある保育の文化や思想

では，なぜ，日本の保育者の多くが，「泣いたらすぐ抱っこ」という対応を子どもたちにするのでしょう。

私たちが日常的に行う動きの基底には，たとえ意識することはなくても，歴史的文化的につくられてきたふるまいや作法をかたちづくる「言語にできない／しづらい知識」（暗黙知）があります。それらを指して，保育の文化，あるいは保育の思想と呼ぶこともできるでしょう。

保育者の“動き”には，このように言語化しづらいものがたくさんあります。母親に育てられたときにかたちづくられた身体に刻まれた感覚，先輩保育者のやり方を無自覚に吸収して覚えたコツ，周りの保育者と言葉を交わさずに了解している「あうんの呼吸」など，あたかも「自然」なものと感じられる“動き”の連続で，保育は成り立っています。ただ，これらの動きは，あまりにも「自然」に感じられるため，自覚的なふり返り，つまり保育者に求められる専門的な「省察」の対象にはなりにくいという特徴があります。

保育者の専門性を考えるとき，こうした無意識の“動き”を意識できるようになることもまた，大切な職能だと考えられます。日常の保育実践を構成する保育者の“動き”が，実は，保育者自身には意識されにくい文化や思想をもっていることを理解しておく必要があるということです。無意識の動作を意識的にふり返ることができるようになれば，それまで見えなかった文化や思想が見えてきて，それが保育の質の向上につながると考えられるからです。

乳児保育が日本社会において成立してきた歴史をふり返ってみると，なぜ日本の保育者が，泣いている子どもを前にすると気持ちが落ち着かず，そわそわし，抱っこしてでも泣きやませたくなってしまうのか，その思考の経路が見えてきます。

（2）「泣いたらすぐ抱っこ」の歴史的背景

終戦後間もなく，1947年に成立した児童福祉法は，すべての子どもの権利として乳児保育に法的根拠を与えました。しかし，当時の厚生省（現，厚生労働省）保育課長が，「乳児は家庭にあるよりも施設にある方が発育が遅れる」と言ったほどに，当時の日本社会では，「乳児は家庭で育てるべき」「保育園に預けるのは親の育児放棄だ」とみなす考えが広く浸透していました。「母親が就労などの理由で育児に専念しないと，将来，子どもの発達に悪い影響を残す」という考え方が勢いをもっていました。

とりわけ1960年代あたりからの高度経済成長期には，「三歳までは母の手」だけで育てた方が子どもはよく育つと考える「三歳児神話」が流布していました。専業主婦の母親が家庭内で家事育児をし，会社勤めのサラリーマンの父親が家族分の賃金を稼いでくるという「性別役割分業」を前提とした家族像が，多くの日本人に「自然」なものとして受け入れられていたのです。

その後，専業主婦優遇の時代から「女性労働力活用」へと労働政策が転換したこともあり，厚生労働省の見解は大きく変化しました。「三歳児神話」については，1998年の「厚生白書」において，「自立した個人の生き方を尊重し，お互いを支え合える家族」が理想とされ，「三歳児神話には，少なくとも合理的な根拠は認められない」と述べられました。このように，乳幼児期の保育・教育の重要性はいつの時代も変わらず主張されてきましたが，母親と子どもの関係への見方は時代によって変化し，今では，「三歳まで母親だけが育てなければ悪影響がある」という考え方に根拠がないことは，共通認識になってきています。

ただ，乳児保育がつくられてきた1960年から1980年代までは，昼間，母と子が離れ，保育者が保育を行うことへの抵抗感を感じる人がいたこともたしかです。「母親が家で子育てする」ことを自然で当たり前のものとする考え方が強かった当時，「家の外で働き保育園に子どもを預ける母親」に対しては，厳しい目が向けられることも少なくありませんでした。

働く母親たちは，「自分の子どもを人に預けるわがままな母親」であり，「母性がない」と批判されました。もちろん，保育園の乳児保育は母親の育児放棄ではなく，「親と保育者の共同の子育て」にほかなりません。ただ，乳児期に子どもを保育者と共に育てるということ自体が，日本の歴史上，ひじょうに新しい取り組みであったため，母親も保育園も，社会からの承認を得るには時間が必要だったということでしょう（鈴木，1987）。

世論としては，まだまだ乳児保育への理解が示されない中で，母親から離された「かわいそう」な赤ちゃんたちに対して保育者ができたことは，子どもたちにさみしい思いをさせないよう「泣いたら抱っこ」することではなかったでしょうか。「母のように」愛情をそそぐことが，保育者の使命のように考えられたことは無理からぬことでした。保育者は，「乳児は集団保育に適さない」という乳児保育批判への説得的な反論として，「集団保育でこそ子どもはよりよく発達する」ことを実践で証明するしかなかったわけです（橋本，2006）。

日本の乳児保育の場には，「本当は家庭で育つべき」という世論にさらされながらも，「保育園で子どもは立派に育つ」ことを社会にもわかってもらおうと努力した保育者たちの姿がありました。しかし，保育政策の不十分さによる人手不足や劣悪な労働条件の中，どんなに保育者が努力をしても，「泣いたらすぐ抱っこ」することができないこともあったでしょう。「泣いたらすぐに抱っこしてあげたい」という保育者の強い思いが，実践の積み重ねの中に世代をこえて受け継がれてきたとも考えられます。日本の保育実践は，多くの無名の保育者による献身的な努力によって，かたちづくられてきました。今，私たちが，あまり意識することなく泣いた赤ちゃんを抱っこするそのしぐさやふるまい方のうちに，日本の保育者の歴史や思いが埋め込まれています。

（3）無意識を可視化する保育者の専門性——説明責任を果たすためにも

これまで見てきたように，「泣いたらすぐ抱っこ」という保育者の“動き”は，明確な自覚なしに行われる保育実践の1つに数えられるでしょう。ただ，くり返しになりますが，ここで考えたいことは，無意識の身体技法や当たり前にみえる行為を歴史的流れの中に位置づけて再考する視点が，保育者の専門性として必要である，ということです。日本という地域の文化的特性を知り，自分の“動き”を捉え直していく力量が，専門的保育者には求められているからです。

「どうして泣いたらすぐ抱っこするのですか」という問いかけに対して，「なんとなく……」とか，「みんながそうしているから……」などという応えだけではなく，その歴史的文化的な背景を明らかにしたうえで，自分のしている実践の目的を述べることができる力が保育者には必要です。

私はここで，「泣いたらすぐ抱っこ」することはよくない実践だと言いたいわけではありません。今ある実践を否定するつもりはまったくありません。「泣いたらすぐに抱っこ」してもらう人間関係の中で，日本人のコミュニケーション能力の一部は養われていると思われますし，それをまったくしてもらってこなかった子どもたちが人との関係の中である種の課題をかかえる可能性があることも想像できます。しかし，「抱っこする」というその行為の目的が何であるのか，保育実践をしない人にもわかるように説明できる力量が保育者には必要だということです。実践を説明する責任（アカウンタビリティ）が専門的保育者にはあるからです。保育の専門家が「無意識でしていました」とは言えないはずです。

3　母親代わりではない保育者の専門性に向けて

（1）乳児保育は子どもが「かわいそう」なのか

日本で「三歳児神話には根拠がない」と保育政策上もはっきりと述べられた時期，アメリカでは，国家規模の子どもの発達に関する調査報告が出されました（1999年）。そこでも，「母親が早期に就労復帰することと後の子どもの問題行動の発達には関係がない」ことが実証され，母親がつねに子どもと一緒にいなければ子どもの発達に悪影響を及ぼすといった考え方に根拠がないことが述べられました。子どもをもつ母親が就労する際に感じる罪悪感や，母親が感じている育児不安についての研究は日本でも蓄積されつつありましたが，アメリカではすでに大規模な縦断調査報告が出されていました。

それはこの時期，伝統的な家庭モデルを提示するだけでは，家族が社会の基礎単位として機能しないことを，多くの先進諸国が危機意識をもって理解しはじめていたこととつながっています。さらに，各国は，家族を支える保育・幼児教育が，その社会の行方を左右するという合意を形成しはじめてもいました。

日本では，仕事をもつ母親に比べ，仕事をもたずに家にいる専業主婦の母親の方が，子育てに対する不安感が強いことが多くの調査によって明らかになってきたのもこの時期です（経済企画庁国民生活局「平成9（1997）年度国民生活選好度調査」）。それまでにも保育園を利用して仕事を続けることに罪悪感をもつ母親や育児不安についての研究はなされていましたが（牧野，1989），幸せだと思われていた家庭で子育てをする母親の孤独や焦燥感を世の人々も理解するようになり，子育てを私的なこととせず，社会で子どもを育てる体制をつくっていこうとする機運が高まってきたのが，この時期だったと考えられます。

こうした時代状況の中で，保育園を利用することに罪悪感をもつ母親は，一般的に少なくなっていきました。しかし，保育者たちの共有してきた母親イメージである，子どもと離れて日中を過ごすことに胸を痛め，仕事をする罪悪感に葛藤する母親の姿は，あまり変わらなかったように見受けられます。本当は子どもと一緒にいるべき母親に代わって子どものお世話をする園，母親から離れて日中過ごさなければならない「かわいそうな」子どもを預かる保育者という意識が，保育の中で続いてきたところがあるのではないでしょうか。社会の認識は変わっても，保育実践を支える保育者の無意識の前提，すなわち母親は子どもと一緒にいるべきであり，保育園に預けられる子どもはかわいそうだという感覚は変化しなかった，ということはないでしょうか。

でも，果たして，子どもは保育園に預けられ，母親と離れて「かわいそう」なのでしょうか。

（2）「理想的なお母さん」という理想的保育者像から専門的保育者へ

母親と離れていることは子どもにとってかわいそうだとする見方があるからでしょうか，日本の保育者には「母のように」ふるまう保育者を理想とする人が少なくないように思われます。

しかし，たとえば，母親から離れている時間を「子どもが自分自身と向き合う大切な時間」と捉えるフランスの乳児保育では，「母子関係は唯一無二」であり，母と子の関係を非常に特別なものとみなす保育理論が学ばれ，母の座を奪うような実践をしてはならない，「保育者は母代わりではない」と考えられています。保育者と子どもが，母と子のような，本能的な感情をもとにした関係を構築することは，どこかの段階で母と子の双方に不安を引き起こすと考えられ，むしろ母子が分離する時間を肯定的に捉え，専門的な保育者にしかできない意識的な優しさやあたたかさを保証できる空間を創造し，園で情緒的に安定して育つことがめざされます。母と子の健全な分離，親子の上手な子離れ親離れは，人間の自律にとって不可欠な過程であり，それこそ公的な保育・教育実践の重要な役割でしょう。誰にも母親の代わりはできないという母親の尊厳に対する敬意が，乳児保育を構成しています。これはハンガリーのロッツィ乳児院の乳児保育実践から学んだ保育理論をベースにした考え方です（星，2004)。

さて，ではいったい，専門的保育者は〈泣き〉をどう捉えればいいのでしょう。〈泣き〉への対応は，保育実践における些細なことではなく，重要な保育の専門的な視角を私たちに与えてくれます。保育の日常にあふれている〈泣き〉を丁寧に考察することで，「保育なんて子どもを抱っこしてあやしているだけだろう」という保育の専門性への理解に乏しい意見に対しても，論理的に説明し，保育者が重要な社会的役割をもった存在であることを示すきっかけになります。私たちの社会は〈泣き〉に対してどのような保育を求めているのか，それを省察し続けることが，専門的保育者の社会的役割ではないでしょうか。

これからの保育者には，「母親から離されてしまってかわいそうな子」として乳児クラスの子どもを捉えるのではなく，子どもが母親と離れている時間を肯定的に捉える視点が必要でしょう。保育の場は，気持ちの良い母子分離を促進し，母と子の良好な関係づくりを支える拠点にもなり得ます。いま一度，「泣いたらだっこ」する「母親代わり」としての保育者像を客観的にふり返り，専門的保育者として子どもの要求に応えられる方法について考えてみてはいかがでしょうか。それは，無意識になされる保育実践に含まれた社会文化的背景を自覚することが，保育者一人ひとりの保育の専門性を高める一歩になるからです。

心をみる

赤穂市立塩屋幼稚園　清永歌織

保育の専門家として，一つひとつのことばがけや身体的接触等の意味を意識し，それを日々ふり返ることは必要不可欠なことだとあらためて感じました。保育の現場に長く身を置くほど，子どもを見る目，実践力は磨かれますが，それと同時に，「このようにすることがあたりまえ」「みんなこのようにしている」という「常識」が染みつき，「なぜそうするのか」というもっとも大切な部分が意の外になってしまいがちのように思います。

保育現場において，「泣き」への対応として，泣きやませようとする保育者の姿をよく目にします。「泣き」は負の感情表現であり，それに直面する人の心を揺さぶり，他児へ「泣きの伝染」が生じることや，対応する大人の苛立ちや不安につながることがあります。そのために，「泣きやませる」ことばかりについ意識がいってしまいがちです。しかし，ここで重要なのは，泣きやませることではなく，泣きの要因を多角的に理解し，対応することだと考えます。泣きの要因には，「眠い」「お腹がへった」等の身体状態に関する問題，愛着対象との別離といった人的環境の問題，玩具を取られた等の欲求不満に関する問題，とさまざまなものがあります。保育者はそれを的確に判断し，養護的・教育的な目をもって，ふさわしい対応をしなければなりません。泣きの対応としてよくとられる「抱き」について，塩崎先生は慎重な言い方をされていますが，「抱き」にはもちろん有効な効果があります。「抱き」は，身体だけでなく心も含めて子どもを丸ごと受け止める行為です。抱かれたときの温かな肌感覚は，子どもに対し安心感を与えます。また，抱くことによって子どもの熱を感じとったり，お尻に違和やにおいを感じたりする等，保育者が子どもの身体状態に気づく機会になることもあります。泣きの原因を探り，応答的な触れ合いやことばがけをすることで負の感情を正の感情に導くことは，子どもにとって心地よいことであり，保育者との信頼関係の構築につながります。そして，その安心感のもと，子どもは自律的な力を育んでいきます。この過程において時には，子ども自らが負の感情に向き合い自力で対処することができるように，あえて「見守る」という援助も必要となります。つまり，信頼関係という土台ができてこそ，「見守り」等の保育者の応用的な対応が有効になってくるのではないかと考えます。しかし，「見守るべき泣き」を判別し対応することは簡単ではありません。

私が幼稚園勤務１年目，年少４歳児の担任となった春，こんなことがありました。入園してからなかなか緊張がほぐれず，いつも大人しかったマナちゃんが，遠足で行った公園で突然「ママ～」と叫び大号泣しはじめました。その時の私もやはり，マナちゃんのそばに寄り添いなんとか泣きやむようにと，むやみになだめてしまいました。しかしマナちゃんはなかなか泣きやまず，私はなぜマナちゃんが急に泣き出したのかわからずに困惑したことを覚えています。その時，その様子を見たベテラン教諭が，「やっと自分を出しはじめたんやな」と，戸惑う私に笑顔でことばをかけてくださいました。そして，その日をきっかけにマナちゃんは園で笑顔を見せ，少しずつ自分の思いをことばで出せるようになっていきました。今考えると，公園というふだんと違う環境の中で，マナちゃんの初めての集団生活への緊張や不安が高まり，これまで抑えていたことばにならない思いが「泣き」という方法で一気に表出されたのだと思います。そのことをベテラン教諭のように的確に捉えることができていれば，マナちゃんにとって「必要な泣き」であることを踏まえ，思いを受け止めながら見守ることができたのではないかと思います。子どもの負の感情に大人が心を揺さぶられるのと同様に，大人の戸惑いや苛立ちを子どもは敏感に感じとることでしょう。保育者は専門的な目で子どもの心を読み取り，落ち着いて対応することで，子どもにとって揺るぎない安定した存在になるべきだと考えます。

「泣き」への対応について考えてみると，重要なことは「子どもの心に着目すること」のように思います。これは保育全体においていえることでしょう。子どもの感情表現は発達にともなって複雑になっていきます。表出された姿から単一的に捉えるのではなく，一人ひとりの心を捉えられるよう，日々努力を惜しまない保育者でありたいと思います。

第3章 登園場面を支える保育実践と保育者の専門性

保木井啓史

1　保育者にとっての登園場面とは

（1）登園場面には複数のタスクがある

幼稚園や保育所の朝，子どもたちが保護者に連れられてやってきます。登園した子どもの一般的な生活の流れでは，まず，荷物を片付け，身支度を行います。次に，自分で選んだ遊びをする時間（いわゆる自由遊び）がしばらくあり，そのあと，クラス全体の活動へ移ります。これら毎日くり返される登園場面の中でも，保育者は子どもの生活を支えるための専門性を発揮しています。

登園場面での保育者の行為を扱ったこれまでの研究として，以下のものがあげられます。山本・松葉（2012）は，保育者が子どもの気持ちの安定や遊びへの集中を意図して，登園場面に特化した環境構成を行っていることや，その具体的な内容を明らかにしました。中坪ら（2010）は，登園場面が保育者にとって「幼児を受け入れながらも，保護者とのやりとりを迫られる」難しい場面であるとしたうえで，保育者は子どもに十分にかかわれない中でも，「幼児同士で持続可能な遊び」の導入や，幼児の「リーダーシップ」の促しによって，先に登園した子どもの遊びを継続させているとしました。野口（2013）は，3歳クラスの入園直後と9月の登園場面の映像を比較・分析し，たとえば，登園した子どもがたまたま手に持っていた物を話題にするなどの機敏な対応で，信頼関係形成のきっかけにするといった，子どもと保育者の詳細なやりとりも検討し，園生活の蓄積に伴う，保育者のかかわり方の変化を明らかにしました。

この中でとくに，登園場面が保育者にとって難しい場面であるとする中坪ら（2010）の議論に注目します。保護者対応や子どもの遊びへの対応など，登園場面には異なる複数の「タスク」（保育者がやらなければならないいろいろなことを，本章では「タスク」と総称します）があることが指摘されているからです。ただし，中坪らの研究では，異なるタスクへの対応の仕方の全体は検討されていません。また，野口（2013）も，複数のタスクがある状況に触れたものの，保育者が「重要だと判断する事柄から先に重点的にかかわっているのではないだろうか」と述べるにとどまっています。

このようにこれまでの研究では，登園する子どもの不安の軽減（山本ほか，2012；野口，2013），遊びへの対応（中坪ほか，2010）といった個別のタスクへの対応に限定して，保育者の専門性が検討されてきました。これに対して保木井ら（2014）は，登園場面の，複数のタスクがある状況を全体的に捉えることで，子どもや状況に「即興的」に呼応する保育者の専門性に，よりリアルに迫ることをめざしました。その際，何気ない日常の登園場面の分析には，野口（2013）が行ったような，保育者の行為の細部を捉える必要があると考えました。

以上を踏まえ筆者は，幼稚園での登園からクラス全体の動きがはじまるまでの時間帯における，保育者の行為の詳細と保育室の様子を視野に入れた研究を実施しました。研究の目的は，登園場面での保育者の行為が有する意味を，周囲の状況も踏まえて分析し，登園場面における保育者の専門性がいかなるものかを検討することです。以下では，その内容を紹介します。

（2）研究の方法

2012年12月のある日に，Ｆ幼稚園３歳児クラス保育室の朝の様子を，ビデオで撮影しました。この日は，子どもの登園と並行して園庭でたき火の火起こしが行われており，３歳児クラスは，９時半頃に園庭に出る予定になっていました。担任はＹ保育者（女性。以下，「保育者」）で，子どもの数は，在籍20名，この日の出席は19名でした。

この映像のうち，約10人の子どもが登園してすでに入室した９時16分から，室内を片付け，保育者と子どもたちが園庭に行くために保育室を出るまでの約12分間を「分析対象場面」として取り出しました。

分析は，映像中の保育者の行為と室内の出来事それぞれを，起きた順に１つずつ並べて書き起こし，「ある行為が，どのような状況に対応して，なぜなされたのか」という観点から検討しました。その際，日常的な場面に溶け込んだ保育者の専門性を，当たり前の風景として見過ごしてしまわぬよう，「もしも，保育者がその行為をしない場合」「違う行為をした場合」の事の成り行きを意識的に推測して，実際の行為の意味が浮かび上がるよう努めました。

また，これらの分析ののち，映像からはわからない情報や保育者の意図を，保育者本人にインタビューで確認し，分析結果に組み入れました。

2　登園場面を支える３種類の「ながら行為」

分析の結果，複数の目的を同時に意識したり，異なるタスクを併せて処理したりする保育者の行為が，対象場面全体にわたって発見されました。こうした行為に登園場面での子どもの生活を支える保育者の専門性が現れていると考え，これらを「ながら行為」と名づけました。「ながら行為」は，「子どもが次々と登園しているとき」「登園がひと段落したとき」「園庭へ出るとき」で異なる機能を発揮していたため，【切り抜けるながら】【切り替えるながら】【抱き合わせるながら】へと分類しました。以下で，各「ながら行為」について保育場面と併せて詳述し，本章の最後に保育者の専門性の内容を検討します。

（1）【切り抜けるながら】

１つ目は，複数のタスクに同時に対処して，目下の慌ただしい状況を「切り抜ける」ような「ながら行為」です。子どもの登園が続いているあいだにとくに見られました。

登園場面には，「登園児の受け入れ」「保護者対応」という２つの大きなタスクが存在し，先に登園した子どもの遊びや，登園時に行う各種の身支度や作業（これを以下，「ルーティン」と総称します）への援助も必要です。保育者は，子どもをドアまで出向いて受け入れ，保護者とは何かしらの会話を必ず交わしました。

写真３－１　女児たちによる保育者をドアの外に締め出す遊び

写真３－２　ドアを閉めさせないためにドアレールの上に立つ

写真３－３　背中を押されお尻で対応

つまり，保育者の行為は，登園した子どもへの「丁寧な受け入れ」と「保護者対応」を中心に選択されていました。入園初年度の３歳児では，登園時の子どもと保護者にとりわけ丁寧な応対が重要視されていたものと考えられます。

一方，あるタスクへの注力は，ともすると他のタスクの実行を困難にします。しかし保育者は，当意即妙の身のこなしで状況を「切り抜ける」ようにして，多数のタスクをやりとげました。それがもっとも顕著な場面を紹介します。

この日，すでにルーティンを終えた子ども数人が，保育者をドアの外へ締め出す遊びをはじめました（写真３－1）。保育者は，前方での保護者対応を継続しながら，ドアを閉めさせないためにドアレールの上に立ちました（写真３－2）。これに対して子どもたちは，保育者の背中を押して室外へ出そうとします。保育者はお尻を振ることで対抗しました（写真３－3）。

お尻を振ったことは，子どもの遊びへの応答でありながら，子どもの押す力の分散により，保育者自身が室外へ押し出されないための防御も兼ねていました。仮にドアを閉められてしまうと，その時登園した子どもが入室できなかったり，保護者対応が中断したりしたかもしれません。つまり，ドアレールの上で保育者は，保護者対応，登園児の受け入れ，遊びへの対応を同時に行いながら，登園児の通路の確保もしていたのです。

なお保育者は，ドアの封鎖を注意するなどをせず，遊びとして応答し続けました。インタビューでも保育者は，この場面について，「（子どもが）そういう保育者とのかかわりをすごい楽しむ時期なので，そういうかかわりを（した）」と述べており，子どもが保育者とかかわりたがっているという理解にもとづき，それへの最大限の応答を重視する意図が確認できました。

（2）【切り替えるながら】

2つ目は，先の活動への目配りをし「ながら」，時間とともに行為選択の基準を「切り替える」ような「ながら行為」です。

子どもの登園がひと段落すると保育者の行為は，子どものルーティンの援助と，遊びを誘いかける子どもへの応答が主になりました。その際，ルーティンの援助の関与は，たとえば，ジャンパーを脱ぐ途中で佇んでいる女児に対して，足に軽く触って動作の再開を促す程度でした。このような間接的援助は，慌しくて手が回らないなどではなく，生活習慣の自立に向けて，できる限り子どもに自力でさせるという意図で行われていました。インタビューで保育者は，たとえば「（映像中のある子どもについて）この子は，ちょくちょく声をかけないと自分からはあんまり（ルーティンを進めない）……というところでよく声かけをして自分で動けるように（配慮した）」と述べています。

また，遊びへの応答では，たとえば，子どもが「石になあれ」などと魔法をかけるイメージの遊びをもちかけると，大きな動作で遊びに応じるかかわりが見られました。「遊び要求に極力応える」ことが継続しているといえます。

この時の保育者は「ルーティン援助は最小限に」「遊び要求に極力応える」ことを重視して行為を選択していると解釈されます。子どもの受け入れと保護者対応という大きな2つのタスクを終え，余裕のあるかかわりが可能になったものと考えられます。

一方，後でクラス全員で出ることになっている園庭では，たき火の火起こしが進んでいました。窓の外のたき火を確認して以降，ルーティンへの援助は，直接的なものとなり，遊び要求への応答は部分的な動作や，応答自体がされないといったように，保育者の行為が変化しました。表3-1に，窓の外を見る前後の対比を示します。ルーティンの直接的な援助を手早くすませた後には，

表3－1　窓の外を見る前後での保育者の行為の対比

	窓の外を見る以前	窓の外を見て以後
ルーティン援助	•男児Aの前のテーブルを軽く叩いてシール貼りへ意識を戻す •女児Aへ帳面を出すことの声かけ •女児Cの足に触れ上着脱ぎに意識を戻す •シール貼りの質問に答える	•男児Aのカバンから水筒を取り出す •女児Cのジャンパー脱ぎに手を貸す •床の衣類をまとめ女児Eに渡す •落ちていたマフラーを棚にしまう
遊び要求	•魔法をかけるモーションで遊びに応答 •女児Dらをくすぐる •戦いごっこの男児らに反撃する	•女児Dの家族ごっこの誘いに応答せず •お化け遊びに手の動作のみで応答

子どもたちへのたき火への誘い（後に詳述）がなされています。そこから，保育者の行為の変化は，園庭への移動を踏まえた「切り替え」を反映しています。つまり，たき火の火起こしが順調であると見てとったことにより，行為選択の基準として「そろそろ園庭へ」向かうことが前景化してきます。すると，時間のかかる間接的援助や，子どもの遊び要求への全力での応答は，後の活動への移行に支障をきたすものとの意味合いが強まるのです。分析対象場面では，担任間で，園庭に出る時間の大体の申し合わせがあったために，行為選択の基準の「切り替え」が短時間のうちに現れたものと考えられます。

以上より，子どもの登園がひと段落してからの保育者は，しかるべきときに行為選択の基準を「切り替え」ることで，後の活動への移行との齟齬をきたさずに，「ルーティン援助は最小限に」「遊びの要求に極力応える」をめざした行為選択を行えていたのです。

（3）【抱き合わせるながら】

3つ目は，あるタスクを実行する行為であり「ながら」，別のタスクを実行する役割を「抱き合わせ」た「ながら行為」です。

たき火の準備ができた頃を見計らって，保育者は，「○○ぐみ（クラス名）さん，あそこ見てみて。煙が出とる」（写真3－4）と注目を引き，「先生，たき火にあたりに行こうっと」（つまり，一緒にたき火へ行こう，という意味）と，園庭へ出るように誘いました。保育者のこの呼びかけは，一義的にはたき火へ誘っ

写真３－４　○○ぐみさん，あそこ見てみて！
保育者の誘いのことばで子どもたちが園庭を見る。他方，写真左端の女児がカバンから帳面を取り出しつつある。

ているのですが，実際には，さらに２通りの意味で子どもたちへのアプローチになっていました。

第１に，ルーティンを終えていない子どもには，中断していた荷物整理などへの促しとなりました。保育者自身も，呼びかけのタイミングの意図を，「ほとんどの子どもが（園庭に）出られる状況かな。でも，遅い子はまだ（荷物棚の前などに）座っていて，そういう子どもたちには，自分で「こうもっと動いて，ちゃっちゃっとせんと乗り遅れる」と焦りのような気持ちももてるような」と述べています。第２に，室内で遊ぶ子どもには，片付けの動機づけとなりました。明示的な片付けの促しも直後にあったとはいえ，園庭での楽しみを先に子どもが意識することで，片付けを受け入れやすくなると考えられます。

なお，この間，片付けを中断して室外に出はじめる男児たちに対して保育者は，室内へ戻らせ片付けをやりとげさせました。園庭へ向かう流れをあえて逆戻りをさせた点に，片付けの完了が重視されていることが読み取れます。

また，片付けの途中で，男児２人が，おもちゃ箱を棚に置く役目をめぐって争いそうになる瞬間がありました。保育者は，あとから箱に手をかけた男児に，素早く「優しいねえ」と声をかけました。これにより，あとの男児の行動への好意的な意味づけが先方の男児に伝わり，２人はおもちゃ箱を一緒に運ぶことで落ち着きました。保育者によればこの時期，片付けに際しての争いが時々あったとのことでした。また，その機会に他児の気持ちを考えさせることが重視されていました。しかし，この場面での保育者は，室外でのジャンパー着衣の援助を優先する必要がありました（「もうみんなは外に出ようとしているし，気になるジャンパーをみんなが着る時間だし，私がそこ（争い）に付いてしまったら（着衣を援助する人がいない）」）。そのため，ジャンパー着衣の援助に向かうために，その場面では，争いにあえて未然に対応し手数を減らすことが選択されたのです。

ルーティンの完了，保育室の片付け，活動場所の移動は，競合しうる別個のタスクです。たとえば，ルーティンの援助に手数をかけ，園庭への誘いのタイミングを逃す事態もあるかもしれません。しかし保育者は，たき火への誘いに，ルーティンや片付けへの促しを「抱き合わせる」ことで，３つのタスクにアプローチしました。また，タスクの実行だけでなく，子ども同士の争いのときのように，タスクを「生起させない」行為選択も見られました。

3　登園場面における「ながら行為」の意義

本章では，幼稚園での子どもの登園からその後の活動に続く時間帯の保育場面を分析し，登園場面の子どもの生活を支える保育実践を，３種類の「ながら行為」として描き出してきました。

『新明解国語辞典』によれば，「ながら」ということばの第１の意味は，「異なる動作を並行して行うこと」です。保育者の場合も，多くのタスクや目標に同時に対処する「ながら行為」によって，子どもの生活や遊びを援助していました。「ながら」の第２の意味は，「一般には両立することが不可能と思われるものが，その場面では事実として実現していること」です。保育者の「ながら行為」は，以下に詳しく述べるように，あのタスクとこのタスク，一人ひとりの対応とクラス活動，慌ただしさと保育観に根ざしたかかわりという，一見対立しうる要素を両立していました。「ながら行為」には，難しい登園場面での最大限のパフォーマンスを実現する，保育者の専門性が現れていたといえるでしょう。以下，保育者の専門性としての「ながら行為」の意義を４点あげます。

第１は，同時に対処することで，多くのタスクを処理できることです。F幼稚園３歳児クラスの場合は，①登園児の受け入れ，②ルーティンの援助，③遊びへの対応，④保護者対応のタスクが，子どもの登園のたびに保育者に降りかかっていました。これらに一つひとつ対応していては，いずれかのタスクに手が回らなくなり，園庭への移動に支障がでたでしょう。「ながら行為」のうちの，【切り抜けるながら】は，動作を組み合わせて，複数のタスクに同時に対処することを特徴としています。ドアレールの上に立って通路を確保しながら，前方で保護者に，後方で子どもの遊びに対応した場面のように，先延ばしにできない多くのタスクがある状況に，保育者は，一度に取りかかるタスクの数を増やして対処していたのです。

また，【抱き合わせるながら】では，1つのことばかけが，たき火への誘い，ルーティンの促し，片付けの促しという3つのタスクに同時に働いていました。

第2は，タスクの発生自体の抑制です。遊びへの応答や子どものペースに合わせたルーティン援助を，園庭への移動にも目を配りながら可能な限りで実施した，【切り替えるながら】は，これにあたります。保育者は，周りの状況（この場合は時間の制約）とのバランスをとりながら，とりかかるタスクの優先順位を変化させていました。また，園庭に出ようとするときには，他の時間帯ならば丁寧に対処していたであろう，子ども同士の争いを未然に防ぎました。つまり，保育者の一連の行為は，降りかかるタスクに対処するだけでなく，タスクを「発生させない」ことも含んでいたのです。

第3は，活動をスムーズに切り替える援助としての「ながら行為」です。子どもや保護者への個別的な対応の一方で，保育者は，活動の切り替えという，クラス全体への援助も行いました。具体的には，登園した子どもの受け入れが終わると，活動の移行を踏まえた行為の調整である【切り替えるながら】がはじまりました。また，【抱き合わせるながら】の呼びかけでは，ルーティンと室内片付けの両方の完了を促し，一斉に園庭へ出ることを実現しました。

第4は，保育観に根ざしたかかわり方の実現です。分析対象場面の中には，保育者の保育観として，①登園児を丁寧に受け入れる，②子どもの遊び要求に極力応える，③ルーティンの援助を最小限にとどめる，④園庭へ出る前に保育室を片付ける，が確認できました。多数のタスクを単にこなすだけでなく，保育観にもとづく価値を実現する際に，「ながら行為」が効力を発揮しました。

「子どもの遊び要求に極力応える」を例に説明します。慌ただしい朝の時間帯には，子どもだけで遊びが続く（中坪ほか，2010）ほうが，保育者には楽でしょう。分析対象場面の保育者も，たしかに，自ら子どもの遊びに加わることはしていませんでした。一方で，子どもの側から遊びを求めてきた場合には，これに応えることも重視していました。そして，慌ただしい中でこの価値を実現するときに「ながら行為」が用いられていたのです。その１つ目は，ドアレールの上で，活用可能な身体部位を当意即妙に用いて後方の子どもに応えた【切り抜けるながら】でした。２つ目は，子どもの遊び要求にねんごろに応えてもクラス保育に支障がでないように，「園庭へ出ることと齟齬が生じない」範囲への保留をつける役割を果たした【切り替えるながら】でした。

４　登園場面のより多彩な保育者の専門性へ向けて

筆者らの研究の結果は，園庭に出る時刻が９時半頃とされていた点，および１人の保育者で保育をした点に暗に規定されています。なぜならば，これら時間的・人的制約のゆえに，【切り抜けるながら】のような身のこなしや，「そろそろ園庭へ」という行為選択の基準の「切り替え」の必要が生じるからです。また，仮に，他の保育者の助力が得られるなど，複数で保育にあたっていたとすれば，子どもの争いと着衣の援助を手分けして対応できた可能性もあります。

９時半頃にクラス単位での動きをはじめることや，３歳児クラスを保育者１人で保育することは，多くの園で一般的であり，「ながら行為」はＦ幼稚園以外の保育者の専門性へも説明力を有するものと考えられます。加えて，保育者１人で保育にあたったことについて，子どもの数に比べて保育者の数が少ないわが国の現状（OECD, 2012）を鑑みれば，「ながら行為」が，日本の保育者に特有の専門性を反映している可能性があります。

本章で紹介した研究は，あるクラスの１日のデータにもとづいています。そのため，子どもの年齢や時期による保育者のかかわり方の変化，保育者ごとの保育観や持ち味の違いなどを含めた，さまざまな事例の検討によって，登園場面における，より多彩な保育者の専門性が明らかにできると考えられます。

日常の保育において意識せずに行っている「ながら行為」

広島大学附属幼稚園　妹尾有貴

3歳児の担任をしていたとき，子どもたちにお尻で対応しているという恥ずかしい場面をビデオ観察されたY保育者とは，私です。この文章を読んで，登園時間のバタバタした忙しいときに，自分が行っている保育において，お尻で対応する行為でさえも「専門性」と捉えていただいて，驚きました。

私自身，毎日の保育をこなすことで精一杯で，日々の保育においても頭で考えて動くよりもまずは体が動いているという感じです。今回，観察を通して自分の言動を分析してもらって，改めて自分の言動をふり返り，たしかにそう思いながら行動に移していたなと思いました。

保育の中では考える暇もなく，必要だと思ったその瞬間に動いていることが大半です。その動きを生み出す背景には，保育のねらいや子どもへの願いがあります。目の前にいる子どもにとって必要なタスクが同時に複数起きたときに，「ながら行為」が生まれるのだと思います。ここでは登園場面において「登園してくる子どもの受け入れ」「保護者対応」「ルーティンの援助」「遊びはじめた子どもへのかかわり」という4つのタスクがあげられていますが，このどれもが大切で逃すことができないものであるからこそ，私はすべてのタスクに同時にかかわっていました。保育しているときには意識していませんが，考えてみると「ながら行為」は保育の中でよくしていることなのかもしれません。

ビデオ撮影時は3歳児クラスの12月でしたので，子どもの受け入れや保護者対応もしつつ，同時にルーティンの援助や遊びはじめた子どもにお尻でもかかわることが可能でした。しかし，入園当初はこれだけのタスクを同時にこなすよりも，タスクを取捨選択して必要なものにじっくりかかわっていくことが多いです。私は，保育において大切なことは単にたくさんのタスクを同時にこなしていくことではなく，目の前にいる子どもに応じた適切なかかわりをすることだと考えています。そのことを前提としたうえで，さまざまなタスクを同時に行っていく「ながら行為」であるなら，それは保育者の専門性であると思います。

そして，本章の中には「遊びはじめた子どもへのかかわり」というタスクがあります。端的にまとめられていますが，私はこのタスクの中にさらに多くのタスクが存在すると思っています。保育者は子どもたちとかかわる際に，「子ども」という一括りとした対象にかかわるのではなく，「A男くんには○○を大事にかかわりたい」「B子ちゃんには△△を大事にかかわりたい」というそれぞれの子どもに対する思いや願いを意識しながら，その子に応じたかかわりを行っています。

本章の事例にある「お尻で対応していた場面」でも，もちろん他のタスクを遂行するためにドアレールの上に立ち，ドアが閉められることを阻止したという意図もありますが，一つの遊びとして子どもたちとかかわる中で，そのかかわりは個々の子どもを意識して行っています。お尻の揺れを面白がっている子どもにはその動きを十分楽しめるようにかかわりながら，触れ合いを楽しんでいる子どもには私の身体にしっかり触れたり跳ね返りを楽しんだりできるようにかかわりました。このように，「遊びはじめた子どもへのかかわり」の中にも，保育者はそれぞれの子どもに対してのかかわり（タスク）を同時に意識し，かかわっています。つまり，「遊びはじめた子どもへのかかわり」の中にもタスクが存在し，「ながら行為」がなされているのだと思いました。

保木井さんが「保育観にもとづく価値を実現する際に「ながら行為」が効力を有する」と分析されているように，保育の中で価値あることを同時に実現していく際に「ながら行為」は有効だと思います。私も，これまで無自覚ながらもいろいろなタスクのバランスをとりながら，大切なことは逃さないように同時にいくつものタスクを行っていたことに，この文章を読んで気づきました。保育の中で，保育者にはさまざまなタスクを同時にこなすことが日常的にあります。その時に保育のねらいや個々の子どもに応じて，必要なことをバランスよく実現させていくような，適切な「ながら行為」ができる保育者でありたいなと思いました。

第4章 食事場面を支える保育実践と保育者の専門性

淀川裕美

1 食事場面における保育者と子どものやりとりへの注目

共に食卓を囲むことを「共食」といいます。人類にとっての共食は,「人間関係を深め,連帯感を高める何か特別な力をもつもの」と考えられています(外山, 2008a)。乳幼児が経験する「共食」の中でも,園における食事場面は家庭での食事場面と異なり,家族以外の複数の保育者や近い年齢の他児とともに集団でテーブルを囲み,さまざまに学びながら食事をする機会です。「子どもの食と栄養」をはじめとする,保育における食に関連する内容を扱うテキストでは,しばしば,子どもの発達に応じて必要とされる栄養や食事の提供の仕方等の専門的知識,栽培や調理等の食育の実践事例,また,保育者と栄養士等の専門職間の連携といった内容が扱われています。しかし,子どもにとって食の育ちをもっとも直接的に支えている,毎日の食事場面での保育者や他児とのやりとりは必ずしも十分に取りあげられていません。養成課程の学生にとって,保育の実際を知る手がかりである事例でもほとんど扱われていません。そこで本章では,従来のテキストから少し視点を変えて,食事中のやりとりにあらわれる保育者の専門性に焦点を絞っていきます。

筆者はこれまで保育所2歳児クラスの食事場面と散歩場面における幼児同士の対話分析を行ってきました。その中で食事中のやりとりの大切さ,奥深さに惹かれました。その後さらに,食事場面における保育者のかかわりについて分析を進めています。はじめは2歳児クラスで,その後は0歳児から5歳児クラスまでの食事の様子を観察させていただきました。食事中の何気ないやりとりに見られる先生方の配慮や工夫について,主に2歳児クラスの事例をご紹介しながら，考えてみたいと思います。

2　保育における食事場面の固有性と子どもの経験

そもそも保育における食事場面は，子どもたちの育ちという観点から捉えたときに，どのような特徴をもっているのでしょうか。

食事場面で，子どもたちはさまざまな食材と出会い，食具の用い方を身につけ，マナーを習得し，他者と食事をする楽しさを経験していきます。また食事場面に限ったことではありませんが，時間内に食べる必要もありますから，日々のことばかけの中で時間の感覚が育っていくということもあるでしょう。一方で，食事場面では複数の他児とともに一つの机を囲み，同じ時間と空間，食材や食具，食事という行為を共有していることから，集団での対話が生じやすいという特徴があります（淀川，2015）。

筆者は以前，半年間の食事場面と散歩場面での幼児同士の対話の比較分析を行いましたが，その中で，対話への参入者数と応答連鎖数の平均をそれぞれ場面間で比較したところ，いずれも食事場面が散歩場面よりも多いという結果でした。散歩場面では移動の自由があり，屋外では視界に飛び込んでくるもの，聞こえてくるもの等がさまざまにあるため，一つの対話を維持するよりも他の事物に注意が向きやすいという特徴があります。一方，食事場面では，上記のように集団での対話が生じやすいうえに，必ずしも一人が話し続ける必要はなく，複数名により対話が維持されるので，他の場面と比べてより多くの子どもたちが互いの応答を引き出し合いながら対話する姿が見られるということが考えられます（淀川，2015）。

このように食事場面では，食にかかわる育ち，時間の感覚の育ち，ことばの育ち，社会性の育ち等，さまざまな育ちにつながる経験を子どもたちはしています。

3　食事場面における保育者のかかわり

では，そうした子どもたちのさまざまな育ちを支える食事場面で，保育者の方々は実際にどのような配慮や工夫，かかわりをしているのでしょうか。

1歳前後の乳児と保育者の相互行為を微視的に分析した石黒（2003）は，保育者は「子どもに食べさせる人」ではなく，子どもと「食べることを巡って交渉する存在」であり，保育者に求められる技とは，「子どもが能動的に食べる」ように交渉する技であると述べています。食の自立を見据えつつも介助が必要な乳児期の分析から導き出された記述ですが，この指摘は乳児期に限らず，大人と子どもの食事場面の本質をついているように思います。

子どもの年齢が上がるほど，いかに「能動的に食べる」ように支えていくかが問われていきます。そして，幼児期になると，乳児期と比べて保育者と子どもあるいは子ども同士の会話が増え，「他者とともに食事を楽しむ」ことがより重視されるようになります。子ども同士がやりとりするようになると，保育者は一歩下がって子どもたちの食事を見守るということも増えてきます。食事の時間内に，栄養バランスよく，マナーを習得しつつ，能動的に食事を終わらせるということと，食事をしながら先生やお友だちとおしゃべりを楽しむということは，つねに葛藤をはらみます。子どもたちの年齢によっても保育者の価値観によっても両者の比重は異なると思いますが，これら両方の育ちを保障することが食事場面ならではの経験として重要ではないでしょうか。

このような視点から，以下では食行為に重点を置く乳児期から，他者と食事を楽しむことも重視される幼児期へと移行する2歳児クラスの食事場面に焦点をあて，保育者のかかわりを具体的に見ていくことで，食事場面における保育者の専門性について考えるきっかけとしていけたらと思います。

（1）「食事の介助・援助」と「対話の相手・仲介」という保育者の役割

食事場面について見ていく前に，ある研究に描出されていた2～3歳児の特徴を見てみましょう。この時期は「〈自立〉―〈依存〉という一見逆向きの態度を表裏一体に抱え込み，それは保育者の〈導く―受け入れる〉という両義的な対応に絡み合って表面化する」と石野（2001）は述べます。この構造は，濃淡の違いはあるものの実は乳幼児期の食事場面のどの時点でも見られるものではないかと思います。すなわち，「自分で食べたい」「自分できちんと食べられる」という自立の志向と，「食べさせてもらいたい」「食べたくないという自分の気持ちを受け止めてもらいたい」という気持ちとが，どの年齢でも見られるということです。それは，保育者の側から見れば，「自分で食べさせたい（食べさせなくては）」という気持ちと，「目の前の子どもの個々の状態に合わせてあげたい」という配慮との葛藤を生み出すことになります。このように食事場面では，そのつどの一人ひとりの子どもへの対応が求められると同時に，一方では集団としての子どもたちへの支援をしなければならず，そのことも保育者にとって葛藤となるといえるでしょう。

話を２～３歳児期に戻しますと，食具の使用については，乳幼児と母親との食事場面の分析結果から，１歳児は大半が母親に食べさせてもらっていたのに対し，３歳児はほぼ自分で食具を使って食べていました（外山，2008b）。その間にあたる２歳児期は，介助が必要でありながらも，徐々に食行為が自立していく過程にあります。これらの知見から，２歳児クラスの保育者には「食事の介助と自立に向けた援助」が役割として求められているといえます。一方，ことばや関係性の側面から見てみますと，２～３歳児期は，子ども同士で「互いの応答を引き出し合いながら，対話を楽しむ姿が見られるようにな」る時期です（淀川，2013）。それまでは主な話し相手は保育者だったのが，徐々に保育者だけでなく他児に向けても話すようになり，子ども同士の対話がさかんになされるようになります。その中で，保育者には子どもの「対話の相手」だけでなく子ども同士の「対話の仲介」としての役割も求められるようになっていきます。言い換えれば，食事場面における保育者のかかわりには，「子どもを食事行為の自立へ導き，子どもが自ら食事することを援助すること」と，「子どもの欲求や思いを受け止め，話し相手となりながら気持ちを満たしてあげること」の両方が求められていると考えられます。

（2）実際の保育所2歳児クラスにおける保育者のかかわり

そうした視点に立ち，筆者はある保育所の2歳児クラスに週に1回，1年間通い，食事場面を観察しました。担任4名と子どもたち20名のクラスで，4つのテーブルに分かれ，そのうち1つのテーブルを子どもたち5名と担任1名が囲んで食事をする場面を録画し，適宜インタビューを行いました。収集したデータについては，いくつかの分析をしているところですが，今回はそのうち2名の保育者のかかわりを比較分析したものについて取りあげたいと思います。同じ時期（年度当初）に，同じ組み合わせの子どもたちの食事を2名の担任がそれぞれ異なる日に担当した場面について，両者のかかわりの比較分析を行いました。これはあくまでも観察園の観察クラスの限られた回数についての分析結果であり，一般化できるものではありませんが，保育者・幼児間の具体的なことばのやりとりの分析から，食事場面を支える保育者の専門性について事例にもとづき考えていくための手がかりにできればと思います。

この分析では，2名の保育者（平野先生と武田先生，いずれも仮名）の4，5月の食事場面の観察事例を分析しました。保育者および同じテーブルで食事をする子どもたちの全発話量を調べたうえで，①誰が誰に宛てて発話したか（発話の宛先）と②誰が誰に宛てて話題を提示したか（話題提示の宛先）を検討しました。発話とは別に話題提示についても検討したのは，食事場面において誰が誰に向けて，何について話そうとしたかという対話の構造とその内容を捉えたかったためです。さらに，より具体的に，保育者から子ども（たち）へのことばかけの特徴を見るため，③保育者から子どもに向けて，どのような話題が提示されたかについても検討しました。その結果，2名の保育者で，次のような共通点と相違点が見えてきました。

共通点としては，①保育者も子どもも発話量（1分毎の平均発話数）に差は出ませんでした。つまり，どちらの先生の場合も，保育者・子どもともに同程度の量の発話がなされていました。また，②発話の宛先（誰が誰に宛てて発話したか）についても，平野先生・武田先生ともに，保育者から子どもへの発話，子どもから保育者もしくは他児への発話がそれぞれ全発話数の半数を占めていました。つまり，保育者の発話と子どもたちの発話が，同じくらいの量だったということです。この特徴は，平野先生の年度後半の事例でも確認できたことから，２歳児クラスの保育者が同席している食事場面では，保育者と子どもたちがバランスよく発話をしていることがうかがわれます。さらに，子どもの発話の宛先をみると，平野先生の事例でも武田先生の事例でも，保育者への発話が約３割で，他児への発話の約２倍の量でした。すなわち，子どもからは，他児よりも保育者への発話が多いという特徴が示唆されます。

一方で，２名の保育者の相違点も見られました。②話題提示の宛先（誰が誰に宛てて話題を提示したか）を見ると，平野先生は，保育者から子どもへ話題提示する発話が全発話の６割近く，子どもから保育者へ話題提示する発話が２割強だったのに対し，武田先生は，保育者から子どもへ話題提示する発話が全発話の３割強，子どもから保育者へ話題提示する発話が５割という逆の傾向の結果となりました。すなわち，平野先生は自ら話題を提示して子どもたちと対話していたのに対し，武田先生は子どもから話題を提示されて対話をするという機会が多かったのです。話題提示を保育者と子どものどちらが主導することが多いかという点は，食事場面に限らずあらゆる場面で，保育者のあり方によって異なるように思います。

さらに，より具体的に事例の中での保育者の専門性を見ていくために，保育者から子どもへ宛ててどのような話題が提示されたかを見ました。平野先生と武田先生が子どもへ宛てた発話で提示していた話題を合わせて一覧にしたものが表４-１です（なお，これはあくまでも今回の分析結果から導出された内容ですので，２歳児クラス一般というわけではありません）。

上記の内容は，おそらくどの園でも，どのクラスでも，食事場面で話題にしているものと思います。ただし，どれを多く話題にするかは，保育者によって異なるようです。たとえば平野先生と武田先生の場合，両先生ともに「食事のマナー」に関することばがけが多く見られました。「エミちゃん，前向いて食

表4－1　4，5月の観察時に2名の先生が幼児へ提示した話題のカテゴリー

上位カテゴリー	下位カテゴリー	具　体　例
食事を進める	食事の段取り	挨拶・次の活動等への移行
	食事のマナー	食べ方・座り方・持ち方等
	食事を直接的に促す	噛み方・「食べて」等
	食事を間接的に促す	見本・ほめる・見通しを示す等
	食事の拒否への対応	「眠い」「おなかが痛い」等への応答
おしゃべりをする	食事に関すること	食材・ごっこ・告げ口への応答等
	食事以外に関すること	経験・現状・予定

べよう」「ねえ，ケンちゃん，足やらないで（足で床を蹴っているのに対して）」「（お皿を）おなかの前にしないと，こぼれちゃうよ」といった具合です。また，両先生ともに見通しを示すことばがけが見られました。「あと，これとこれだね」のように食事の終わりへの見通し，「いっぱい食べると，大きくなれるんだよ」のように少し先の将来への見通し，「明日はいっぱい食べような」のように近い将来（明日）への見通し，といった具合です。さらに3歳児，4歳児，5歳児クラスと年齢が上がっていくと，徐々に時間の感覚がわかるようになり，明確な時間の概念は理解していないとしても，時計を手がかりとして自分の食事行為の見通しをもてるよう支援していきます。また，両先生ともに，「食事を促す」話題が全話題の約6割を占めていました。ただし，先生によってことばのかけ方の特徴に違いが見られました。平野先生は「食事を直接的に促す」ことばかけが多く，武田先生は「食事を直接的に促す」ことばかけにくわえて「食事を間接的に促す」ことばかけも多く見られました。

たとえば，4月に観察された以下の事例では，平野先生がユキとのやりとりの中で，さまざまな配慮をしながらユキの食事を援助していることが読み取れます。

〈エピソード1〉 野菜を食べたがらないユキ（2歳9か月）と，平野先生のやりとり（4月19日）

平野先生が，ユキの皿をテーブルの内側に寄せながら「（スープを）全部飲んだらお野菜も食べようねー，ねー，順番」(1)と言う。平野先生がユキのおかずをかき集めていると，ユキがフォークを先生の手から奪い，自分でしようとしながら「もっとスープのんでから！」と言い返す。平野先生は笑いながら，「スープ飲んでから，なーに？」と聞き返し，「お野菜も食べよ」と再度言う(2)。隣のケンジが，ユキを見ている。平野先生は，次に皿の上のマカロニサラダ（マカロニがリボン型）を指さして「これリボンちゃんなんだよ，ほら」と言う(3)。（中略）ユキが「え？　リボン？」と聞き返すと，平野先生はフォークでユキのマカロニサラダをすくって，ユキの口の前に持っていきながら「大きなお口」と言い，自分の口をアーンと開けて，ふたたび「大きなお口」と言う(4)。ユキは渋りながらもなんとか口を開けて，小さな一口を食べる。そして，得意げな表情で平野先生を見る。平野先生も笑顔で応えている(5)。平野先生が「おいしいでしょう。ねー。ちょっと食べたらおいしかったね」と言う(6)と，ユキも「ユキ，いっぱい食べたら大きくなる」と答える。

平野先生は，(1)や(2)で，「（スープだけでなく）お野菜も食べようね」と直接次に食べてほしいものをあげてことばかけをしています。食事を直接的に促すことばかけをしますが，なかなかうまくいきません。ユキがなかなかお野菜に移らないのを見て，今度はユキが喜ぶであろうマカロニの「リボン」の形について取りあげ，マカロニサラダに興味をもってもらおうとします(3)。すると，それまでスープに気持ちが向いていたユキも，先生から「大きなお口」(4)と言われてついに食べてみる気になり，口を開けることになります。何気ない一言ですが，ユキが日頃からどのようなものに興味関心を示しているかを把握しているからこそ，平野先生はこのようなことばかけを通して，ユキのマカロニサラダを食べてみようという気持ちを引き出しているといえるでしょう。その後のユキの得意そうな表情を見れば，ユキの気持ちがすっかり変わったことも見てとれます。さらに，平野先生のかかわりはそこでは終わらず，平野先生が「ちょっと食べたらおいしかったね」(6)とユキの気持ちを代弁してあげることで，「ユキ，いっぱい食べたら大きくなる」というユキのことばが結果として引き出されました。(5)でユキの得意げな表情に笑顔で応える行為も，ことばにはしないけれども「あなたのこと，見ているよ」あるいは「食べられてよかったね，先生も嬉しいよ」というメッセージを暗に伝えているといえるでしょう。何気ない一場面に，平野先生のさまざまな配慮が，ユキの応答と織り込まれるように見られることがわかります。

エピソード1はユキとの一対一のやりとりが見られた場面でしたが，次の事例のように，保育における食事場面では，複数の子どもたちがともに食事しているからこそ見られる配慮もさまざまになされています。次の事例を見てみましょう。

〈エピソード2〉　食事に飽きたサヤ（3歳2か月）と他児をつなぐ，平野先生のかかわり（10月1日）

サヤは食事への集中力が切れたようで，向かいに座っている平野先生に何度も話しかけ，食事が進まない(1)。サヤと平野先生の間に座っているメイが，自分の左手を平野先生の左腕に置き，「ねえ，見て」(2)と話しかける。メイが平野先生を見て，口をもぐもぐする(3)と，平野先生はメイの顔の前に右耳を近付け，その音に耳を傾ける(4)。そしてメイを見てうなずき，微笑む(5)。その様子をサヤが見ている。

平野先生がメイのほっぺを右手で指さし，サヤに向かって「メイちゃんの音，すごいよ。これ食べてる音」と言う(6)と，サヤはメイの口に顔を近付ける(7)。平野先生が，フォークでおかずをすくいサヤの口に入れて「サヤはー？　サヤちゃんも聞かせてあげたらー？」と言う(7)と，サヤは右手でキュウリをつかみ，「じゃあ，キュウリ」と言って，キュウリを口に入れる。メイが，サヤをじっと見ている。メイがサヤに「なあに？」と聞く(8)と，サヤは「今，きゅうり食べたよ」と答える。

この事例は，食事がなかなか進まないサヤと平野先生との葛藤が見られる場面です。平野先生は，話してばかりいるサヤ(1)に対して応答しつつも，食事に戻ってほしいという思いを持っていました。そこへ，メイが食べている音を聞いてもらおうと平野先生に話しかけ(2)，平野先生がメイの食べる音を聞いて微笑むことで，聞こえたよと表情で伝えます(3)(4)(5)。その様子をサヤは見ていました。

そこで平野先生は即座に，メイの食べる音への興味をサヤにつなげるかかわりをします。「メイちゃんの音，すごいよ」と言ってサヤの注意をメイの食べる音に向けた後(6)，「サヤちゃんも聞かせてあげたらー？」と言って，メイへのかかわりを促すことばかけをします(7)。それらのことばかけによってメイもサヤに注意を向け，サヤとメイのやりとりが起こります(8)。そうしているうちに，サヤに直接「食べようね」とことばかけをしなくても，サヤの注意を再び食事へと向けることになりました。ともに食事をしている他の子どもがいるという状況だからこそ，一緒に食事を楽しみながら，気持ちの乗らない子どもの食事への関心をうまく引き出している事例です。

４　食事場面における保育者のかかわりからみえてくる専門性

このように，食事場面における保育者のかかわりにおける専門性とは，日々の子どもたちとのやりとりに埋め込まれた，何気ないことばかけや視線，声音，表情，身体の動き等に現れるものです。それは，保育者が目の前の子どもたちの様子を丁寧に捉えながら，一人ひとりに応じた細やかなかかわりをすることであり，子どもや食に関する知識と，日ごろの子どもたちとの関係性を土台としつつ，即興的なものとして生じます。子どもが心地よく食事をするために，保育者はただ食べさせるのではなく，さまざまな配慮や工夫をしています。また，子どもとの一対一の関係での援助だけでなく，集団だからこその支援もしています。たとえば，本章で取りあげた２つの事例はともに，先生と子どものやりとりを見ている第三者の存在が記述されていました（波線部分）。そのことを意識した保育者のかかわりがさまざま見られます。このように，子どもが必ずしも先生と直接のやりとりをしていなくても，先生と他児，あるいは他児同士のやりとりを見ていく中で育つということが，集団保育ならではの育ちとして見られます。一定の時間，同じ空間にとどまる食事場面だからこそ，集団での対話を経験しやすく（淀川，2015），保育者と他児のやりとり，他児同士のやりとりを通して，あらゆることを学んでいきます。対話への参加の仕方を学ぶ場でもあります。集団における個の育ちを意識して子どもたちにかかわり，ことばかけをすること，そして子どもと子どもをつなぐかかわりやことばかけをすることも，食事場面での重要なかかわりであるといえるでしょう。

食事場面は，遊びや活動の場面と比べると，時間内に十分な量の食事を摂ることや，午睡や次の遊び等への移行に意識が向けられがちです。しかし，食事場面にはさまざまな育ち・学びの機会が内在しています。会話を楽しみながら，食材と出会い，ともに味わい，いろいろな話題を共有して，人間関係を築いていける貴重な機会です。一定の時間，顔を合わせて過ごす食事の場面だからこそ経験できるやりとりもあるでしょう。そうした食事場面における日々のやりとりが，子どもたちにとって食の意味づけにつながっていくのだと思います。そうした視点で食事場面の意義を捉え直し，食事中の子どもたちとのかかわりの質やそれを支える信念，専門知について考えることが，食事場面での保育者の専門性の向上につながるのではないでしょうか。

また，食事場面における細やかな対応とそれを支える専門的な判断には，保育者一人ひとりの学びと同時に，園全体での学びや支え合い，意識の共有も大切です（淀川，2016）。遊びや生活と同様，食事場面についても，保育者個人の配慮や工夫を支えるために，クラスだけでなく園の組織全体で手立てを考えることが求められます。実際に，職員の配置や保育の流れを工夫している園も少なくありません。また，２歳児クラス以降になると，保育者一人に対する子どもの人数が増えますので，子ども一人ひとりと丁寧にかかわりながら食事の援助をするのは必ずしも容易ではありません。子どもの年齢が上がるにつれ，子ども自身が食べる量を判断したり，子ども同士の会話を楽しむようになるなど，子どもたちにゆだねていく部分も増えていくでしょう。そうした子どもの育ちの連続性を考慮しながら，園全体で食事場面における援助や支援，日々のやりとりの質について考えることも必要です。

本章では，日々の園での食事における子どもの経験に着眼し，保育者自身の子どもたちとのやりとりの質を考えること，また，それを支える園全体の取り組みを考えることの大切さを記しました。日々の生活の中で埋もれがちな食事場面でのかかわりについて，子どもの経験，そこでの育ち・学びという視点から，あらためて考えるきっかけとしていただけたらと思います。

「食べる」を支える保育者自身の気持ちと専門性

風のうた保育園　知念みね子

この論文を読んで，ある親子のことを思い出しました。家庭の事情で他園から転所してきた3歳のウタコは，2歳離れた兄と母の三人家族です。兄と違い聞き分けのいい女の子でした。保育者は母親から「偏食はない」と伝えられていました。入園すぐの出来事です。ウタコのスプーンの動きに違和感を覚え「シイタケさんが苦手なの？」と問いかけました。ウタコは首を横に振り「大好き」と答えました。最初は保育者も「好きなんだ」と軽い気持ちで受け取りましたが，その動きはどう見てもシイタケは「嫌い」です。「苦手だったら一切れだけ食べてあとは残す？」の声かけにもウタコは「好き」の一点張りです。しまいには大粒の涙を流しながら「大好き」と訴えていました。「大丈夫だよ。食べられるだけ食べようね。先生はニンジンさんが苦手だよ。お母さんは卵焼きが嫌いなんだよね。大人だって嫌いなことあるんだよ」「嫌いなときは，嫌いだって言っていいんだよ」などと声をかけても「大好き」と泣いています。保育者は「そうか，シイタケさんが好きなんだね」と言って声をかけるのをやめました。少し時間が経った頃「食べられるなら食べてね。嫌いだったら言ってね。一個だけ食べてあとは残してもいいよ」と肯定と提案の声かけをしました。長い葛藤のあとウタコは「嫌いでもいいの？　一個でもいいの」とささやく声で保育者に尋ねました。自分の気持ちを出せたその小さな声に「そうか嫌いだったんだね。よかったウタコの気持ちが聞けて。どうする？　シイタケさん残す？」と問いかけると「一個だけでもいいの？」とまた小さい声で聞き，結局一個だけ食べました。「嫌いでもいいの？」の背景には，兄と母の関係が影響していました。甘えん坊の兄に手を焼いていた母は，兄の極端な偏食も治したい一心で「ウタコは何でも食べるお利口さんよ」が口癖だったようです。「嫌いというとお母さんが困る」「いい子でいるとお母さんが振り向いてくれる」がウタコの心を占めていたのかもしれません。

「自分の本当の気持ちは大切にしていい」という保育者の思いは，少しずつ食べながら完食することにつながり，その達成感を積み重ねる中で，シイタケは好物になりました。食に関することだけでなく，ウタコの日常の姿も変わりました。「嫌な気持ち」「やりたくない」が言えるようになり，保育者の「肯定」と「提案」で見守られながら，ウタコの行動は「やってみる」「やってみたい」と失敗を恐れず能動的になりました。ウタコの心模様は，その都度母へ伝えられ，母が涙を流しながら抱きしめる姿（向き合う）を保育者は傍らで見つめていました。今回の事例は，保育者から子どもへ話題提示しています（シイタケさんが苦手なの？）。話題のカテゴリーとしては，上位カテゴリー〈食事を進める〉，下位カテゴリー〈食事拒否への対応〉となるのでしょう。しかし，保育者はつねに「ウタコの選択」を大切にする声かけをしています。

エピソード１のユキが大きな口を開けマカロニサラダを食べたこともエピソード２の食事が進まないサヤの注意を再び食事へと向けられたことも，一見食事に対する援助にみえますが，保育者が子どもの心に寄り添ったというもっと深いところでの関係がみえました。保育者は単に食事マナーを教え，食を進めること，食事拒否等への対応だけにとどまらず，食事場面から子ども一人ひとりの心の葛藤を表出させ，育ちに大きな影響を与えています。淀川先生は「食事場面は，遊びや活動の場面と比べると，いかに時間内に十分な量の食事を採り午睡や次の遊び等に移行するかということに意識が向けられがちです。しかし，そこでの保育者と子どもたちとのかかわりと質やかかわりを支える信念や専門知について丁寧に捉えなおすことで食事場面だからこその子どもたちの育ちを支える保育者の専門性について明らかにしていけるのではないか」といわれています。そのことからも子どもとのかかわりの数だけ存在する「寄り添う」は，子どもの育ちを支える専門性の基本だと捉えます。しかしそれは必ずしも大人が手取り足取り「援助する」ことにとらわれず，肯定する，提案する，選択を保障する，一緒に考えるなど子ども自身の「育ち」を側面から見守ることが重要なのだとあらためて思いました。専門性は「生き方」がキーワードにもなるとも思いました。

第Ⅱ部

子どもの遊びを支える

第5章 乳児の遊びを支える保育実践と保育者の専門性

村上博文

1　保育実践を支える乳児観の転換

これまで，乳児は弱い存在であり，大人の助けなしには生きていけないと捉えられがちでした。このような乳児観はいまだに根強く，保育現場でもまったくないとはいえません。しかし今日では，乳児は自分の意思をもち，環境さえ整っていれば自分で行動していくことができる存在として考えられるようになっています。それにともない，乳児保育のあり方も少しずつ変わってきています。

その背景には1989年に国際連合で批准された子どもの権利条約があります（OMEP 日本委員会，2012）。その中で，子どもには生きる権利（生存），育つ権利（発達），守られる権利（保護），参加する権利（参加）があることが記されています。また教育学者の太田堯が述べるように，子どもには自ら選びながら発達していく権利があります（太田，1990）。それは，ことばを獲得する前の乳児においても同様です。というのも，乳児はたとえことばを話せなくても，まなざしや表情・からだで語っているからです。

また赤ちゃん学や発達心理学などにおける，乳児に関する研究の目覚ましい発展も，乳児観の転換に影響を与えています。それを支えてきたのが，医学の分野にて開発された脳の活動を計測する装置です。たとえば光トポグラフィーという装置では，脳内の血流変化を近赤外線によって計測し，それによって脳活動を画像として観察することができます。また安全性が高いことから，今まで敬遠されてきた乳児を対象とする研究にも，この装置が導入されるようになっています。その結果，認知や言語の発達などについて，これまで考えられてきた以上に乳児は有能な存在であることが明らかにされてきています（汐見ほか，2006）。

だからこそ，これからは乳児を1人の意思ある存在として尊重する保育が求められます。子どもの年齢が低くなればなるほど，生命の危険にさらされる可能性は高く，乳児保育では保育者は安全性などに過剰に気を遣います。そのために保育室もまた見通しのよい単一の空間になりがちです。その環境が本当に乳児の育ちにふさわしいのかについて，保育者はあらためて考える必要があります。しかし見通しのよい環境も実は，子どもの生命を守るための配慮の結果でもあります。

そこで本章では，神奈川県内にある私立保育所の0歳児クラス（高月齢と低月齢）において，子どもの遊びが充実することを目的に，保育室の環境構成を試みた実践を追いながら，保育者の専門性について考えていきます。

2　保育室の空間構成に着目した実践

（1）0歳児高月齢クラスの実践

まずは，0歳児高月齢クラスにおける，保育室の環境構成に関する実践に注目します（汐見ほか，2012）。クラスの概要は子ども13名に対して保育者が4名（表5-1，5-2），保育室は仕切りもなく1つの広い空間になっており，部屋の片隅に座れば，保育者は部屋全体を見渡すことができます（変更前：図5-1-①）。保育者は子ども全体をいつも把握することができます。そのため，かみつきなど子ども同士のいざこざがあったときには，保育者はすぐにその場所にかけつけることもできます。しかし見通しのよい空間が本当に子どもにとって魅力的で，遊びへの興味・関心をそそり，遊びに満足できるものになっているのか，このクラスでは問い直しがはじまりました。

しかし一口に問い直すといっても，養成校を卒業して園に就職し，保育者として数年間働くと，良い意味でも悪い意味でも今の保育環境がスタンダードになっていきます。だからこそ，目の前の現実が常態化し，それをあらためて考

表5－1　A保育所（神奈川県川崎市）の概要

	0歳児低月齢組		0歳児高月齢組	
保育室	22.7m^2	3.20m × 7.10m	27.8m^2	3.92m × 7.10m
子ども	9名	男児　5名 女児　4名 平均　8ヶ月	13名	男児　7名 女児　6名 平均　1歳5ヶ月
保育士	3名	正規　3名	4名	正規　4名
日課	7：00〜 9：00〜 10：30〜 11：30〜 15：00〜 16：00〜 17：00〜	随時登園 自由遊び 離乳食，授乳 午睡 離乳食，授乳 自由遊び 随時降園	7：00〜 9：00〜 10：30〜 11：30〜 15：00〜 16：00〜 17：00〜	随時登園 自由遊び 離乳食，授乳 午睡 離乳食，授乳 自由遊び 随時降園

表5－2　実践の概要

	0歳児低月齢クラス	0歳児高月齢クラス
変更前	2007年4月〜 2007年9月初旬	2007年4月〜 2007年9月初旬
第1ステージ	2007年9月中旬〜 2007年10月	2007年9月中旬〜 2007年12月
第2ステージ	2008年11月〜 2009年1月	2008年1月〜 2008年3月

え直すことは難しくなります。そこで，このクラスでは実際に保育室で子どもが遊んでいる様子（午後の自由遊び時間）を客観的に知るために，ビデオカメラで撮影することにしました。

撮影された映像をもとに，クラスの保育者は午睡の時間などを使って何度か部屋の環境構成について話し合いの機会をもちました。しかし，これまで当たり前とした環境を再考するのは容易なことではなく，糸口をつかむことなく月日が経つばかりでした。焦りを感じはじめた中で，環境を見直す鍵となったのが子どもの姿でした。映像を見た保育者からは，子どもたちが部屋中を走りまわっているという感想が出されました。とくに目立ったのは，1歳1か月の男

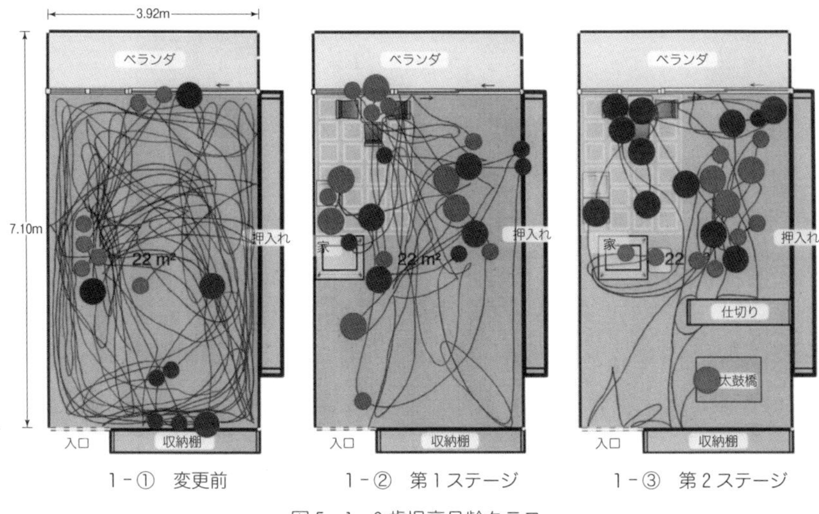

1－①　変更前　　1－②　第１ステージ　　1－③　第２ステージ

図５－１　０歳児高月齢クラス

児ユウくん（図５－１－①：○は遊び場所，線は子どもの動き）でした。ユウくんを中心に，保育室の子どもの姿はいったい何を物語っているのか，保育者は率直に語り合いました。１歳前後の子どもたちゆえに，これは探索活動であるという考えもあれば，徘徊しているようであるという見方もあり，保育者によって捉え方は異なりました。話し合いを終え，この試みにかかわっていた研究者と相談のうえ，子どもの遊び場所として新たに部屋の一角に「ままごとコーナー」を，またその横に自分だけの空間をつくることになりました。

すると，新たにつくられたままごとコーナーで，子どもたちが遊ぶ姿が見られるようになりました（第１ステージ：図５－１－②）。カーペットが敷かれた，ままごとコーナーが核になって，部屋内を動きまわる子どもの姿も減ってきました（図５－２－②）。自分たちでつくったテーブルコーナーで，子どもたちが楽しそうに遊んでいる姿を見て，保育者はとてもうれしかったようです。

環境の大切さを少し実感した保育者は，子どもがじっくり遊べるように「もっと改善できることがあるのではないか」と，保育室の空間構成について意欲的に考えるようになっていきました。そこで，前回同様にビデオカメラで

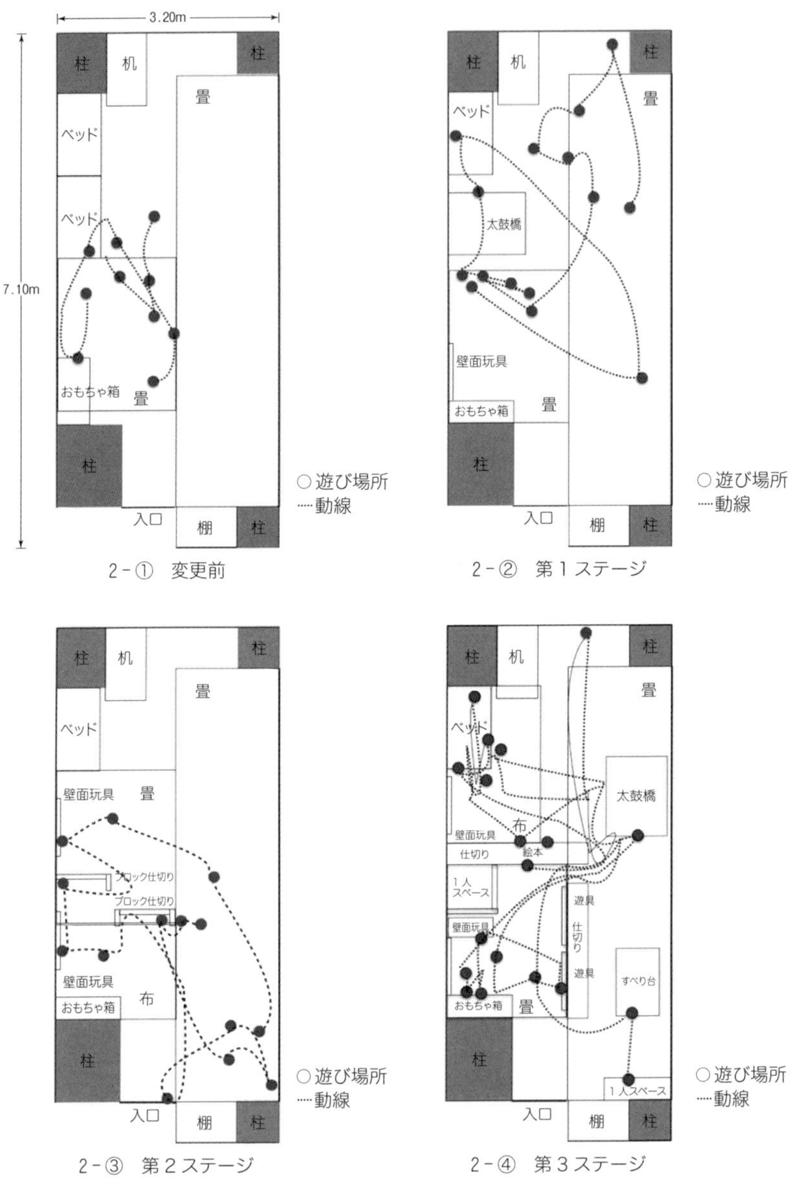

図5-2　0歳児低月齢クラス

自由遊び時間を撮影し，その映像を見ながらクラスの保育者で子どもの姿を中心に自由に語り合いました。「１つのコーナーだけでなく，他のコーナーもつくってみたらどうか」「その場合，ままごとコーナー以外にどんな場所があればよいか」「いろいろなコーナーをつくったら，各コーナーがわかるように仕切ったほうがよいだろうか」「その場合，仕切りはどうしたらよいか，つくるとしたらどんなふうにしたらよいか」「各コーナーの配置はどうしたらよいか」など，以前にもまして，保育者からは活発に意見が出されました。しかし，さまざまな意見や提案は出されましたが，それを実現するためにはどうしたらよいかとなると，保育者の頭の中にはなかなか保育室のイメージがわきませんでした。

そこで，このクラスにかかわってきた研究者が，保育者に対して，その手がかりを得るために，他の保育園の保育室に関する映像を見ることを提案しました。実際に保育者が他園の見学に行くことが一番のヒントを得ることになると思いましたが，足を運ぶほど時間的にも運営的にも余裕はなかなかありません。この園も同様であり，撮影された他園の保育室に関する映像を見ることにしました。それは，保育者にとっては予想以上に保育室の環境を考えるうえで貴重な刺激を受ける機会になったようです。とくに私立の保育園に就職した場合，公立園のように移動することがありません。そのために同じ園にて何十年も勤めることになり，他園の様子について見たり聞いたりする機会はほとんどありません。映像から保育者は，部屋の空間構成，コーナーの配置，おもちゃ，仕切り等について具体的に学び，それをヒントやモデルにして空間構成のさらなる改善に取り組みました。

その結果が，図５-１-③（第２ステージ）です。部屋は動的遊びのエリアと静的遊びのエリアに大きく分かれています。動的遊びのエリアには太鼓橋が置かれ，静的遊びのエリアは３つの場所に分かれ，それぞれままごと，おもちゃ（積み木等），家等を置くことになりました。また動的遊びと静的遊びのエリアを分けるために，手作りの仕切りを設置しました。これは，都内の公立保育園にて制作されたものをモデルにつくったものです。

その結果，6月に比べて，0歳児高月齢クラスの保育室は環境が大きく変容しました。それにともない，子どもたちの遊びにも変化が見られるようになりました（図5-1-③）。子どもが自分で遊びたい場所に行き，そこで遊ぶようになり，部屋中を歩きまわることは減っていきました。また保育者からは「子どもたちを見ていると楽しい」「本当に保育が楽になった」という声が聞かれるようになりました。また保育者の表情も，以前よりも明るくなりました。

詳細については，汐見ら（2012）を参照してほしいのですが，この園の0歳児高月齢クラスでは，保育室の空間構成に着目して，映像に映しだされた子どもの姿をもとにこれまでの保育環境を，また保育者として子どもへのかかわりをふり返りました。そのプロセスは決して順調とはいえず，試行錯誤と停滞の時期が続くこともありました。しかし，他園の保育環境などが映ったビデオなどを手がかりにしながらクラスの保育者が協力しあって保育室の空間構成を，そして保育自体を変えていきました。忙しい毎日であるからこそ，子どもがじっくり遊ぶようになった姿を目の当たりにして，保育者は自らの仕事に対する手応えとやりがいを感じていきました。その手応えは，次年度には「保育室の音環境に注目しよう」という保育者の声になっていきました。

（2）0歳児低月齢クラスの実践

またこの園では，同時に0歳児の低月齢クラスでも，これまでの保育を見つめ直すために，保育室の空間構成を再考することになりました。このクラスは，子ども9名，保育士3名からなります（表5-1）。また保育室の環境は，先ほど紹介した高月齢クラスと同じく，当時の保育室はコーナー等で仕切られていない1つの空間でした（図5-2）。

午後の自由遊びの時間は，保育者が押し入れからおもちゃを出し，それによって子どもが遊びはじめるという流れになっています。そのときの子どもの様子について，8か月の男児ハルトくんの動きと遊び場所を示したのが図5-2-①です。午後の自由遊びの時間，ハルトくんはハイハイをしておもちゃのある場所に移動し，そこにあるおもちゃで遊んでいました。

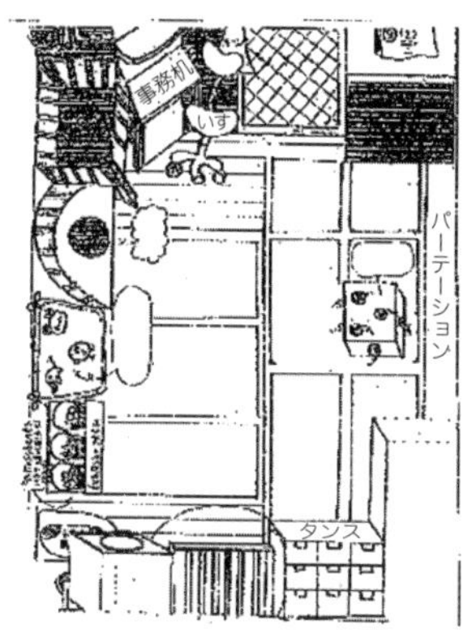

図5－3　保育者が作成した0歳児低月齢クラスのイラスト

このクラスでも，午後の自由遊び時間について保育室の空間構成という視点からふり返るために，ビデオカメラで子どもの様子を撮影しました。しかし0歳児高月齢クラスでも見られたように，保育室の環境を見直すといっても，これまでの環境を当たり前と思っている保育者にとって，その試みは容易なことではありませんでした。その一方で映像に映し出された自分自身の姿を見ることは，恥ずかしい気持ちがありながらも，保育者にとって貴重な機会になったようです。話し合いの中で「子どもとのかかわりは大切にしてきたが，環境についてはあまり注目してこなかった」と述べる保育者がいました。これは，決してこの園だけの現状ではないでしょう。保育者は子どもにとって人的環境であるという意識が強ければ強いほど，子どもとのかかわり（立ち位置やことばかけ，ふるまいなど）に重点を置くようになります。その結果，物的環境に目を向けることがおろそかになってしまうことも，ときにはあります。保育所保育指針では「環境を通しての保育」の重要性が指摘されていますが，人的環境である保育者と物的環境である保育室などを一体的に捉える視座が必要です。少し話はそれてしまいましたが，それ以外にも「遊んでいる時間が短い」「子どもがぽつんと1人でいる」「時折まわりをキョロキョロ見まわしている」という感想や意見も，保育者から出されました。

話し合い後，このクラスでは自分たちが思い描いた保育室の空間構成を保育者間で共通にイメージしやすいようにイラストを描きました（図5-3）。イラストに描かれているように，話し合いにて出された動的遊びも必要ではないかという意見をもとに太鼓橋を置き，また遊んでいる時間が少ない一因におもちゃの種類が少ないのではないかという意見から，壁面には乳児が座った状態でも遊べるように遊具を設定しました。この段階では，保育者の関心は空間全体というよりおもちゃに向かっていました。

空間構成の変更後，ハルトくんの様子を示したのが図5-2-②です。変更前に比べて，部屋中を活発に移動するようになると同時に，移動先にて見つけたおもちゃで遊んでいます。またベッド下が隠れ家的空間になっており，ハルトくんはそこでも遊んでいます。他の子どもにおいてもハルトくんと同様の遊び傾向が見られ，ベッド下は子どもたちにとって居心地のよい場所になっていることに保育者は気づきました。

ベッド下の空間や太鼓橋など，さまざまな場所で子どもが遊んでいる姿を見て，保育者は部屋全体の空間構成に目を向けるようになっていきました。また隣の高月齢児クラスの空間構成に影響を受けたのか，部屋の片隅に布を敷き，ブロックを積み重ねて20㎝ほどの高さの仕切りを置き，さらに壁面には玩具を設置しました。その結果，子どもたちにとっておもちゃで遊ぶ場所とはっきりとわかるようになりました。それ以来，子どもたちは1つの場所に集まることなく，自分の興味・関心に即して少しずつブロックで仕切られた場所，隣の壁面玩具がある場所，ベッド下の隠れ家的場所，その他の場所に分かれて遊ぶようになっていきました。そのときのハルトくんの様子を示したのが図5-2-③です。ハルトくんは部屋を回遊しながらも，壁面玩具やブロックの仕切り，畳の右隅にて，おもちゃで遊んでいることがうかがえます。ブロックで1つの空間を仕切り，そこで遊ぶ子どもの姿を見た保育者は，空間全体を仕切ることの大切さをより認識するようになりました。

隣の高月齢クラスの保育者とともに，空間構成についてあれこれ悩み考える中で，保育室の空間構成は大きく変容していきました（図5-2-④）。縦長の保育室において，右側は動的遊びのコーナーとして太鼓橋と乳児用のすべり台を，左側は静的遊びのコーナーとしておもちゃや壁面玩具を今まで同様に置くことにしました。また子どもたちに人気のあったベッド下の隠れ家的空間も，１つの遊び場所として位置づけることにしました。さらに，仕切りは低いブロックによるものから高月齢クラスと同様により高いものに変更しました。このクラスにおいても，保育室の空間構成が大きく変わることになったきっかけは，高月齢クラスと同様に他園の保育室に関する映像を視聴したことでした。

実際に保育室の空間構成を大幅に変えてから，子どもの遊ぶ様子はもちろん，保育者が子どもとかかわる様子も変わりました。ハルトくんを見ると，活発に移動しているだけでなく，移動先で遊んでいることがわかります。実際にハルトくんは，動的遊びのコーナーにて太鼓橋やすべり台で少し遊び，つぎに静的遊びのコーナーにて，またベッドの下の空間にて遊んでいます。それ以前の段階に比べて，ハルトくんの遊び状況の違いは明白です。保育者は３つの空間を意識して，子どもとかかわるようになりました。また子どもが保育者のそばにいて遊ぶのではなく，子どもが遊びを選び，遊びはじめてから，それを見守るように傍らに保育者が座るようにもなりました。子どもと保育者の位置関係は同じですが，それまでのプロセスが逆になっています。このように保育室の空間構成の見直しは，０歳児低月齢クラスの保育者にとって，子どもへのかかわり方を問い直すことにもなりました。保育者はじっくりと子どもが遊ぶ様子を見守るようになり，保育中に笑顔をみせる姿も増えていきました。

3　保育所での実践からみえてきた保育者の専門性

（1）環境構成から考える保育者の専門性

これまで保育所の０歳児クラスにおいて，保育室の空間構成を再考することによって子どもの遊びが充実してきたという実践を紹介してきました。以下では，その実践を通じてみえてきた，保育者の専門性について述べていきます。

まずは，「日常の保育環境を疑う」姿勢です。１日，１週間，１か月，１年，そして数十年にわたって保育者をしていると，次第に目の前にある保育室の環境を当たり前のものとして考えるようになっていきます。それは保育環境の安定と理解することもできますが，同時に子どもの遊びが充実するために最善の環境になっているかと，日々問い直すことを忘れてしまう危険性もはらんでいます。先ほど紹介した保育所の保育者も，まさにそうした状況になりつつあることに危機感をもち，当たり前となっていた保育室の環境の問い直しを行いました。そのような姿勢を保育者がもちつづけることこそ，日常における絶え間ない環境改善につながっていきます。

次に，「子どもの姿から子どもの内面を探ろう」とする姿勢です。高月齢クラスでは，当初，自由遊びの時間に保育室内を動きまわる子どもが多く見られました。その姿を見て，子どもが一体何を訴えているのか，語りかけているのか，またどんな気持ちでいるのかなど，保育者には子どもの内面を丁寧に読み取ろうとする姿勢が求められます。目に見える子どもの姿から，目に見えない子どもの内面をわかろうとする。それは，決してたやすいことではないでしょう（鯨岡，2013）。だからこそ謙虚な姿勢で，子どもに向きあうことが保育者には求められます。その際に鍵となるのが「想像力」です。子どもの内面を探ろうとするには，子どものこれまでとこれから，保育者自身の過去経験などを手がかりに，子どもの今を想像しなくてはなりません。そうした力もまた，保育者には求められます。

さらに，子どもの遊ぶ姿が語ることばを手がかりに，子どもの遊びが充実するための「環境を創造する力」も，保育者にとって大切です。A保育所の保育者は，当初，保育室の空間構成をどのように変えていったらよいのか途方に暮れていました。しかし思いきって環境を変え，子どもの遊ぶ姿が変化していく中で，保育室の環境について考えることを楽しむようになっていきました。保育者の中には，休日の日など，散歩しているときなどにも保育室の環境を考える人も出てきました。本来，何かをつくったり，デザインしたりするという営みは楽しいものです。今回の実践では，テーブルコーナーや仕切りを保育者が自らの手でつくりました。経営的に苦しい園もあり，またつくる時間も十分にあるわけではない現実の中で，保育者が環境デザイナーになり，豊かな保育環境を自分たちでつくっていく必要があります。

その際に大切になるのが，さまざまな園の取り組みを手がかりに「自らの園にあわせて応用できる力」です。この保育所でも，空間構成に戸惑ったとき，他園のビデオを見ることが大きなヒントになりました（日本建築学会，2014）。他園の環境構成は，その園で工夫して紡ぎ出されてきた貴重な保育の実践知です。他園の実践知に学び，吸収して，自らの園にふさわしいかたちにつくりかえていく，そうした力も大切です。

（2）保育における実践知の創造者として

そして最後にもう１つ加えておきたいことは，各園がさまざまな工夫を凝らして行ってきた実践を，誰にでもわかりやすく伝えられるように「まとめてかたちにする力」の重要性です。各園で行われている，日常の保育の中で生まれた素朴な課題からはじまる実践を，実践者自身がふり返りまとめていく。そしてそこから次なる課題をみつけて，さらに発展させていく，そういった継続的な営みが保育の質を高めていきます。低月齢クラスを担当していた保育者は，次年度は１歳児クラスのリーダーになり，空間構成に加えて新たに音環境にも目を向けるようになっていきました。関心が新たな関心を，言い換えるならば課題が新たな課題を紡ぎ出していく，それが保育者としての専門性を少しずつ高めていくことになっていきます。そうした現場における実践知の積み重ねが，いずれは実践の理論化につながっていきます。

それと同時に，保育者には保育者としてのアイデンティティもしくは自覚のようなものが育っていくことでしょう。実践の手応えを，子どもの姿から感じる，それは保育者にとって何よりもうれしいことです。そうした経験の積み重ねが，保育という仕事に対する充実感ややりがい感を高め，生涯にわたりこの仕事を続けていく原動力になるはずです。離職率が低くないからこそ，保育者としてのやりがいをもてることも，保育者としての専門性の１つではないでしょうか。それは，保育者が保育者としての手応えを感じる経験を積み重ねながら醸成されていくことでしょう。

乳児は主体的に学び発達する

赤碕保育園　福田泰雅

大人は子どもを養育する義務があり，それは「人間らしい生き方」を送るために必要な能力を育むことでもあります。そして人間らしい生き方は，人間らしい文化的環境によって育まれます。

また，人間らしい生き方は，保育者を含めた養育者の援助を受けながら，自分の力で少しずつ自ら出会う世界を広げていくものです。その意味でも発達の主体は子ども自身であり，主体的学びによって，さまざまな生きる力を獲得しているのです。このように乳幼児期にすでに生活の中から学んでいるにもかかわらず，教育は身辺自立が進む 3 歳児以降行うものとする考え方が横行しています。しかし人の学びの本質は，その生活の中に存在し，生まれながらにして養護と教育は一体であって分けることができないものです。つまり学びとは，知識や技術を身につけるという狭い範囲の教育ではなく，一生涯大切となる「学びの構え」を獲得することに他なりません。

乳児期の学びは，もっとも重要なその出発点となります。乳児の学びの姿は，新生児から見ることができますし，今まで発達心理学で客観的観察にもとづいて定説となってきたことが，最近の研究（『驚くべき乳幼児の心の世界』レディ　佐伯胖 訳，ミネルヴァ書房）では，たくさん覆されています。

その最大の変更点は，乳児はかなり早い時期から「関係性」によって学んでいるということです。これを見ても乳児は主体的に学んでいるのです。そして乳児自身が関係を求めて働きかけていることに対し，保育者は応答する義務があります。それが人として生きるうえでの権利を尊重する態度ではないでしょうか。

それら生活から学ぼうとしている乳児に対して，村上氏の本章にある通り，保育者として生活の基盤である物的環境を整える必要があります。それは家庭の延長と言われる保育室を本当の意味で人間らしい生活の場として考えるということです。

「家庭の延長」ということばとは裏腹に，

乳児保育の多くの保育室は，過度な安全性を確保するために生活空間からは離れていることがしばしば見られます。それでは乳児にとって，家庭の延長を基本とした学びの場としての生活空間は，どのようにあることが望ましいのでしょう。

望ましい保育環境の基本の第一は，安全で衛生的であること，そして睡眠が十分に確保できること，それぞれの子どもの発達に応じた遊びがさまざまに用意されていることです。

とくに日本の保育室は音環境に対する配慮が欠けている場合が多く，騒音の中で生活していると言わざるを得ません。保育室の音環境が配慮されていない場合，乳児の睡眠だけではなく，また聴覚機能上の問題をきたすだけでなく，言語活動などにも影響を与えてしまいます。

近年，家庭における生活環境の変化などによって，乳児に必要となる十分に泣いて要求すること，五感を使って十分に感じ取ることなどが不足しています。それは観察結果による発達の科学によってもたらされた「こうすれば，こうなる」という一直線の発達観が原因となっていることも影響しているのです。

乳児の遊びの環境を考える際のヒントは，乳児の学びの姿を知ることにあります。乳児はたとえ歩行が始まる前からでも，積極的に自分の身の回りの環境に働きかけて情報を得て思考しようとしています。

乳児期の五感を使った活動は，保育の基本となります。しっかりと自分の感じたことを表現できる環境を設定する必要があります。表現には「物（絵画，造形），音，身体，言語」の種類があるといわれます。乳児期からそれらに取り組み表現する楽しさを知ることが，生涯学びながら生きる基礎となります。

また，乳児はことばを話さないから語りかけなくても発達に関係しないと考える誤った認識もありますが，ことばを交わす言語環境は大変重要で，ニュアンスの異なる語りかけの語彙数の不足が心の発達に影響を与えてしまいます。豊かなことばの世界を保育者自身が広げ深める必要があります。

このように乳児の保育は，高度な専門性を求められていて，とても難しいものであり，経験豊かな保育者を必要とするということです。安全に見るだけという保育ではなく，人の一生を左右する大切な時期に携わっていることを誇りに思える保育者として，一人ひとりの子どもにかかわってほしいと願っています。

第6章 ごっこ遊びを支える保育実践と保育者の専門性

高橋真由美

1　ごっこ遊びとはどのような遊びか

砂場で泥団子をたくさんつくっている子どもに「いらっしゃいませ〜」と声をかけられました。「あら，おいしそうなお団子ですね」と返すと，うれしそうな顔で「はい，どうぞ」とお団子を１つくれます。おいしそうに食べるまねをすると，「こっちもどうぞ」と別のお団子を差し出してきます。このような光景は，幼稚園や保育園でよく見られる「ごっこ遊び」の光景です。

ごっこ遊びは，子どもが日常生活で経験してきたことの蓄積から，何かのつもりになって身近なものを見立てて役割実現をする遊びです（野尻，2015）。お母さんになったつもりで食事をつくったり，運転手になったつもりでお客を電車に乗せたりと，子どもは何かをまねることをしながら，自らが主体となって非現実的な虚構世界を形成していきます（師岡，1992）。虚構世界を形成するためには，実際に目の前にはない事物や人物を見立てる能力，すなわちイメージする力が必要となります（畠山，2013）。また遊び仲間がいる場合は，仲間とイメージを共有しなければなりません。個々のイメージを仲間で保持しながら遊びのプランに取り入れ，そのプランに合わせてそれぞれの役割を演じながら遊びを即興的に展開させていく，こう捉えるとごっこ遊びは実に高度な遊びだといえるのではないでしょうか。

そのような遊びを保育者はどのように支えているのでしょうか。先ほどの泥団子の場面で考えてみると，差し出されるお団子をお客としておいしそうに食べてあげることが，お団子屋さんになったつもりの子どものイメージを支えることになります。しかし泥団子を差し出す行為が延々と続いた場合，いったい何個食べてあげることが良い援助なのでしょうか。その答えにごっこ遊びを支える保育者の専門性がみえるように思うのです。

この章では，ごっこ遊びの事例を用いて，3〜5歳児クラスの子どもたちのごっこ遊びの姿を「イメージの共有」に着目しながら確認したのち，ごっこ遊びを支える営みにおける保育者の専門性について考えていきたいと思います。

2　イメージの共有という側面からみるごっこ遊びの変容

（1）イメージの共有に困難を伴うごっこ遊び

〈事例1〉　買い物に行く（3歳児クラス）

外のあずまやでミサト（女児3歳5か月）とリエ（女児3歳8か月）がバケツに砂をいれたり，ふるいで砂をふるったりして遊んでいる。サキ（女児3歳6か月）が戻ってくる。

サ　キ「スーパーでね，お靴買ってきた」

ミサト「お買い物行ってきて」

サ　キ「サキちゃんね，お姉ちゃん。ちょっと行ってくる」

ミサト「おちゃわんもね，持ってきてね」

サキはあずまやから出ていく。ミサトとリエはそれぞれ砂で遊んでいる。サキが戻ってくる。

ミサト「<u>もうお休みになっているの</u>」(1)

サ　キ「ちょっとお父さん連れてくるから」

ミサト「アヤちゃん（ミサトの妹）も連れてきて。ま，いいや」

サ　キ「じゃ，すぐ帰ってくるからね」しばらくしてサキが帰ってくる。

リ　エ「トーマス買ってくる」リエはあずまやから出ていくが，すぐに戻ってくる。

リ　エ「トーマス買ってきたよ。（サキに向かってスコップをさしだして）はい，トーマス」

サ　キ「<u>もう，いらないってば</u>」(2)

事例１では，遊んでいる３人全員に「買い物」にまつわる台詞がみられるため，「買い物」というイメージは共有されているように思われます。ところが途中，ミサトが店員になるイメージをもったためか，買い物から戻ってきたサキに対し「もうお休みになっているの」と言ったり(1)，リエが買ってきたものをサキが「いらない」と拒絶してしまいます(2)。この事例からは，「買い物」というキーワードから抱いたイメージを，その時の文脈に合わせることなしにそれぞれが表現し，その表現に対する説明もないために「買い物」というイメージがストーリーの展開につながらない様子がうかがわれます。

（２）役割やイメージをことばで確認しながら展開されるごっこ遊び

〈事例２〉　ペットのいるお家（４歳児クラス）

エリコ（女児４歳11か月），ルミ（女児４歳３か月）がままごとコーナーで遊んでいる。エリコは食材としてままごとコーナーに置いてあるおはじきを床にまきちらかす。

ル　ミ「(エリコに向かって) 来なさい！」

エリコは自分の首にエプロンのひもを巻きつけている。

エリコ「ねこ，ひもでつながっているよー」(1)

ユイ（女児４歳４か月）がやってくる。

ユ　イ「私，ここに泊まる」

ル　ミ「(散らかっているおはじきを見て) ミー（エリコのこと）がやったことね(2)。ミーがやったのよ。ごめんね」

ユ　イ「いいわよ」

ル　ミ「ミー，こんなにやって。ミーが食べたいって言ったから」

ナホ（女児４歳２か月）がくる。

ナ　ホ「こんばんは」

ル　ミ「(ユイをさし) この子のお友だち？　ちょっとコーヒーでも飲まない？」

ユ　イ「はいっていいわよ」

ル　ミ 「(エリコに向かって) ミー，貸してあげなさい」

エリコ，ナホに自分がもっていた人形を渡す。

ル　ミ 「(テーブルの下に寝かせてある人形をさし) こっちが本物の赤ちゃん，(ナホがエリコからもらった人形をさし) こっちが人形ね」(3)

ユ　イ 「赤ちゃん，泣いているわよ」

ルミ，テーブルの下の人形を抱き上げ，ご飯をあげる。

事例2は事例1に比べて，設定や役割が明確である印象を受けます。事例1には見られなかった特徴は，エリコが首に巻きつけているひもを(1)，またルミが床にばらまかれたおはじきの状況(2)や人形を本物と偽物に使いわけている状況(3)を，台詞とは違うことばで遊び仲間に説明していることです。また新しく仲間入りしたナホには，先に仲間入りしているユイの友だちという役割をしてほしいことを，台詞を通して伝えています。このようにこの事例では，台詞や台詞以外のことばによって自分のイメージや相手にもってほしいイメージを説明しながら遊んでいるため，遊び仲間同士のイメージのすれ違いが回避され，共通のイメージのもとでストーリーが展開されていく様子がみられます。

(3) テーマと役割に沿ったイメージを表出・共有するごっこ遊び

〈事例3〉　紙芝居やさん（5歳児クラス）

アオイ（女児5歳4か月），マイ（女児5歳4か月）が部屋で絵を描いている。

アオイが保育者に紙芝居やさんだからお客さんになってと言ってくる。

アオイは人形劇の舞台の上で絵を描きはじめ，マイは人形劇の舞台の前にイスを並べる。

マ　イ 「あのね，お客さんはね，住所とか書くの」

保育者 「じゃ，紙がいるね」

アオイ 「(自分が持っていた紙を1枚持ってきて) 住所書いてくださーい」

保育者 「どこに書くんですか？」

アオイ 「ここです。名前だけでいいです」

保育者，紙に自分の名前を書く。

リサ（女児6歳1か月）がくる。アオイは，リサの名前を紙に書く。

マ　イ「じゃ，ここに座って待っていてください」

ユキコ（女児5歳5か月）が来る。「何やっているの？」

保育者「これから紙芝居見るの」

ユキコ「いれて」

リ　サ「ユキコちゃん赤ちゃん」

ユキコ「ユキコは赤ちゃんじゃないよ」

リ　サ「だってリサはまん中のおねえちゃんだもん」

ユキコ「はいはい，私は赤ちゃんよ」

保育者「（マイに向かって）うちの赤ちゃんなんです」

マ　イ「すみません，ここに住所とお歳を書いてください」

保育者「えっと，1歳と」

ユキコ「0歳，あたち0歳」

アオイは紙芝居づくりをしていたが，途中で紙きれを持ってくる。

アオイ「（保育者に）券だから，持っていてください」

紙芝居づくりに時間がかかっているが，赤ちゃん役の2人はふざけあいながらも，赤ちゃんのままでいる。

マ　イ「（保育者，リサ，ユキコに向かって）舞台の裏見たい？」(1)

マイはリサとユキコをつれて，舞台裏を案内する。

保育者「マイちゃんおねえさんはお話をつくらないの？」

マ　イ「あのね，始まる準備をするの」

しばらくアオイの紙芝居づくりが続く。飽きてしまったのかリサとユキコは絵を描きはじめる(2)。できあがるとその絵をもってくる。

リ　サ「（描いた絵は）お母さんとマイおねえさん」

しばらくしてやっと紙芝居ができあがる。

アオイ「できたわよー」

マ　イ「券！」

保育者，マイに券を渡して椅子に座る。アオイが自分で描いた絵をみせながら，簡単なお話をしてくれる。お話が終わると，マイがジュースを持ってくる。

事例３の特徴は，先に明確なテーマと役割が決められ，それぞれが遊びのテーマに沿いながら，わりふられた役割を忠実に演じてストーリーを展開させている点です。アオイは始終，紙芝居づくりに没頭し，マイは案内のおねえさん役として，途中で赤ちゃん役のリサとユキコが退屈そうにしていると「舞台裏を案内する」という状況をつくりあげています(1)。これは遊びのテーマと自分の役割に沿ったマイの独自なイメージの表出ですが，子ども役のリサとユキコにも受け入れられ，ストーリーの中に組み込まれています。またリサとユキコも子ども役として紙芝居ができるのを待ち続け，待ちきれずに遊びから抜けたと思われた，絵を描く場面(2)でさえも，描いた絵を「お母さんとマイおねえさん」と説明していることから，赤ちゃん役を保持していることがわかります。またこの事例では，事例２のように「○○ということね」という台詞以外の説明のことばがなくても，それぞれがイメージを察し合ってストーリーを展開し，展開される状況が複雑で細部にわたっていることも特徴の１つです。

以上のようにイメージの共有に着目してみると，最初は困難を伴ったイメージの共有が，ことばでの伝え合いや察し合いで可能になるといった変容がみられ，それに伴い遊びも複雑化していく過程があることがわかります。

3　ごっこ遊びにかかわる保育者の姿

保育者は上記のような遊びの変容を意識しながら，どのようにごっこ遊びを支えているのでしょうか。その姿を追ってみることにしましょう。

(1) 個々の子どものイメージをつなげるかかわり

〈事例 4〉　プールへ行く（3 歳児クラス）

カズサ（女児４歳１か月）がお母さん役，マリ（女児３歳８か月）が子ども役で遊んでいる。

　カズサが保育者に赤ちゃんになってほしいと頼み，保育者が遊び仲間となる。

　カズサ　「みんなでプール行くよ，ね，ミッキーランド行くよ」

　カズサはままごとコーナーから出ていく。マリ，保育者もカズサのあとについていく。

　マ　リ　「ねぇねぇ，どこ行くんだっけ？」(1)

　カズサ　「ん？　プール」

　カズサは部屋をうろうろしたあとにテラスに移動する。

　保育者　「(赤ちゃんの台詞として) プール，どこにあるの？」(2)

　カズサ　「(テラスの隅で立ち止まって指をさして) ええとね……プールはここ」

　保育者　「わぁーい，プールだ。プールに入るとき，何着るの？」(3)

　マ　リ　「あんね，水着！」

　保育者　「水着に着替えるの？　ひとりじゃできないよ～」

　カズサ　「しかたないわねー」カズサは保育者に水着を着せるふりをする。

　マ　リ　「おねえちゃんはピンクの水着」マリも水着に着替えるふりをする。

　保育者　「ばぶーはプール怖い」(4)

　カズサ　「じゃ，だっこしてあげる」

　カズサは保育者を抱きかかえてプールに入るふりをする。

　カズサ　「ばぶーちゃん，泳いでみる？」

　保育者　「(泳ぐふりをして) ちゃぷちゃぷ……泳げたよ～マリおねえちゃんは大丈夫？」

　マリも泳ぐふりをしている。

　事例４は，ままごとをしていたカズサとマリが，カズサのイメージによりプールへお出かけするというストーリーが展開されています。マリのことば(1)や表情から，マリにはプールに行くというイメージが共有されていないように感じた保育者は，赤ちゃんの台詞としてプールがどこにあるのか尋ねることにより(2)，マリにプールへ行くというイメージを伝えようと試みます。さらに「プールに行く」というイメージが共有されても，そこで何をするのかというイメージが明確にならないと話の展開につながらないと考え，赤ちゃん役として「プールに入るとき，何着るの？」(3)「プール怖い」(4)のように，台詞を使ってプールに行ったときのイメージが喚起されるようなことばをかけています。このことにより，テラスの青い床をプールに見立てて遊ぶというイメージが2人に共有され，ストーリーが展開している様子がうかがわれます。

（2）場と場をつなげるかかわり

〈事例5〉　回転寿司屋（4歳児クラス）

ままごとコーナーで，ソウタ（男児4歳4か月・おにいちゃん役），アイ（女児4歳11か月・赤ちゃん役），ケイコ（4歳7か月・お母さん役），ミサ（女児4歳1か月・お父さん役），ユリ（女児5歳0か月・おねえちゃん役）がままごとをしている。ソウタが，前日保育者が行事の練習のために移動したロッカーがコの字に並べられていることに気づく。

ソウタ　「回転寿司屋だ！」

保育者　「ほんとだね」保育者はままごとコーナーのお皿を持ってきて棚の上に並べる(1)。

ままごとコーナーでは，他の子どもたちがその様子に気づかずに遊んでいる。

保育者　「あそこで回転寿司屋がオープンしたみたいよ」(2)

ユ　リ　「みんな，行きましょう！」

保育者　「ユリちゃん，私も一緒にお寿司屋さんに行っていいかしら？」

ケイコ　「いこういこう」全員でロッカーのところに行く。

保育者　「わあ，おいしそうな回転寿司屋ですこと。どれから食べようかしら？」

ミ　サ　「ミサ，お父さんとお寿司屋さんよ」

ソウタ　「はい，先生お茶」

保育者　「今日のおすすめは何ですか？」

ソウタ　「おすすめって，一番おいしいの？」

保育者　「そう」

ソウタ　「一番おいしいのはこれです」

保育者　「これですか。お醤油は？」

ミ　サ　「お醤油……はい，かけます」

ミサは醤油をかけるまねをする。

ソウタ　「なんで，勝手にやるの？　ミサちゃん俺より最後にきたでしょ」

保育者　「じゃ，ソウタくんがお寿司つくる人で，ミサちゃんは何する人かしら？」(3)

ソウタ　「ミサちゃんはね……いらっしゃいませって言う人」

ミ　サ　「やだ！　いらっしゃいませっていう人，やだ！　ミサちゃんね，お醤油いれる人」

保育者　「ソウタくん，新しいのをにぎってください。この皿，からになっています」「ミサさんは醤油いれてください」(4)

ソウタはお寿司をにぎる真似をする。

ミ　サ　「いらっしゃいませー，いらっしゃいませー」

「いらっしゃいませ」の声に，ユリ・アイ・ケイコが戻ってきてお寿司を食べる。

ユリ・アイ・ケイコは皿をいくつか取り，食べるまねをしたあと，そこを離れようとする。

保育者　「もうお腹いっぱい。誰がお金払うのかしら？　おかあさんはお金持ってる？」

ユ　リ　「おかあさーん？　お金は？」

保育者　「お金持っている？」

ケイコ　「うん」

保育者　「私お金がないの。払ってくれるかしら？」

ケイコ　「はーい。お金払うところはどこですか？」

ソウタ「いいですよ。ここで」

ケイコはソウタにおはじきのお金を渡す。

ミ　サ「(おはじき1枚を返して) お金のお返し！」

ケイコ「子どもたち，帰るわよ」

ユリ・ケイコ・アイはままごとコーナーに帰る。

ミ　サ「お父さんは，あとから帰るからねー。お父さんは夜になったら帰るからね」

ソウタ「おにいちゃんも遅くなるからね，今日は」

ままごとコーナーにて

ユ　リ「今日，アイちゃんの誕生日だから」

保育者「じゃ，お寿司屋さんからお寿司頼んだらどうかしら？」(5)

ユ　リ「(アイに) お寿司頼んであげるね」

ユリは回転寿司屋に行く。

ユ　リ「(ソウタとミサに) 今日アイちゃんの誕生日だから」

ミ　サ「何時から？　あ，そうだ，ケーキ買ってきてあげる」

ソウタ「じゃ，2時までには帰るって」

ユ　リ「うん，ケーキ買ってきてね，お父さんとおにいちゃん」

ミサとソウタは，お寿司屋さんの道具をすべてまとめて，ままごとコーナーに戻ってくる。

ミ　サ「ピンポーン，お父さん帰ってきたよ」

ソウタ「ただいまー」

ミ　サ「(アイに) はいどうぞ，赤ちゃんのケーキ」

ア　イ「食べる～！」

アイはミサに渡されたケーキを食べる。

この事例は，ままごとをしていたソウタがコの字にならべられたロッカーを見て「回転寿司屋」をイメージするところから始まっています。ソウタの発想を大切にしたいと思った保育者は，そのイメージを支えるために皿を並べ，回転寿司屋の雰囲気づくりを手伝います(1)。またソウタのイメージを支えるためにはお客さんの存在が必要であること，遊び仲間であった子どもたちとの関係も継続させてあげたいという思いから，遊び仲間たちに回転寿司屋ができたことを伝え(2)，イメージを支えるために一緒にお店に行く人として遊びに参加しています。回転寿司屋にみんなで来たものの，ミサ以外の子どもは回転寿司屋というイメージをもっていないと感じた保育者は，ソウタが回転寿司屋の仕事を具体的に表現し，他の子も回転寿司屋ごっこのイメージをもてるようなことばかけを意識しながら遊びに参加しています。また途中，ソウタとミサの役割が不明瞭になったときには，役割分担を意識させることばかけ(3)(4)，ケイコには母親として「お金を支払う」という役割イメージがうかぶようなことばかけをし，それぞれの役割で回転寿司屋ごっこに参加できるような働きかけをしています。

さらに回転寿司屋から帰ったあとも，ソウタとミサがもともとの遊び相手であるユリ，アイ，ケイコとのつながりを保持できるように，ユリの「アイの誕生日」のイメージを受けて，「誕生日にお寿司を注文に行く」ことをユリに提案しています(5)。その結果，ソウタとミサにもアイのお誕生会をするというイメージが伝わり，2人は再びままごとコーナーに戻り，遊びを継続しています。

（3）人の気持ちや社会に目を向けるきっかけを与えるかかわり

事例3「紙芝居やさん」のような段階では，事例4・5のように，保育者が遊び仲間になる必要はないように思われます。しかしながらこの段階にはこの段階なりの役割を果たしながら遊びに参加することで，子どもたちの遊びは変化していきます。ここでは5歳児クラスで展開された一連の美容院ごっこの事例からその様子をみていきます。

「美容院ごっこ」は普段おとなしく自己主張をしないヒトミ（女児，5歳11か月）が「美容院に来て」と保育者に言ってきたことが発端となりました。ヒトミからの誘いはめずらしいため，その思いを受けとめたいと思った保育者は，お客さん役を引き受けることにしました。この日は単純なやりとりで終わりましたが，保育者が遊びに参加したことでヒトミのイメージが他の子に伝わり，普段，他の子のイメージにつきあうことが多かったヒトミが，生き生きと自分のイメージを表現する姿がみられました。

2日目と3日目は，保育者がケープ，ブラシ，ロットなど，美容院ごっこに必要と思われる道具を準備し，ヒトミがその道具を使えるように「髪を巻いてほしい，シャンプーをしてほしい」などの具体的なことばかけをしながらお客として参加したことで，ヒトミの表現にも具体性がでてきました。道具の出現により，前日は見学にとどまっていた子どもたちも興味をもって美容師役やお客さん役として参加するようになり，普段友だちに合わせてばかりのヒトミがイメージの発信元となり友だちとかかわる様子がみられました。また保育者は道具だけではなく状況もより本物に近づけることが遊びをより発展させることにつながると考え，遊びに参加する際に，より「お客らしく」演じることを意識し，美容院の役割の意味を知らせるために「パーティに行くのできれいにしてほしい」などの注文をつけて遊びに参加しました。その結果，美容師役の子どもたちのことばや態度が，より「らしく」なっていく様子がみられました。

4日目の美容院ごっこは，待合室をつくり，シャンプーとカットのイスを分けて設置するなど，環境をより本物らしくつくり込み，2人の美容師が分業しながら仕事を進める様子も表現するようになっていきました。このように，ヒトミのイメージからはじまった美容院ごっこは毎日のようにくり返され，子どもたちは環境やストーリーをより複雑で本物に近づくようにつくりあげて，ごっこの世界を楽しんでいました。この一連の遊びの翌週のことです。ヒトミがいつものように保育者に「お客さんになって」と頼みにきました。保育者がお客さんになると，ヒトミがシャンプーをする際に布を顔にかけたり，コーヒーや雑誌を出したり，サービス券を渡すなど，表現が非常に細かく具体的でした。不思議に思いヒトミに尋ねると，前日に母親と一緒に美容院に行き，美容師の仕事を細かく観察してきたということがわかりました。

事例3の「紙芝居屋さん」にもみられたとおり，子どもたちが遊びを本物に近い状況に近づけようと努力するのがこの段階のごっこ遊びの特徴です。この美容院ごっこの一連の事例では，遊びがよりリアルになるために保育者が物的環境を整えたことはもちろんのこと，遊びに使う道具をより「らしく」使うことを遊びながら伝えたり，より「らしく」お客さん役を演じて遊びに参加することで，子どものより「らしい」姿を引き出す手助けをしていることがわかります。また，遊びの発展を支えただけではなく，このようなかかわりが，「美容師」という社会の仕事に目を向けるきっかけを与えることにもつながっていったのです。

4　ごっこ遊びにかかわる保育者の専門性とは

保育とは子どもの自発的な活動である遊びを通しての指導を中心として，子どもの人格形成の基礎を育む営みです。そのため保育者には子どもの遊びを注意深く観察し，必要に応じてかかわることが求められます。ごっこ遊びは子どものイメージの世界をあらわす遊びであるため，必要なかかわりを判断することに難しさを伴う場合も多いと思います。しかしながら保育者は自分のイメージを極力子どもに押しつけないように配慮しながら遊び仲間となり，事例４のように子ども同士のイメージが共有されていないと感じたときは，その場で展開されそうになっているイメージをことばや態度によって他の子に知らせ，イメージの共有ができるようにしています。また事例５のようにごっこが展開される場所が２か所であったり遊びの構成人数が多い場合にも，ことばや態度でそれぞれの子どもがもっているイメージをつないで遊びの展開を支えようと試みていることがわかります。また「美容院ごっこ」の事例のように，子ども同士のイメージをつなぐ必要がない場合でも，遊びをリアルにする手伝いをすることで，子どもたちが社会に目を向けるきっかけを与えることにつながることもあります。

しかし，ただ子どもの遊び相手になればよいという単純なことではありません。子どもにとって本当に良い援助をするために保育者は，今，目の前の子どもがどのようなイメージを表出しようとしているのか，何をおもしろいと思っているのかなどを，子どもの表情，ことば，ふだんの生活の様子，子どもから語られる日常生活の経験など，さまざまな情報を総合して判断する必要があります。しかも集団で遊んでいる場面には，そこにいる子どもそれぞれに対して，その作業を行わなければなりません。子どもと一緒に遊ぶ保育者の姿は，表面上は楽しそうに子どもと遊んでいるだけのように見えるかもしれません。しかしながらその目は絶えず子どもの内面に注がれ，この遊びを通して個々の子どもがやり遂げたいと思っていることは何か，それを支えるためのベストなかかわりとは何かを，その時々で瞬時に選択しているのです。

冒頭で述べた「泥団子を何個食べられるか？」という問いに戻りましょう。延々とお団子を差し出される状況に対して，「もう先生お腹いっぱい，他のお客さんにもあげてね」とその場を去る選択，差し出されるお団子を「おいしいね」と言って食べ続ける選択など，さまざまなものが考えられるでしょう。正解がどれかということは簡単に言及できません。しかしこの子が「美容院ごっこ」のヒトミのように，普段は自分を主張しないのに，この日は熱心にお団子づくりに取り組み，上手にできたお団子を前に「お団子屋さん」のイメージをもってお客さんを待っている姿だと読み取ったとします。また，その子がふだんはひとつの活動に集中して取り組む時間が比較的短いのに，この時には長い時間，集中して泥団子をつくっていたため，その姿を認めてあげたいと思ったとします。このように，その場における子どもの内面や，それまでの子どもの様子などの読み取りの結果，今，この子に最後までつきあうことが必要であると判断したなら，食べ続ける選択をするでしょう。すなわち保育者は，その子のその時の状況，状態，内面，ふだんの生活から感じるその子への保育者の想いなどを総合し，瞬時に，そして適切に，どのように何個食べるかを判断しているのです。この能力がまさにごっこ遊びを支える保育者の専門性といえるのではないでしょうか。

ニセモノが広げる本物の遊び

かえで幼稚園　中丸元良

日常のごっこ遊びに対して，われわれ保育者が何気なく行っているかかわりについては，高橋先生から，子どもの言動や普段の生活などの観察，予想，ねらいなどを総合したうえでの瞬時の判断にもとづいたものである，と非常に明確な意味づけをしていただきました。そこで私は別の観点から，現場で感じたことを述べてみたいと思います。

ごっこ遊びと同様に，現実の社会を再現したり，架空の世界を楽しんだりする子どもの遊びに，劇あそびがあります。その劇あそびで見られた子どもたちの一面を紹介します。もちろんここでいう劇あそびは，台本や配役などを保育者が決めて，保育者の考えた姿に近づくよう訓練するものではなく，あくまでも子どもたちのイメージを原動力にした遊びのことです。

劇あそびが盛り上がってくると，子どもたちは，とくに年齢が上がるほど劇で使うものを自分たちで作ろうとします。衣裳，お面はもとより，大道具からほとんど目立たない小道具まで，すべて，紙やビニール袋，段ボールなどで作ります。必要なものは自分で作る，もしくはニセモノを使う，というのが子どもたちの流儀のようです。ニセモノというと聞こえが悪いのですが，「偽物」ではなく「似せ物」，つまり本物に似せた物を使うということです。

たとえば，お風呂に入るシーンでは，タオルの代わりにビニール風呂敷を使っていました。本物のタオルも手近にあるのですが，それは使わないのです。鬼と子どもたちが綱引きをするシーンでは，はじめに出されていた本物のロープはいつのまにか部屋の隅に追いやられ，お米の袋を自分たちがテープでつなげた，「ロープのようなもの」が使われました。どうやら，本物を避けたいという意識すらあるようです。なぜでしょうか。

劇やごっこ遊びは，空想の世界を楽しむものです。子どもが動物になったり桃太郎になったり回転寿司の店員になったりするだけで，もう現実とは別の世界に入っているのですが，子どもたちはその世界をもっと徹底的に楽しみたいのだと思います，自分たちが作った道具なら，その世界に深入りするためのツールになるけれど，本物はむしろ邪魔になるのではないでしょうか。

ここで，われわれの失敗談を紹介します。

ある月の誕生会で職員が劇を演じました。その中でバナナを食べるシーンがありましたが，ちょうどいただいたバナナがあったので，それを使い，劇中で職員が本物のバナナの皮をむいて食べました。その瞬間，劇が壊れてしまいました。子どもたちから「ずるい！」「ちょうだい！」「もうないの？」「残りはどうするの？」などの声が上がり，劇どころではなくなってしまったのです。つまり，本物のバナナが登場し，しかも本当に食べるというリアルな行動を見た子どもたちは，すっかり現実の世界に引き戻されてしまったのだと思います。ニセモノのバナナをおいしそうに食べれば，何の問題もなかったのです。

大人の劇，つまり演劇や映画では，どちらかというと本物にこだわります。映画監督の黒澤明は，たとえ開けるシーンがなくとも，かばんの中にはその役の人物が持ち運びそうな物を入れたそうです。CG なども，いかに本物と見分けがつかないように作るか，ということに力を注ぎます。

リアルであるほど楽しめる大人と，リアルをあえて避け，リアリティ，つまり本物のようなうそごとにこだわる子ども。この違いは簡単には説明できないでしょう。ただ，われわれにとって大事なことは，大人とは違う子どもの感じ方を尊重して見守ることでしょう。そして，保育者はそのことを十分理解したうえで，子どもたちが，自分の手でリアリティの世界を作り出せるような援助や環境構成をしなければならないと思います。

子どもの劇あそびやごっこ遊びの中に大人の感覚を簡単に持ち込んで，リアルな衣裳を作ってやったり，本物の道具を持ち込んだりすることは，慎重であるべきです。本物を持ち込むと，子どもの心が物の方にとらわれ，ごっこ遊びや劇あそび本来の，リアリティを楽しむ要素を阻害してしまうおそれがあるからです。そうなっては，まさに「悲劇」です。

第7章 砂遊びを支える保育実践と保育者の専門性

箕輪潤子

多くの保育園や幼稚園，認定こども園の砂場では，子どもたちが黙々と遊んでいる姿がよくみられます。砂遊びの特徴としては，可変性（形などを変えること）や可塑性（形を保つこと）をもつ砂が多様な遊びを生むこと（石井，1995；松本，1995；笠間，2001）や，「こわす・つくる」「遊び・労働」など，対極する2つの性質を存在させる「あいまい性」をもつこと（笠間，2001），くり返しが多いことやことばが少ないこと（小川，2000），子ども同士の遊びではテーマや役割が砂の状態変化に応じて決められること（無藤，1996）などがあげられています。

では，保育者は砂場での遊びをどのように捉え，援助しているのでしょうか。幼稚園教諭である松本（2007）は，学生時代に子どもの砂遊びを観察し考察した砂遊びの特徴（表7－1；松本，1993）を見直し，保育者の視点から見たときに特に重要だと思われる特徴をあらためて整理しています（表7－2）。松本の視点からは，砂や地面のもつ多様な性質が相まって生まれる砂遊びが，子どもの気持ちを受けとめ，かかわりを引き出し，多様な展開を生み出しており，保育環境として重要な役割を果たしていることがうかがえます。そして，砂場における保育者の援助については，行動の予測や観察，受容，共感，子どもの行動を待つなど間接的な援助が顕著に見られること（柏ら，2007）や，周囲の様子や他児の様子についての伝達，状況の説明，思考の喚起など，子どもに気づかせることばかけが多い（山内ら，2012）ことが指摘されています。

以下，砂場での子どもの遊びを援助する保育者の姿から，砂場での遊びにおける保育者の専門性について考えてみたいと思います。

表７－１　砂遊びのもっている特徴

「砂（土）そのもののもつ性質」
① 砂にはいろんな種類がある
② 砂や土はさまざまに変化する
③ どんな砂遊びをしていても感触を楽しむ部分がある
「大地のもつ性質」
① 場所をいとわない
② 大地は命が近くにある
③ 大地は子どものいろんな気持ちを受けとめている
「砂遊びがもつ性質」
① 砂といろいろなかかわりをもてる
② 他の砂遊びに展開しやすい
③ 他の遊びと絡んでいることも多い
④ 壊す楽しさが味わえる
⑤ もう一度（何度も）つくることができる
⑥ 遊び終わった後に引き継がれるものがある
⑦ 大きさや形の制限がない
⑧ 評価（勝ち負け）がない
⑨ 目的がない（わからない）遊びがある
⑩ 誰でも（学年を超えて）楽しめる
⑪ 砂遊びには人数制限がない
⑫ 飽きにくい

出所：松本，1993

表７－２　保育者から見た砂遊びの特徴と引き出される姿

① 子どもの気持ちを受けとめる
- 気持ちいい感触を味わう
- 子どもの意欲を引き出す
- 遊びに入り込みやすい

② 子どもの行動すべてを受けとめる
- 多様なかかわりを引き出す
- 全力を出してかかわる

③ 多様に変化する
- イメージがわきやすい，見立てやすい
- 遊びのおもしろさをダイレクトに感じやすい

出所：松本，2007

1　砂場とともに気持ちを受けとめる

松本（2007）は「砂遊びには，子どものさまざまな気持ちを受けとめる力があります。保育者のかかわりだけでは無理な場合でも，砂遊びの魅力が子どもの心を開かせた経験は，多くの保育者がもっているのではないでしょうか」と述べています。

〈事例1〉　気持ちを切り替え，遊びに興味をもてるようにする（3歳児4月）

入園式から2日たった朝，うさぎのお面を頭につけた保育者は，大きな声で泣いていたアキの手を引いて誰もいない砂場にやってきた。保育者はバケツとカップ2つを砂場の道具箱からもってきて砂場の中にしゃがんだ。砂場の淵に立つアキの顔をみながら，保育者が笑顔で手でカップに砂を入れはじめると，アキは泣きながらも保育者の手元を見ている。「なにつくろうかなあ。リョウくんは（アキの弟），チョコレート好きかなあ？」と保育者が言うと，アキは一瞬泣くのをやめ頭を縦にふった。保育者は「じゃあ，先生チョコレートつくるね」と言い，砂をカップに詰め，アキの足元にひっくり返して形を抜いてみせる。

4月，入園式からまもない時期は，どこの幼稚園や保育園でも子どもたちの泣き声が聞かれます。保護者と別れ，新しい環境に入っていくことに対する不安でいっぱいの子どもたちの手を引き，保育者が砂場に向かう姿がよくみられます。事例1の保育者は，泣いているアキを連れて砂場に来ましたが，アキに砂場に入るようには促していません。アキが幼稚園という新しい世界に対して不安をもっているからこそ，アキを無理に砂場に入らせるのではなく，砂場っておもしろそう，自分もやってみたいと思えるよう，保育者だけが砂場に入り砂場での遊び方を見せていたのだと推察されます。型抜きをして砂が形を変えていく様子を見せることで，アキの保護者と離れる不安な思いが少しでも軽くなり，砂に興味が向かうことで，幼稚園は楽しいことができるところなのだと伝えようとしているのではないでしょうか。

〈事例２〉 一緒に砂を感じる（３歳児４月）

砂場にしゃがみ，保育者が両手をユウタの前に差し出すと，ユウタは砂をすくい保育者の手のなかに入れた。保育者は砂をこぼさないようユウタの頭の高さに両手をあげると，両手の間から少しずつ砂を落としてみせた。ユウタは保育者の手からこぼれ落ちてくる砂を，左手で受け止め保育者の手にのせる。保育者はまた手のひらをユウタの前に差し出すと，ユウタは砂を入れはじめた。（中略）保育者は，両手でユウタの両手をくっつけるように包むと，ユウタの両手のなかに砂を入れていった。ユウタは両手に入った砂をもちながら立ち上がり，両手のひらの間を少しずつ開き，砂を落としていく。

保育者は入園した子どもたちが安心して園で過ごせるよう，また園が楽しいと思えるよう信頼関係を築いていきます。事例２の保育者は，自分の手を開き，ユウタがすくった砂を受け入れたり，反対にユウタの両手にそっと手を添えて開かせ，そこに砂を入れたりするのをくり返しています。ことばでの会話はほとんどありませんが，ユウタと保育者が同じ場のなかで，手からこぼれ落ちていく砂の感触をともに味わいながら，砂というモノを介した対話をしているようにも見えてきます。ことばでの会話には，同じ経験にもとづいたイメージの共有が必要ですが，目の前で形を変え，さまざまな感触をあたえてくれる砂というモノは，その場で共通の経験を生み出してくれます。そういった性質をもつ砂を，保育者はことばの代わりに用いていたといえるかもしれません。

〈事例３〉 気持ちを思いきり表現するのを見守る（４歳児）

転園してきたばかりのエイキは，同じクラスの子どもにちょっとしたことですぐに手を上げるようになった。ある日，エイキは初めて幼稚園の砂場で遊ぶことになった。最初は戸惑っているようだったが，遊びはじめると全身どろんこになるほど夢中になって遊んでいた。そして，部屋に入る時間になると，汚れた服を脱いできちんとたたんで着替え，部屋に入っていった。その日以降，毎日のようにエイキの砂遊びは続いた。激しく砂とたわむれ，気が済むまで遊ぶとサッと着替えるのだった。

事例３は，転園してきた子どもが他の子どもとかかわりをもつことが難しく，それに悩んだ経験をもつある保育者の事例です。保育者は，手をあげるなどのふるまいをするエイキの思いをなかなか汲み取れずにいたそうです。転園して初めての砂遊びは，遊び方が他児に比べて“はちゃめちゃ”だったのに，遊び終わったあとの着替えでは汚れた服をきちんとたたむこととのギャップに驚いたとのことでした。その後，日々の保育の内容やそこで求められるふるまいがある程度決まっている園から，好きな遊びを見つけて自発的に遊ぶことを重視している園に転園したことによるエイキの戸惑いに保育者は気づき，エイキの砂遊びが“はちゃめちゃ”だったのは，エネルギーの発散をしたということだけではなく，新しい園で暮らす自分となる儀式のようなものだったのではないか，と保育者は話してくれました。その後も，エイキはもやもやすることがあると砂場に向かい，思い切り遊ぶ姿が見られ，そのうち園での生活になじんでいったそうです。この事例からは，保育者が砂場という場所が「子どもたちの気持ちを受けとめてくれる場所」であると感じていたからこそ，保育者が直接的にかかわるのではなく，思い切り自分の気持ちを砂場のなかで表現している子どもを見守っていたことがわかります。保育者の砂場という場所への信頼と，砂場で遊ぶ子どもの姿から気持ちを汲みとろうとする思いによって，子どもは自分がこの園に受けとめてもらえたと感じることができたのではないかと思います。

ここまでにあげた事例は入園や転園してまもない子どもの事例ですが，園生活に慣れたあとも，子どもは遊びや生活，友だちや保育者とのかかわりのなかで，心が揺れたり葛藤したりする出来事に出あいます。そのようなとき，子どもたちは砂場に向かうことがよくあるようです。保育者が砂場という場所が子どもの気持ちを受けとめてくれる場所であると理解し，砂場で遊ぶ子どもの姿を温かく見守ることによって，子どもは自分が受け入れられていることを感じ，安心して自分の思いを表現していくことができるのではないでしょうか（松本，1993；石井，1993；笠間，2001）。

2　砂場とともに子どもたちをつなぐ

砂場では，普段は一緒に遊ばない子ども同士がともに１つの山を作っていたり，作っていたもの同士を意味づけしたりしていくうちにいつのまにか一緒に遊んでいたということがよくみられます。砂場が枠で囲まれ１つの空間を生み出し，そのなかで子どもが遊ぶことによって場ができていくからこそ，子どもたちがつながっていくのだと考えられます。

〈事例 4〉　子ども同士と遊びをつなげる（4 歳児 6 月）

砂場の右側では，ヨシト・タカヤ・カズキがスコップで穴を掘っていた。10 分くらいすると，1.5 メートル弱くらい離れた場所で，同じクラスのユウカ・ヒロト・マサルがシャベルで穴を掘りはじめた。お互いに自分たちの穴を掘るのに夢中になっている。しばらく掘っていると，タカヤがユウカたちも穴を掘っていることに気づき「あっちも穴ほってる」と言ったが，ヨシトとカズキは夢中になっているのか聞こえない。ユウカがタカヤの声を聞いて穴を見にやってきて，すぐに戻っていった。そこに保育者が通りかかると，ユウカが「先生手伝って」と声をかけ，ヨシトも「先生こっちも手伝って」と声をかけた。保育者は２つの穴の間あたりに入ると，それぞれの穴を掘るのを手伝いつつ，それぞれの穴から少しずつお互いの穴に向けて溝を掘りはじめた。しばらくして保育者が「先生，他のお友だちのところもみてくるね」と言って砂場を出ていくと，タカヤとヒロトは保育者が掘った穴をつたって溝を掘りはじめ，そのうち２つの溝がつながると子どもたちが行き来しはじめた。

砂場のなかでは，異なる遊びのグループが平行して遊んでいることがあります。遊びによっては，見えない境界線を子どもが感じていて，遊びが交わらないこともみられますし，交わらないことで遊びが深まることもありますが，事例の保育者は，普段のクラスの子どもたちの関係への理解と，4歳児の仲間関係の育ちへの見通しがあったからこそ，子どもたち同士の遊びをつなげようとしたのだと考えられます。その際に，砂の変化を子どもたちが見ていることや，集団生活や仲間関係の発達の理解から，直接的なことばではなく穴同士をつなげるようなしかけを作ることにより，自然に子ども同士の遊びをつなげていたのだと考えられます。ことばかけによる援助だけでなく，砂を動かす（穴を掘るなど）ことによる援助ができるのも，砂という可塑性・可変性のある素材の性質によるものです。

〈事例5〉　思いを読み取りつなげる（5歳児5月）

片付けの時間になりアツシが「もう片付けだよ」と，砂場で穴を掘っていたリュウ，タカシ，コウタに声をかける。リュウ，タカシ，コウタは「どうする？　埋める？」「とっておく？」と，穴を掘りつつ話し合いをはじめたがなかなか決まらない。アツシはいったん砂場を去ったが，しばらくして砂を入れた手押し車を持ってきた。そしてアツシが「埋めるよ」というと，タカシは「やめろよ」という。しかし，アツシは砂場に手押し車を入れ，砂を穴のなかにどさっと入れた。リュウが「やめろっていっただろ！」とアツシに怒っていうと，アツシが「お前らが片付けないからだよ」と言いあいになった。そこに保育者がきて「どうしたの？」とお互いの話を聞いた。保育者は，アツシに「片付けの時間で知らせたかったのはわかるけど，リュウくんたちは自分で埋めたかったんじゃないの？」と声をかけた。

事例5は，子どもにとって片付けという活動が，単に使った物を元の場所にしまうだけの活動ではないことを教えてくれる事例です。特に砂場での片付けでは，道具をしまうことはどの園でも行われますが，「また今度続きがしたい」

という思いや，自分たちが作ったものへの愛着から「とっておきたい」という子どもがいたときに，作った山や穴などを壊したり埋めたりするのかどうかについては，園や状況によって判断が異なってくるようです。事例５の園では，作った穴や山を片づけの際にどうするのかについての明確なルールはありません。穴を埋めたアツシは，なかなか片付けを始めないタカシたちを見て，掘った穴を埋めれば片付けられると考えたのだと推察されます。次の活動の時間が迫っている状況において，早く片付けて保育室に入るように促すことは，保育者にとっても重要なことだと考えられます。しかし，穴を埋めたアツシの早く片付けようという思いも認めつつも，自分たちが作ったものをどうするのかを考え，埋めるなら自分たちで最後まで埋めたいというリュウたちの思いを保育者は汲みとり，アツシに伝えています。リュウたちにとって穴が大切な遊びの痕跡であることを読み取った保育者は，早く片付け終わること以上に，リュウたち自身が最後まで自分たちで穴をどうするかを決めることが，充実感や満足感を得て気持ちを切り替えていくことにつながると考えていたことがうかがえます。

事例４・５で見てきたように，保育者は砂が可塑性（形を変える性質）をもち，遊びの痕跡が残っていく性質を踏まえ，子ども同士の遊びをことばに加えて砂を介してつないだり，子ども同士の気持ちを砂の痕跡から読み取って援助したりしていると考えられます。

3　子どもの試行錯誤や気づきを引き出す

砂場では，砂や友だちとのかかわりのなかで，日々子どもたちはさまざまなことを試し，考え，気づいています。そのような子どもにとっての挑戦や，挑戦によるさまざまな気づきを支えているのは，砂場での遊びを充実させようと環境を構成し，ときには遊びを援助する保育者です。

砂場での遊びというと山作りや穴掘り，型抜きなどさまざまな遊びが思い浮かびますが，砂場での遊び経験が浅い子どもたちが砂場に入っても，すぐに作りたいものを作ることができるわけではありません。保育園の乳児クラスの子どもたちや幼稚園に入園してまもない子どもたちが砂場で遊ぶ姿を見ていると，そばには一緒に遊ぶ保育者の姿がみられます。子どもが砂を型に入れて遊んでいる過程で，保育者が型に入った砂を手で押してからひっくりかえし型抜きをすると，子どももまねてみようとする姿がみられることがあります。また，子どもが砂をすくって同じ場所にかけていくなかで山のような形ができてきたときに，保育者が手で固めることで山の形がしっかりできてきて，それをみた子どもが手で固めはじめたりすることもあります。そのことにより，山を作るためには砂を乗せるだけでなく，固めるという作業も必要だということに気づいていくのです。

つまり，保育者は砂場のなかで子どもにとっての遊び方のモデルになっています。子どもは保育者がすることをモデルにしながら自分も真似てみることで，どのようにしたら砂で何ができるのかということに気づき，そこで体や腕や手の動かし方を習得し，イメージしたものを作っていくことができるようになっていきます。保育者がことばでこうしたらいいということを伝えるだけではなく実際にやってみせることで，おもしろそう・すごい・やってみたいという思いを引き出していくことができるのだと考えられます。

〈事例 6〉　環境を作る（4 歳児 4 月）

オキト・ショウタ・リクは，黒い砂を積み上げたり固めたりしていた。オキトが「しろすなかけなきゃ」というと，道具入れの裏に行き白砂をシャベルに入れて持ってきて山にかけた。するとショウタとリクも道具入れの裏にいって白砂をとってきて山にかける。何度かシャベルで白砂を運んでいたが，こんどはショウタがバケツで白砂を運びはじめ，オキトとリクもバケツで運ぶ。しかし，一度運んだあともう一度棚の裏に行くと，しばらく出てこない。少したつと 3 人は白砂を入れた手箕を持って山にかけはじめた。

子どもたちは最初シャベルで“白砂”をかけていたのですが，一度にかけられる量が少ないと気づきバケツに替え，バケツだと重すぎて運ぶのが大変だということで最後には手箕（塵取りのような形の道具）を持ってきて白砂を運んでいます。この事例には保育者はでてきませんが，子どもが一度に運べる量と重さのバランスをとりながら道具を選ぶことができたのは，「運ぶ」目的に使うことができる道具が何種類か用意されていたからだといえます。別のことばで言い換えれば，道具が何種類か用意されていたから，子どもは道具によって，運ぶことができる砂の量の違いや，砂の量によって重さが変わることに気づくことができたともいえるでしょう。

砂場での遊びは，道具があることで多様になり，重さや量・形などについての気づきにつながっていきます。保育者は，子どもの経験を踏まえ，子どもの発達や遊びの広がり・深まりを見通して，さまざまな道具を砂場での遊びのために置いていると考えられます。ほかにも，砂が固まってしまっていては感触が味わえなかったり掘れなかったりすることや，子どもの健康と安全の確保の観点から砂の消毒のために，定期的に砂場の砂を掘り起こすなど，子どもがいない時間にも砂場の環境整備を行うことで，子どもの充実した遊びを支えています。

〈事例７〉　細かいところに気づけるようにする（５歳児７月）

５歳児クラスの子どもたちが作った山にトンネルを掘り，トンネルからさまざまな方向に道を広げ，広げた道に水を流しはじめた。リョウタとユウゴはまだ道が作られていないところに道を伸ばそうと，シャベルを使って掘り進めている。そこに保育者が様子を見にやってくる。保育者は水が回っていない場所があることに気づくと，リョウタとユウゴに「ねえ，ここどうするの？」と一言尋ねた。リョウタとユウゴは返事をしなかったが，保育者が指をさしたところを見るとその部分を深く掘りはじめた。保育者はその一言だけをかけてすぐに砂場から出ていった。掘った場所に水が流れ込むと，リョウタが水を流しているタクヤに「水流れたぞ！　もっと流して」といった。

事例７で，保育者が子どもにかけたことばは「ねえ，ここどうするの？」という一言の質問だけでした。年長の遊びとなると，子どものなかでこうしたいというイメージをはっきりともち，またそれを友だちと共有し，協働で作り上げていくことにおもしろさを見出している姿がみられるようになります。そのため，子どもたちだけで展開できている遊びに大人がかかわりすぎると，子ども自身が自分たちで作り上げているという感覚を奪ってしまうことや，子どもたち同士の関わりを壊してしまうこともあります。保育者は遊ぶ子どもの姿と砂で作ったものから子どもが何を目的として共有して遊んでいるのかを読み取ったうえで，子どもたちが気づいていないところに子どもたち自身で気づき，自分たちでどうするか考えられるようことばをかけたのだと考えられます。

４　砂場での遊びにおける保育者の専門性とは

砂での遊びは感触や感覚を感じる要素や，形や色などの変化を楽しむ要素があるといわれています（石井，1995；笠間，2001；箕輪，2006 など）。保育者は，砂とかかわる子どもの姿から子どもの思いや育ちを読み取りつつ，子ども自身が意図的に砂の状態を変化させたり偶然の変化に出あったりする過程で，満足感や喜びを感じることや，試行錯誤することなどを大切にしています。

砂場における保育者の援助は，柏ら（2007）や山内ら（2012）が指摘しているように，また，事例で述べてきたように，直接的にことばをかけるというよりは主に間接的な援助が多くみられます。一緒に砂の感触や変化を感じ楽しむこと，時には少し離れて子どもが遊ぶ姿を見守ること，遊びを展開し多様な試行錯誤ができるような道具や砂の状態を整備しておくこと，道具の使い方をモデルとなって見せること，砂の状態を変化させることで遊びを展開させることなど，保育者は砂場という場や砂という素材の特性を踏まえて，子どもたちの遊びが充実するように環境構成や援助を行っていると考えられます。

また，保育者の砂場での遊びにおける視点は，子どもの年齢によっても異なっています。３歳児では，子どもが開放感や砂の感触を味わうことや，したい遊びや使いたい道具を選ぶこと，友だちと一緒に遊ぶ楽しさを味わうことへの視点がみられました。そして，4，5歳児では，個々の子どもの興味関心に応じた遊びの展開と楽しさの追求や試行錯誤，子ども同士の模倣や役割分担といった視点が見られ，とくに5歳児では遊びの展開の予測や期待をもつことや仲間や場の状況を捉える視点が見られました。砂場はさまざまな年齢の子どもたちが遊ぶことができる場であるといわれていますが（松本，1993；笠間，2001），同じ砂場でも保育者の子どもたちを見る視点や援助や環境構成についての視点は子どもの発達によって異なるのです。

松本（2007）が述べているように，砂場で保育者が一緒に遊ぶということは年度はじめのことがもっとも多く，そのあとは一緒に遊ぶことが減っていくことが多いような気もします。しかし，保育所・幼稚園・認定こども園の多くに砂場があるからこそ，園によって砂場の環境をどのように考えるか，保育者が砂場での子どもの遊びをどのように援助するのかによって，展開される遊びの内容や子どもの試行錯誤や協働のあり方は大きく異なります。砂場における保育者の専門性は，砂場や砂の性質や特徴を生かし，環境構成など間接的な援助を行うことにあると考えられますが，今後は園全体でどのような砂場にしていきたいかについて，道具や援助などについて考えていくことも専門性の１つとなっていくのではないかと思います。

援助の原点に立ち返らせてくれる砂遊びを支える保育者の専門性

広島大学附属三原幼稚園　松本信吾

「最近何か忙しくなったなぁ」と感じられている保育者の方が多いのではないでしょうか。「幼児期の教育ってただ遊んでるだけじゃないの？」という昨今の声に対して，遊びを通して学んでいることを伝えるために，「育てるために援助をしなきゃ」と心の余裕をなくしがちになっている気がします。幼稚園教育要領や保育所保育指針が改訂（改定）され，その中で資質・能力を育てることが明記され，幼児期の終わりまでに育ってほしい姿が示されたことも，そのことに拍車をかけているかもしれません。そのような中でも，砂遊びにかかわるときは楽しく余裕をもってかかわれる，という保育者の方も多いでしょう。その理由が，本章には実践者に納得できるかたちで丁寧に示されていると感じます。

保育者が余裕をもてるその一番の要因は，砂場で子どもとかかわる保育者の特徴として述べられている，「見守りや共感が多く指示や禁止が少ない」ことでしょう。友定（2012）は，森における子どもと保育者の関係の特徴として，「子どもの体験をコントロールしようという構えが減少し，「人として一緒に受けとめる」というスタンスになる」ことを述べています。砂場という環境においても同様に，「育てるために援助をしなきゃ」という子どもの体験をコントロールしようとする構えが少なくなり，見守りや共感が多くなることで，余裕をもって子どもと接することができるのでしょう。私自身の保育を思い返してみても砂場で行っている援助は，本章の事例にもあるようにそばで過ごすものや，子どもの表現を受けとめるもの，一緒に遊びを楽しむもの，はちゃめちゃな行動も含めて見守っているものが中心です。それは，子どもたちが砂という素材のもっている魅力により，遊び込むことが多いからです。もちろん遊びのモデルを示すこともありますが，それは子どもの行動をコントロールしようというより，「子どもがおもしろいと感じたなら真似してやるだろう」というぐらいの態度で，むしろ自分自身が感触や変化を楽しんでいます。そして，そうやって楽しんでいると，変化の面白さが目に見えて，感触の豊かさが肌を通して，子どもたちに確実に伝播していくのです。砂のもっている魅力，そしてそこへの信頼があることで，保育者は指示や禁止をする必要がなく，余裕をもって子どもとのやりとりを楽しむことができるのでしょう。

では，砂遊びにおける保育者の専門性とは何でしょうか。本章で示されているように，まず，素材との出会いを支えることにあると思います。砂が豊かな素材だからといっても，それ単独ではそれほど魅力的ではないかもしれません。砂を柔らかくしたり，砂とかかわるのに適当な用具を用意したり，水と一緒に使えるようにしたり，場合によっては土や泥でも一緒に遊べるようにするなど，出会いやすくする環境作りを行います。そして，安心してかかわっていくことができるように，一緒に遊んだり，共感したり，モデルを示したりします。そして砂場では，もともと子どもの体験をコントロールしようとする構えが小さいので，指示や禁止は少なく，また砂の特性により遊び込みやすいので，その子どものやっていることを受けとめようとするスタンスになります。その子ども理解を通して必要に応じて「こうしたいけど，どうしたらいいか困っているな。このことに気づくことができるように援助してみよう」など，その子どもの願いや子ども理解に即した援助を行っています。

安心して出会うことができるよう支え，子どもを見守りながら理解し，遊び込めるように必要な援助をする，これは考えてみれば砂遊びに限らず，保育における援助の基本そのものです。ただ，子どもの体験をコントロールしようとすることが先に立つと，保育者の余裕がなくなり，何かをさせるためにあくせくするという保育になりがちなのでしょう。そもそも「遊びを通した学び」は，特定の能力を身につけるために何かをさせることではなく，子どもを理解し，安心して夢中になって遊ぶことを支えることから生まれるものですよね。本章で述べられた砂遊びを支える保育者の専門性は，保育者と子どものあるべき関係性や援助の方向性の原点に立ち返らせてくれるものであり，子どもとのつながりや保育の喜びを再確認させてくれるものであるともいえるでしょう。

第8章 子どもの運動遊びを支える保育者の専門性

吉田伊津美

1 子どもにとっての運動の意義を理解する

子どもの運動遊びを支える保育者の専門性の1つに，乳幼児期の運動発達の特徴を理解することがあげられます。それは乳幼児期の運動発達は大人とは異なる特徴があるからです。

（1）乳幼児期の運動発達の特徴

生まれてから2歳くらいまでの間は初歩的運動の段階で（宮丸，2011），新生児期にみられた反射が徐々に消失し，その後の運動の基礎となる姿勢・移動運動と把握・操作運動の初歩的な発達がみられます。そして2歳頃から6歳くらいまでは人間の運動の基礎づくり，すなわち基本的な運動の段階として多様な動きが身につきやすい時期になります。この時期の運動発達には大きく2つの特徴があります。1つは基礎的運動パターンの習得（拡大），もう1つは基礎的運動パターンの洗練です。基礎的運動パターンとは人間が子どものうちに習得できる基本的な動きで，「歩く」，「走る」，「跳ぶ」，「投げる」，「転がる」，などの動きをさします。

そして第2の特徴は同じ基礎的運動パターンでも経験を積み重ねることで無駄が省けて合理的な動きになるという質的な変容がみられることです。1歳と3歳の「歩く」姿をイメージしてみてください。1歳の歩きは不安定でぎこちなく全身を硬直させ，足裏全体をペタペタ地面につけて歩きます。それが3歳くらいになると大人の歩行と同じようにかかとから着地し親指で蹴りだしてスムーズに歩くようになります。「歩く」という同じ動きでも質的な違い，質的な変容過程がみられるのです。これらの特徴は，乳幼児期は神経系の発達が著しいことと関係しています。このように，乳幼児期は生涯にわたって人として生きていくための動きの基礎を形成する時期なのです。

（2）多様な動きの「多様」とは

多様な動きの経験ということばは近年頻繁に使われています。3歳から6歳の子どもの運動の指針として策定された幼児期運動指針（文部科学省，2012）にも示され，平成29年3月に告示された幼稚園教育要領，保育所保育指針，幼保連携型認定こども園教育・保育要領でも領域「健康」の内容の取扱いに「多様な動きを経験する中で，体の動きを調整するようにすること」という文言が加わりました。この多様な動きの「多様」とはどのようなことをいうのでしょうか。

多様さには，「走る」「跳ぶ」「投げる」「はう」「とる」などたくさんの基礎的運動パターンの種類とそのバリエーション（変化）という2つの意味があります。特定の運動だけしていたのではその運動で経験される限られた基礎的運動パターンの経験しかできません。幼児期には80種以上の基礎的運動パターンが獲得されます（体育科学センター，1980）。これは大人のもつレパートリーと同じくらいたくさんの種類です（杉原，2000）。そのためにはさまざまな遊びの中で幅広い運動パターンの経験が必要です。

一方，バリエーション（変化）は，たとえば「跳ぶ」にも，高く跳ぶ，遠くに跳ぶ，続けて跳ぶ，リズミカルに跳ぶ，などいろいろな跳び方があります。これらがバリエーションです。簡単にいえば運動パターンに修飾語をつけるとバリエーションが生まれます（速く走る，静かに歩く，後ろに投げるなど）。このように非常にたくさんの運動パターンの経験を遊びを通して行うことが大切なのです。

（3）運動することの意味

子どもにとっての運動の経験，運動発達にはどのような意味があるのでしょうか。

2歳くらいまでの初歩的運動の段階における運動発達の重要さには2つの意味があります（宮丸，2011）。1つは，運動発達にはおおよその順序性があるため，その時期の子どもの成長や発達が健全になされているかを判断する基準になることです。首がすわり（生後3～4か月），寝返りをし（生後6～7か月），ひとりで座り（7か月），はいはいをし（9～10か月），ひとり歩きをする（1歳6か月）ようになります（月齢は母子健康手帳のチェックリストによる目安）。これらは達成時期の個人差がありますが，順序が逆になることはありません。もう1つは，いろいろな運動の達成が子どもの環境との接触を拡大，促進させることです。寝ている状態では目に入るものは限られます。座ったり，立ったりすることで視野が広がり奥行が生まれます。さらには移動により周囲の環境を探索し，さまざまな発見を通じて多くの学習を可能にするのです。

2歳以降は基本的な運動の段階として多様な動きが身につきやすい時期ですが，その動きはトレーニングするのではなく遊びとして運動を行うことで身につきます。運動というと体や体力など身体的な面にのみ注目してしまうかもしれません。しかし，子どもの運動遊びは心の発達と密接に結びついています。運動遊びは社会性や情緒，自己概念や知的発達などさまざまな発達と関連しており，運動遊びをすることで心が育つのです。また，この時期は基本的生活習慣を形成し自立する時期でもあります。食事や排せつ，着脱，清潔などにはすべて動きが伴っています。これらに必要な動きが獲得されているからこそ自分1人でできるようになるのです。動きは経験により身につきます。これらのことからこの時期に運動（動き）を経験することの意味は非常に大きいのです。

このように，まずは子どもの運動発達の特徴と子どもの運動指導のキーワードにもなっている動きの多様さの意味，そして子どもにとっての運動の意義を理解することが必要です。これらの知識は，子どもの運動遊びを支える保育者の専門性の基本的なものとしてあげられます。

2　幼児期の運動指導のポイント

子どもにとっての運動の意義は大人のそれとは異なります。つまり，その指導，保育者のかかわりも大人に行うような指導や実践とはまったく異なってくるのです。前節にあげた基本的な知識の理解をもとに，次にあげるさまざまな点が運動遊びを指導する実践の場において必要となる保育者の専門性といえます。

（1）遊びを指導する

幼児教育の基本は遊びを通しての指導です。これは運動であっても同様で，運動遊び，運動的な遊びと呼ばれています。しかし，実際には「運動遊び」と呼んでいても必ずしも運動を「遊び」として指導していないことが多く見受けられます。では，遊びを指導するとはどのようなことをいうのでしょうか。

遊びについてはいろいろな立場でさまざまな捉え方がなされていますが，杉原（2014）は「保育に役立つ遊びの捉え方」として，指導理念（遊びの重要性が容易に理解できる）と指導実践（指導方針が導き出される）の両者に役立つ捉え方を提唱しています。それは遊びを「自己決定と有能さの認知を追求する内発的に動機づけられた状態である」とする考え方です。この立場に立てば，遊びを指導するとは，運動を自己決定的に行わせることが運動を指導する際の基本方針になります。別のことばでいえば，子どもが選んで考え工夫できるような環境の中で指導すること，子どもにとっての選択肢を設ける，自由度を高くするということです。子どもが自己決定することは，すべてを丸投げして子どもに任せ，放任することではありません。保育にはねらいがあります。そのねらいを意図した経験を子どもにさせるという枠組みの中で子どもの自己決定を促すということです。図８-１はなわとびでの指導例です。例ａは跳び方も回数も全員同じ課題とし，指示して行わせるやり方，例ｂは跳び方は指示するが回数は子どもが決めるやり方，例ｃは跳び方も回数も子どもが決めるやり方です。自己決定の立場で考えれば，例ａ＜例ｂ＜例ｃの順で子どもの自己決定（遊び

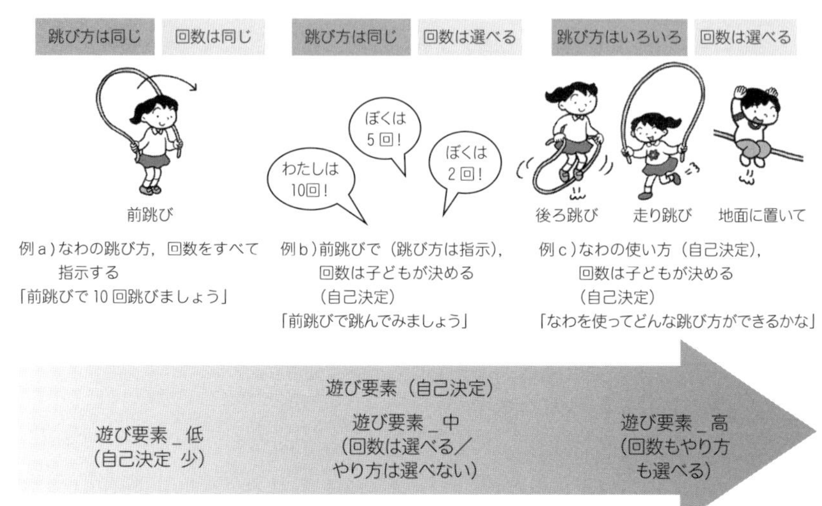

図８－１　遊び要素（子どもの自己決定）からみたなわとび指導の例

要素）が高くなります。特定の運動の上達をめざして同じような運動をくり返し練習させることは好ましくありません。偏った運動指導はかえって子どもの運動発達を妨げるだけでなく，運動嫌いを生む原因にもなります。図８－２は運動能力検査の結果を年齢別男女別に５段階の評定点に換算し６種目の合計点を求め，園で行っている運動指導の頻度により比較したものです。18点が平均点になりますが，体操や水泳など園で特別な運動指導を行っていない園の運動能力が高く，反対に多くの運動指導を行っている園の運動能力が低くなっています。また図８－３は，運動指導の際，注に示す４つについて子どもを中心に決めているのか，指導者が中心なのかを尋ねその得点を遊び志向得点として運動能力を比較したものです。行う内容ややり方など子どもが中心となって決める園（遊び志向が高い園）の運動能力が高く，指導者が中心となって行っている園の運動能力が低くなっています。このように遊びとして行う運動が幼児の運動発達にも効果的であることが示されています。ポイントは遊びとしての運動を指導するということです。

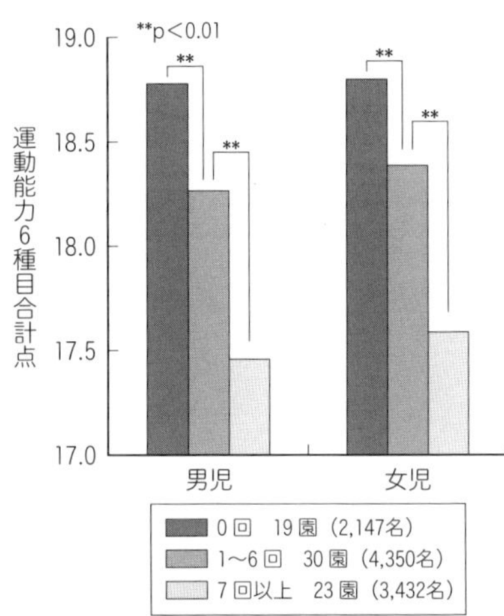

図8－2　幼稚園での運動指導頻度による運動能力の比較（2002年調査）

注：サッカーや体操，水泳などの運動指導を週にどのくらい行っているかの頻度と子どもの運動能力を比較した。特別な運動指導を行っていない園の子どもの運動能力がもっとも高く，多くの運動指導を行っている園の運動能力がもっとも低かった。

出所：杉原ほか，2010

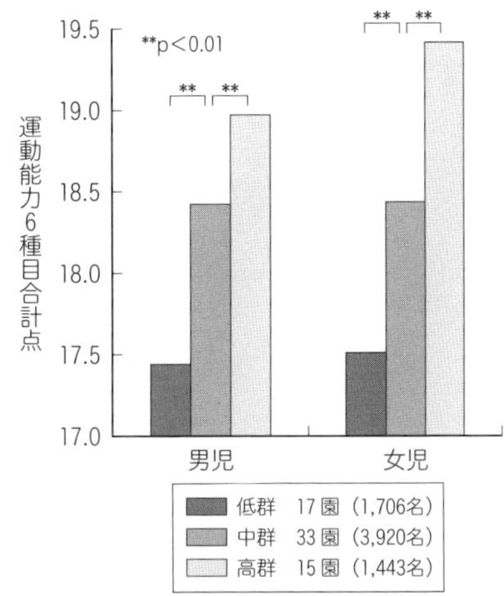

図8－3　遊び志向得点別にみた運動能力の比較

注：園で行われている運動指導を①行う運動の内容，②運動のやり方，③ルールなどの決め方，④目標や課題の4つについて指導者中心か子ども中心かにより5段階で回答を求めた。その合計点を遊び志向得点とし（子ども中心であるほど遊び志向が高い）運動能力を比較したところ，より遊び志向の高い方が子どもの運動能力が高かった。

出所：杉原ほか，2010

（2）動きを引き出す環境を工夫する

広い園庭に出たり遊戯室に行くと，「わ〜」と声をあげて走り出す子がいます。フープを持てば回したり転がしたりするかもしれません。これらは特別な指示をしているわけではありませんが，子どもは自発的に行います。それは子どもにとってやりたくなってしまうような環境があるということです。高さがあればよじ登るし，跳びおりる。モノがあればつかんで，投げたり，蹴ったりする。棒があれば振りまわしたり，何かをたたいたりする。言い換えればそのような環境がなければやらないということです。

指示してやらせても子どもは行います。でもこれは自己決定の要素がなく遊びとはいえません。子どもが主体的に自己決定するためには子どもにとって

「やりたくなる環境」をいかにつくるかが保育者の役割，指導であるといえます。そのために環境をどのように構成するか，教材をどうするかをねらいに即して検討するのです。

また，運動発達の立場を考慮すれば，いろいろな運動パターンの経験が必要です。したがって，目の前の子どもたちの運動パターンの経験をふり返り，経験の少ない運動パターン，経験しにくい運動パターンを引き出すような環境や教材，活動から考え保育に取り入れるという視点も必要といえるでしょう。ポイントは多様な運動パターンの種類とバリエーション（変化）です。

（3）子どもなりの課題を達成し，成功経験を味わえるようにする

子どもなりの課題というのは全員が同じものではなく，それぞれの子どもがもつ個別の課題です。大人は簡単なことをやり遂げてもそれほどの達成感はないかもしれません。しかし，子どもは課題の難しさや他児との比較ではなく，その課題をやり遂げることによって達成感を味わいます。また，この頃の子どもは努力と能力を同じものとみなしているとされます。つまり一生懸命やったことをできたと考えます。したがって，大人基準の課題の困難さは子どもにとって大きな意味をもちません。大人からみたら簡単そうにみえることでもそれを自分なりに終結させることが大切な経験なのです。そのために保育者は子どもなりにがんばる姿を支えることが必要です。

子どもは実際に行ったことの具体的な「効果」が感じられる機会をもつことで達成感が味わえます（ホーン＆ハリス，2008）。そのためには形が変わったり（的になる新聞紙にボールをあてると破けるなど）や音が出たり（たたくと音が鳴るなど），動きでみえたり（他者が同じ動きをするなど）する環境は効果的であるといえます。

（4）ポジティブ（肯定的）なフィードバック（ことばかけ，表情など）を与える

子どもは他者からのことばを「そのまま」額面通りに受け取ります。それにより自分が行ったことを確認して有能感を形成していきます。したがって，他

児との比較で評価するのではなく，それぞれの子どもの課題の達成や完成に伴った評価を与えていくことが大切です。

運動はできる・できないが目に見えて判断されやすいですが，結果やできばえではなく，それぞれの子どもの取り組み（過程）に目を向け，積極的に評価してあげることが重要です。

（5）普段の生活を見直してみる

運動遊びというと，ボールや縄を使った遊びをイメージするかもしれません。もちろんそのような活動も運動遊びですが，運動遊びを限定的に捉えるのではなく，身体活動という広い視点で捉えることも必要です。私たち人間は動かないことはありません。つまり１日中何らかの身体活動をしている，１日中運動をする可能性がたくさんあるということです。

近年，自動化や機械化などにより生活はとても便利になりました。しかしこれにより普段の生活の中では確実に私たちの動きの経験が失われています。階段がエレベーターやエスカレーターになり，水道やドアが自動になり，歩きが自転車や自動車に変わった，などです。普段から階段を使わなければ，年長児になっても手すりを支えに一段ずつ足をそろえなければ降りることができません。これは２歳児にみられるような階段の降り方です。水道やドアが自動であればひねったり押したりをしなくなり，トイレが洋式ならしゃがむこともしなくなります。

子どもの運動能力との関係でいえば，たとえば徒歩通園のみの園はバスなどを使っている園よりも子どもの運動能力が高いことが報告されています（森ほか，2004）。生活にみられる些細なことでも毎日ともなればその積み重ねはとても大きなものになります。普段の生活の中の動きを見直して，それを意図的に経験させるような環境も必要ではないでしょうか。片付け場面でも鬼ごっこと同じくらい多様な運動パターンの経験がみられます（朴，2008）。

立ったまま靴を履いたり脱いだり，重い荷物を運んだり，背もたれにもたれずに姿勢を保って座ることができることも普段の生活の中で身近にあることです。これらはくり返して継続的に取り組むことで身につきます。姿勢を保てないようでは，小学校で学習する態度も養われません。普段の生活を見直すことも子どもの体を育てることになります。日常の活動も含めた広い視野で子どもの運動を捉えること，また生涯にわたって健康な心と体を育てるという見通しをもったかかわりをすることも保育者には必要な専門性といえるでしょう。

3　家庭との連携

子どもの運動は園だけで行われるものではありません。家庭での経験も運動発達には大きく影響してきます。したがって保育者は，家庭での子どもの運動や生活も把握し園での保育を考慮することが必要になります。そのためには保護者（家庭）と連携することもまた子どもの運動遊びを支える保育者の専門性の１つにあげられます。さらに園を取り巻く環境によって子どもの運動経験が異なるため，運動発達に関連する要因を理解することでその方策を考えることも保育者には求められます。

（1）保護者への啓発・連携

保護者のもつ価値と期待が子どもの運動のかかわり方と関係しています（Fredricks & Eccles, 2005）。運動や音楽，学習などさまざまな領域での達成に対する重要性を保護者がどの程度もつかという「価値」と，それぞれの領域における子どもの能力や素質，成功に対する保護者の「期待」という２つの信念が子どもの運動参加に影響しています。すなわち，高い価値を置く領域に対して子どもをより参加させるようにし，成功を期待するのです。したがって，運動することに高い価値をもたない保護者は子どもを運動から遠ざけるようになるでしょう。保護者が子どもの運動，身体活動の重要性を理解すること，このことを伝えていくことも園や保育者の役割といえます。

運動はハードルの高いものではありません。人間は毎日動いています。わざわざ公園に出かけなくても普段の生活の中の動きを見直してみる，意識してみ

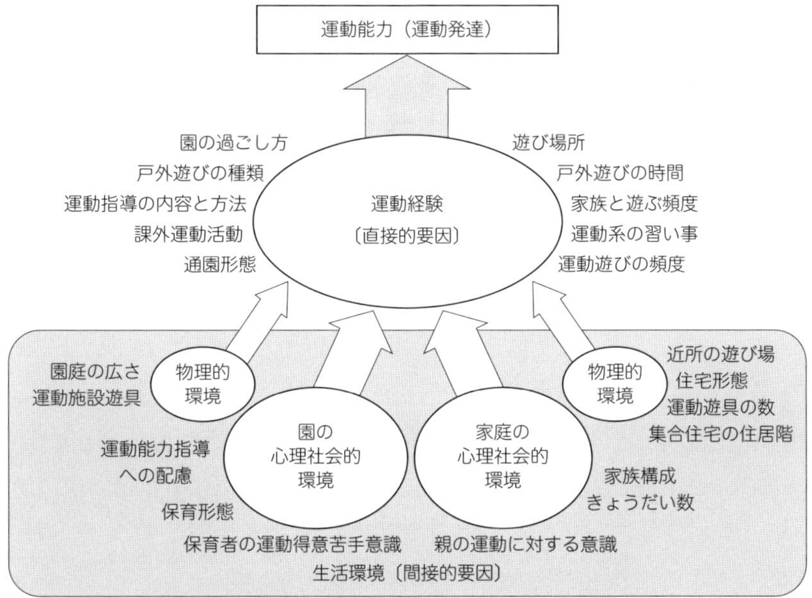

図８－４　運動能力の発達に影響を与える要因と影響の強さ

注：運動能力の発達に関係する要因の影響の相対的な強さを円の大きさと矢印の大きさで表している。
出所：吉田，2014

ると体を動かす機会はあふれています。無理なくまずは身近なところから取り組めるようにするとよいでしょう。子どもにとって親と一緒に遊ぶことは楽しい経験です。楽しいことはまたやりたいと思います。その積み重ねが子どもの運動発達につながるだけでなく親子のコミュニケーションの機会にもなるのです。

（２）運動発達に関連する要因

子どもの運動発達にはさまざまな要因が関係しています。図８－４はこれまでの研究成果から明らかになった園環境と家庭環境の要因を「運動経験」「生活環境」に分けて示したものです。運動発達に直接的にかかわるのは「運動経験」で，体力や運動能力が低下しているのは，遊びや生活習慣の変化による「運動経験」が影響しています。そしてこの運動経験には「生活環境」が関係

表8－1　運動能力の発達に影響を与える要因と運動能力との関係

				←運動能力低い		運動能力高い→
運動経験（直接的要因）		園	園の過ごし方	静か	活発	非常に活発
			戸外遊びの頻度	あまりしない	ふつう	非常によくする
			戸外遊びの種類	少し	わりと多い	非常に多い
			運動指導の目的	態度やルールの順守	体力運動能力の向上	運動を楽しむ
			課外運動活動	運動教室なし		運動教室あり
			保育内の運動指導	4日以上	1-3日	行っていない
			通園形態	電車	自由（電車バス等）	徒歩のみ
		家庭	遊び場所	室内	どちらも同じ位	戸外
			戸外遊びの時間	0～30分	30～60分	60分以上
			家族と遊ぶ頻度	まったくない	少しする	とても かなりよくする
			運動系の習い事	していない		している
			運動遊びの頻度	あまりしない ほとんどしない	ふつう	非常によくする かなりする
生活環境（間接的要因）	物理的環境	園	園庭の広さ	狭い＝広い		普通
			運動施設遊具の数	多い	ふつう	少ない
		家庭	近所の遊び場	ない		ある
			住宅形態	集合住宅		一戸建て
			運動遊具の数	1-5個	6-7個	8-12個
			集合住宅の住居階	低階層（1-5階）		中高層階（6階以上）
	心理社会的環境	園	保育形態	一斉保育	一斉と自由が半々	自由遊び保育
			よく遊ぶ友だちの数	1人 or 2-3人	3-4人	5人以上
			保育者の運動得意苦手意識	苦手	どちらでもない	得意
		家庭	親の運動に対する意識	将来スポーツ選手にさせたくない	どちらでもよい	将来スポーツ選手にさせたい
			家族構成	核家族		三世代以上
			きょうだい数	ひとりっこ	2人	3人以上

出所：杉原ほか，2004；森ほか 2011 より作成

しています。生活環境は直接的には運動発達には影響しませんが，どのような環境に置かれているかによって，子どもの運動経験が影響を受けるのです。表8-1は図8-4で示した要因が運動能力（運動発達）とどのような関係になるかを示したものです。たとえば「園の過ごし方」や「戸外遊びの頻度」は非常に活発であったり非常によくする子どもの方が運動能力は高く，静かに過ごしたり戸外遊びをあまりしない子どもの方が運動能力は低いことが明らかにされています。園が置かれている環境はさまざまです。したがって，これらの要因を区別して捉えることと，園が置かれている地域や環境を考慮して取り組む必要があります。図8-4はこれまでの研究成果から明らかになった園環境と家庭環境の要因を「運動経験」「生活環境」に分けて示したもので，表8-1はこれらの要因が運動能力（運動発達）とどのような関係にあるかを示したものです。

間接的要因である「生活環境」には，物理的環境要因と心理社会的環境要因があります。園庭の広さや住宅環境などの物理的要因は簡単に変えることは難しいかもしれません。しかし，このような要因が子どもの運動発達とどう関係しているかを知ることで，次への手だてを考えることが可能になります。つまり，園児の多くがマンションなど集合住宅中心である園となれば，家庭では外に出にくい環境にあることが考えられます。そのような子どもが多い園では戸外の活動を積極的に行うなどです。

また，これまでの研究から，物理的環境要因と心理社会的環境要因を比較すると，運動発達への影響が大きいのは，心理社会的環境要因であることが明らかにされています（吉田ほか，2004）。物理的な環境はなかなか変えることができないかもしれませんが，親の意識や園の保育方針などの心理社会的環境を変えること，工夫することで，子どもの運動経験が変わる可能性があるのです（前項「保護者への啓発・連携」参照）。子どもの生活は園だけではありません。保護者を巻き込んだ取り組みはとても重要です。園からの発信や保護者への啓発なども保育者の重要な役割であるといえます。

「やってみたい」意欲を引き出すことから運動経験を重ねていく——運動遊びが苦手な幼児の姿から考える

東京学芸大学附属幼稚園　山崎奈美

幼児期の子どもにとって，身体的な動きや運動経験は一人ひとり異なり，年齢が低いほど，その違いが大きく感じられます。身体のつくりそのものが要因となる場合もありますし，身体を動かすよりも他に興味のある遊びがあることによって取り組みの時間が異なる場合もあります。年齢が上がると，周囲が見えてきて，「自分はできる・できない」といった気持ちの面で，身体を動かす遊びを選ぶかどうかに大きくかかわることもあります。そのような違いがある中で，保育者はどの幼児に対しても，身体を動かして遊ぶ楽しさを味わってほしい，身体を動かす経験を重ねてほしいと願っています。では，一人ひとりの違いが大きい幼児期の運動遊びをどのように支えればいいのでしょうか。運動遊びの経験が少なかった幼児の事例を通して述べたいと思います。

カンタはできないことが嫌で，入園以後ずっと運動遊びをしようとしませんでした。5歳児になったある日，フラフープを目にしたカンタに，保育者が腰で回して見せると，それが魅力的に思えたのでしょう。自分で回して遊びはじめました。しかし最初は回せずに，少しやっては止めていました。それでも，毎日遊ぶうちに，回せるようになりました。その日，カンタは母親に「コツをつかんで，回せるようになったんだ！」と話したそうです。

サオリは，コマができず，なかなか遊ぼうとしませんでした。サオリは数回やるうちに，「回らないからやりたくない」と言いました。そこで保育者は軸に紐を掛けられるように輪っかを作ったり，紐を巻く方向をコマに記したりしてサオリを支えたところ，サオリはコマを回せるようになりました。すると俄然，コマ回しがおもしろくなり，さらに長く回そうと手首を使って回したり，的を狙って回すために腰を落としたりするなど，さまざまな身体の動きが見られるようになりました。また，「こまがんばりひょう」

(図）をめあてに，続けて回すことを頑張っています。このように，幼児にとっては，自分なりに取り組む時間や成功体験が，身体を動かすことにはとても大事だということに気づかされます。そのための保育者の援助として，毎日取り組めるような道具の準備や場所，時間の確保が必要です。成功体験を味わえるようなスモールステップや，できないことから自分で抜け出せるような援助も大切です。

また，家庭との連携から，幼児の運動能力が育つこともあります。ゴウは昆虫が好きで，5歳児1学期まではバッタやザリガニなどを世話しながらよく遊んでいました。ある日，ゴウは母親と一緒に，園に隣接するザリガニがいる池に遊びに来たそうで，周辺では小学生が遊んでいました。最初はザリガニ目当てで池に来ていたゴウですが，だんだん小学生が遊ぶ様子に憧れを抱くようになり，木登りに挑戦するようになりました。2月のある日，ビルの2階くらいの高さまでゴウが木に登っているところを目にし，驚きました。登れることはすごいけれども，幼児にしては危険な高さだと思ったからです。そばにいた母親に尋ねると，「うちの子は慎重だから，危ないことはしないので，不安はないんですよ」という返事でした。ゴウは小学生の姿が刺激となって，木に登ってみたいという強い意欲をもつようになりました。母親が見守る中，木登りを通して，足で枝を探したり，手の位置をずらしたりするなど身体の使い方を覚え，結果的に体力や筋力がつき，自信もついたのだと考えられます。

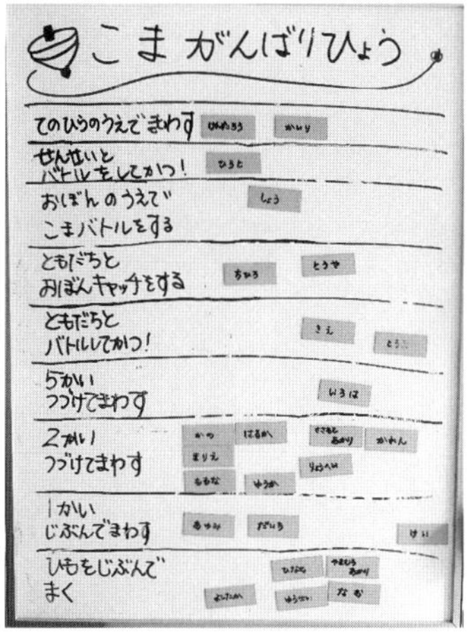

こまがんばり表

幼児期には「やってみたい」という意欲がとても重要です。快感情を伴いながら運動遊びをする過程で，身体の使い方や体力等も備わってきます。一人ひとりの育ちに目を向けつつ，運動遊びに意欲的な気持ちをもてる環境の構成を常に保育者は意識していきたいものです。

第Ⅲ部

子どもの葛藤場面と向き合う

第9章 いざこざ場面にみる保育者の専門性

白石敏行

1 子どもと保育者にとってのいざこざ場面

子ども同士のいざこざは，お互いの思い・願いを表現し，そこに行き違いがあることによって生じます。いざこざ場面は子どもが成長し，社会的世界を広げていく場でもあり，子どもの人とかかわる力の発達においてきわめて重要な役割を果たしています。

他方，保育者の役割は，単にいざこざを解決するだけでなく，いざこざ体験をとおして，子どもに育つことは何かを見きわめ，それを発達の体験として積み重ねられるようにすることです。いざこざ場面における保育者には，意思的で能動的なかかわりが求められることになります。

実際の保育場面での保育者のかかわりは，子どもの発達，個人差，場の状況，行動理解，保育者の子ども観・いざこざ観・保育観に大きく影響されます。また，場面依存性が強く理論化が困難であり，現状では個々の保育者の経験的に蓄積された援助法に依拠している状態です。そのため，経験的な蓄積が少ない保育者養成課程の学生にとって，授業での保育参加や教育実習において，子どもとのかかわりが難しい状況は，子ども同士のいざこざ場面といえそうです。とくに，うまくかかわれなかったときには，自信をなくしてしまうことさえあります。このような子ども同士のいざこざ場面におけるかかわりについては，保育参加後のレポートや教育実習の事後指導でも話し合いの話題の中心となっています。いざこざ場面は，子どもが育つ場面であると同時に，保育者を志す学生が保育者として成長する場面でもあります（白石ほか，2008）。

このように子ども同士のいざこざ場面は，保育において重要であるとよくいわれます。保育者は，日に何度もその場面にかかわっていますから，多くの体験を積み，自分なりのやり方を蓄えています。保育初心者はまずはそのノウハウを学びたいと思っています。しかし，それは単純なものではありません。いざこざの内容が多様なうえに，子ども一人ひとりに合わせるのですから，かかわり方も解決の方法も多岐にわたり，この場合はこうすると単純にいえるものではありません。むしろ，その一つひとつの判断にこそ保育者の専門性があるといえます（友定ほか，2009）。

「いざこざ」の定義はさまざまになされていますが，ここでは，友定ほか（2009）の「2人以上の子どもがいて，誰かが困った状態となっている」を「いざこざ」として捉えることにします。

2　いざこざ場面における子どもの４つの体験

友定ほか（2009）では，３歳児から５歳児クラスの保育者（保育者養成課程の学生を含む）の子ども同士のいざこざ場面における保育記録をもとに，保育者が子どもたちに何を育て，伝えようとしているのかを分析しています。その結果，いざこざ場面では，保育者がかかわることによって子どもたちは図９-１のような４つを体験していると考えられます。

（1）自己回復の体験

いざこざ場面は，子どもたちにとって不本意な場面です。相手と思いが行き違い，つらい思いや悲しい思い，さびしさや怒りなど，否定的な状況に追い込まれます。意に反して，相手を泣かせてしまって，どうしていいかわからなくなったり，混乱することもあります。子どもはそこから立ち直らなければなりません。自分の否定的な感情に引きずられて，ことばで表現できずに，防衛や攻撃というかたちで，身体的な表現をすることも多くあります。保育者がそのような状態を受けとめ，支えることによって，子どもは一歩進んで，自分をコントロールして問題に取り組むことができます。多くの保育者は，子どもが自

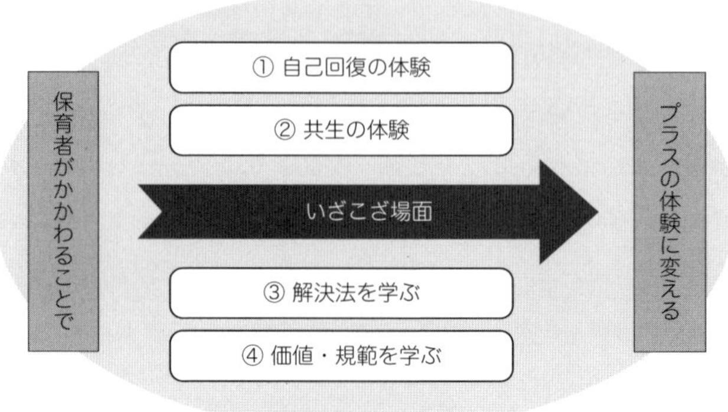

図９－１　いざこざ場面における子どもの４つの体験
出所：友定ほか，2009

身で問題に対処できるように，子どもの気持ちを受けとめ，共感しながら，身体的・心理的基盤を整えることを重視しています。とくに年齢が低い場合は，この自己回復的なかかわりだけで問題が解決することがよくあります。

（2）共生の体験

いざこざ場面で保育者が重視していることは，子どもが自分の思いをことばで表現すること，また相手の表現を受けとめ理解することでしょう。どうしていざこざになったのか，どんな気持ちなのかを表現し，互いに理解しあうことです。この過程は，ことばで表現することの重要さを体験し，コミュニケーションの力を育てる機会になります。

しかし保育者が重視しているのはそれだけでなく，互いにわかりあうことができることやそのうれしさを通して，自分や相手への，ひいては人間そのものへの信頼感を育てることでないかと思います。もう遊ばない，あの人は嫌いだ，自分はだめなんだと終わるのではなく，いざこざになったけれど，話してみたら相手のことがわかった，あるいは自分のことをわかってもらえてうれしかったという体験にしてほしいと保育者は願っているようです。保育者はいざこざには相手に対する関心が根底にあると捉え，子どもたちの思いをつないでいく，すなわち共生の体験になるようにしているといえます。

（３）解決法を学ぶ

保育者は，子どもたちにどうしていざこざになったのか聞いたり，説明したり，解決の方法を示したり，解決について子どもと相談したりします。いざこざの内容は多岐にわたり，また，子どもの状態や解決の条件も多様であり，それによって解決法も多くのバリエーションをもっています。一つひとつの場面の中で，具体的な解決法を子どもは体験していくことになります。

たとえば，モノの取り合い場面での，待つ・譲る・代用・交換・交替などやそのやり方などです。仲間入り場面での仲間に入れる方法も，場所を広げる，役割を増やす，ルールを変えるなどがありますし，入れないときにどうするかということも教えています。このようにさまざまな解決法を体験することによって，解決法のストックをつくるとともに，一つひとつの場面で考えていく力を育てています。いざこざ場面はこの課題解決的思考を育てる場となっているともいえます。3，4歳児では保育者に支えられて，多様な解決法を具体的に体験することによって，5歳児になると，自分たちでいざこざを回避，解消，解決できるようになっていきます。

（４）価値・規範を学ぶ

保育者がいざこざ場面で，子どもに言い聞かせていることがあります。「気持ちはわかるけれど，たたいたのはいけなかったね」とか，「そんなことを言われたら嫌な気持ちになる」などと諭しています。ときには，「ルールを守ることも大事だけれど，相手の気持ちも大事だね」と，少し複雑なものの考え方を教えています。子どもたちも具体的な場面であれば考えることができます。

こうしたことからいざこざ場面は，保育者の願いや思いを伝え，他者の心や身体を傷つけてはいけないこと，譲ることや許すことなど，人と一緒に生活していくための規範（善悪・価値・文化）を伝えていく場になっています。またいざこざの当事者だけでなく，周囲の子どもたちが，保育者がいざこざにどのようにかかわっているのかをみて，ものの捉え方や規範を学ぶ機会となっています。

3　保育者のいざこざへのかかわり

友定ほか（2009）は，保育者によって記述されたいざこざ場面について以下の視点からも分析をしています。

（1）保育者のかかわるきっかけ

保育者は，発生したすべてのいざこざにかかわることはできません。遊びや生活をともにしている場面で起こった，つまり保育者の目の前で起こり，おおよそその原因や経過を把握できるケースは多くはありません。やはり，多いのは子どもが泣いたり，言い争っていることに保育者が気づいてかかわるという場合です。次に多いのが，いざこざの当事者やまわりの子どもが保育者に訴えてきてそれに応じる場合です。

（2）子どもの体験を支える保育者のかかわりの分類

友定ほか（2009）では，記述された保育記録をもとにいざこざ場面における保育者のかかわりを分析し，「気持ちの受けとめ」，「気持ち・要求の代弁」，「状況・原因を尋ねる」など17種類のかかわりを抽出しています。さらに，それらをいざこざ場面における子どもの体験を支えるかかわりとして，表9-1のように4つに分類しています。

（3）子どもの体験を支える保育者のかかわりの割合

図9-2はいざこざ場面における子どもの4つの体験を支える保育者のかかわりの割合を示したものです。

いざこざ場面では，図9-2のように「状況・原因を尋ねる」「状況を子どもに説明する」など一緒に解決法を探すかかわりが全体として多く用いられてい

表９－１　子どもの４つの体験を支える保育者のかかわりの分類

① 自己回復を支える	② 共生の体験を支える
○気持ちの受けとめ （からだで）抱く，背中をさする，手当をする，頭をなでる （ことばで）びっくりしたね，痛かったね，それはいやだったんだね，悔しかったんだね，悲しかったんだね，悪かったと思っているんだね，おいで，こっちへきてごらん ○身体制止 間に入る，止める，引き離す ○認める・ほめる 優しかったね，譲ってくれてありがとう，おにいちゃんだね ○場面切り替え おべんとうにしようか，こっちにおもしろいものがあるよ，あれは何かな ○見守る・待つ （少し様子をみる）	○交渉・話し合いの提案 たたかないでってお口でいってごらん，お話ししてみたら？　どうしてか聞いてごらん，そういうときは「貸して」っていうんだよ，「あとで」って言ってごらん ○気持ち・要求の代弁 嫌だったんだって，悲しかったんだって，痛かったみたい，負けて悔しかったみたい，一緒に遊びたかったんだって，好きなんだって，どうしてもこれがいるんだって ○謝罪の提案 謝ってくる？　先生が代わりに謝ってあげようか？　わざとでなくても謝ろうね ○仲直りの提案 仲直りできるかな，２人で握手，仲よくね
③ 一緒に解決法をさがす	**④ 価値・規範を伝える**
○状況の把握 （保育者が状況を把握する） ○状況・原因を尋ねる どうして泣いているの？　どうしてケンカになっちゃったの？　どうしてたたいちゃったの？　誰かお話しできる人いる？ ○状況を子どもに説明する ２人とも使いたいんだね，知らないで使ってたみたい，ぶつかっちゃったのね，誰も悪くないね，聞こえなかったんだね ○子どもに相談 どうしようか？　こんなときどうしたらいいかしら ○子どもが解決 （子どもが解決策を提案） ○解決策を示唆・提案 広くしてみたら？　お母さんは２人でどうかしら，他にないか探してみよう	○説　諭 （教え諭す） たたいたのはいけなかったね，そんなこと言われたらどう思う？　見ていないのに言ったらどうかしら，ゆっくりお話しする人もいるから待っててあげてね，欲しかったら取ってもいいかな，わざとじゃなくてもそういうときはごめんねって言うんだよ，約束を守るのは大事だね，でも守れないときもあるんだね，譲ってあげる人がやさしい人だよ，人にたたけって言わないの，それはいじわるだよ，心の強い人が我慢できるんだよ ○説　得 （提案を受け入れさせる） ○○ちゃんに貸してあげてね，○○ちゃんは小さい組だから譲って待っててあげてね，○○ちゃんの言う通りにしよう

出所：友定ほか，2009

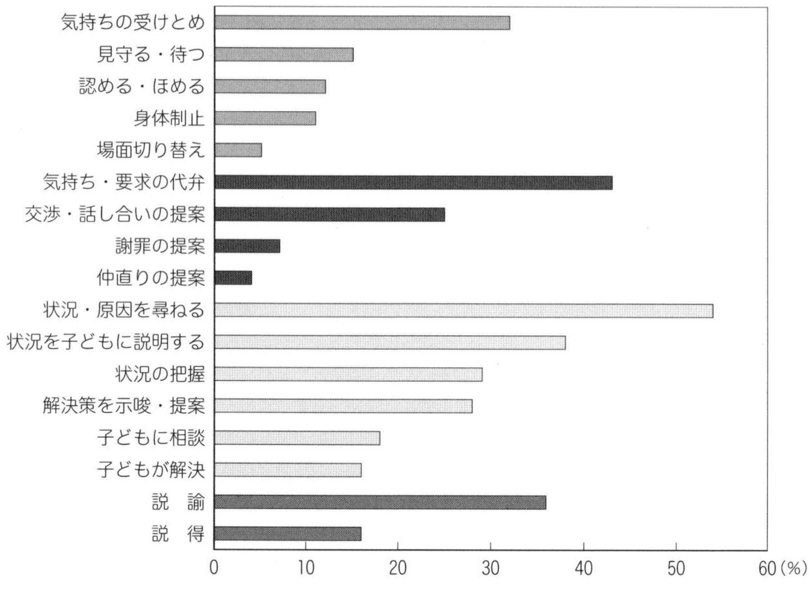

図9－2　子どもの4つの体験を支える保育者のかかわりの割合

出所：友定ほか，2009

ます。共生の体験を支えるものとしては，「気持ち・要求の代弁」，「交渉・話し合いの提案」が多く使われ，自己回復を支えるものとしては「気持ちの受けとめ」，価値や規範を伝えるものでは「説諭」が多く用いられています。

（4）子どもの年齢による保育者のかかわり

17種類のかかわりの中で，子どもの年齢によって違いがみられた保育者のかかわりが，図9－3のように5つありました。「気持ち・要求の代弁」「状況を子どもに説明する」「解決策を示唆・提案」は，3歳児に多く，年齢とともに少なくなっています。3歳児のことばの少なさ，理解力などを保育者が補っている様子がうかがえます。他の年齢と比べ4歳児に多いものに「見守る・待つ」，逆に少ないものに「説得」があります。これは保育者が4歳児にとって困難な状況を自らどのように乗り越えるのかを学ぶ場として捉えているからではないかと考えられます。

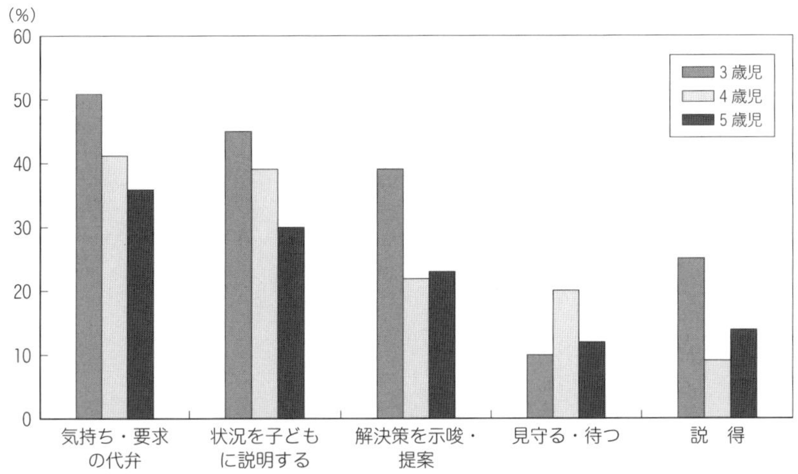

図9-3　子どもの年齢によって違いがみられた保育者のかかわり

出所：友定ほか，2009

図9-4　保育者の経験年数とかかわり

出所：友定ほか，2009

（5）保育者の経験年数とかかわり

友定ほか（2009）では，保育者のかかわりは，図9－4に示したように経験年数によって特徴がありました。保育経験11年以上の経験豊かな保育者はそうでない保育者に比べていざこざに対処するときに多様なかかわりの選択肢を用い，子ども同士の人間関係を拡大させる傾向にあります。一方，保育学生では子どもと行動をともにしている場面でいざこざが生じることが多く，学生自らがいざこざに介入する傾向にあります。

このように経験を重ねるにつれてかかわりが多様になっていき，個人の発達課題に即したものになっていくことがわかります。

4　保育実践における行為レベルの専門性

保育者には，日々の生活の中で，いざこざが一人ひとりの子どもにどのように現象しているのかを見きわめる力が要請されます。その見きわめを絶えず問いながら，具体的に展開される保育場面の中で，その幼児にとって必要な体験を積み重ねることができるようにし，最終的にねらいを達成するという考え方です。このような教育方法をとる場合には，その専門性は，幼児の内面の状態を感受・推察できる能力とともに，その子ども自身がその状態から前進できるように，具体的に働きかけていく能力，必要な体験をつくりだす能力が必要とされています。

保育者の実践的専門性として，大きく幼児理解とかかわりの力があげられます。かかわりは幼児理解を前提に行われるので，どちらかといえば，保育者の専門性は幼児理解の方に重点を置いて述べられることが多くあります。しかし，一方で，保育者がその子どもやその事柄をどう捉えているかが，保育者のことばや行為に現れます。幼児理解と保育行為のずれということも起こる可能性があります。保育者の行為レベルでのかかわりについて省察することは，その幼児理解と保育行為を同時に省察することになります（友定，2010）。

友定（2010）では，保育記録から保育実践における行為レベルの専門性について次の6つをあげています。

（1）個別具体的なかかわり

保育者はその場面にかかわるときに，そこにいる子どもの個性や課題を見てとっています。個人の状況に応じて場面ごとの方向性をもってかかわることができるということが保育者の専門性の1つとしてあげられます。保育者はいつでも，この場合にどうかかわるかという具体的な思考が求められるのであり，一人ひとりの子どもの状況や課題にまで問題を個別化して判断しなければなりません。

（2）レジリエンスを支える

レジリエンスとは，「逆境から立ち直る力」です。子どもはいざこざの中で「逆境」に立たされます。この場面において，どの子どもも否定的な状況にあります。保育者はその子どもが立ち直れるように，気持ちを受けとめながらゆっくり話を聞いたり，励ましたりしつつ，子どもが保育者に理解されたという思いをもつように努める必要があります。そうしなければ，子どもは自分たちの問題に立ち向かうことはできません。子どもが問題に向かい合うために，子どもはまず受け入れられる必要があります。保育者には子どもの否定的感情を受けとめる能力が必要です。

（3）ゆっくり聞く・考えることを助ける

保育者にとって，「聞く」ことは最大の援助方法です。聞くにもいろいろありますが，子どもと一緒に問題を考えるというスタンスがカギとなります。子どもが問題を考えるのを支えるのであり，保育者が問題を解決するために聞くのではありません。聞かれることに対して，話すように仕向けていますが，これは子どもが自分で「考える」ことを援助しているともいえます。子どもと一緒に考えるときには，子どもの言うことを批判しないで，ゆっくりと聞きます。子どものテンポにそいながら，子どもの思いをことばに変えていくことによって，子ども自身が表現できないでいる気持ちに行きあたることもあります。このように子どもが話していることを聞くだけでなく，子どもが十分に話せないことを聞く力が必要です。さらに，子どもがその場面に即して考えられるように，具体的なことばを丁寧に重ねていき，子ども自身が気づかない気持ちについても感知していく力も必要です。

（4）話すこと・対話の援助

幼児はことばが足りずに，いざこざになってしまうことが多くあります。ことばの習得期特有の問題でもあります。また，他者との応答についても学習の途上にあります。それぞれの子どもに自分の気持ちをことばで表現することや相手の思いを聞きながら，一緒に考えていくことが重要です。このように子どもが心と身体のレベルで納得していけるように援助することが必要です。

（5）遊びが壊れないように援助する

関係が修復されたあとも保育者は遊びが安定するまで援助します。それは，遊びをリードするのではなく，子どもの思いが実現し，遊びが壊れないようにする援助です。

（6）保育者が問題を捉える

問題を解決するのは子どもですが，そうできるように支えるためには，保育者が個々の場面において一人ひとりの特性を捉える必要があります。その場面の捉えが間違っていれば，子どもにとって意味のないかかわりになっていきます。いざこざ場面では，子どもは怒りや泣きのなかで自分を見失ってしまったり，自分の気持ちを表現することばを知らなかったりもします。また遊びが再開されてもしばらくは不安定であったりもします。これはいざこざが個人の特性だけに解消されないからと思います。

＊

保育のさまざまな場面において子ども同士のいざこざは生じています。そこで子どもはいろいろなことを体験することになります。そこに保育者がかかわることによって子どもにとって意味のある体験に変えていくことができます。そのためには，保育者が子ども一人ひとりの状況や課題を把握するとともに，子どもが課題に対峙する礎となる保育者との信頼関係が重要となります。

いざこざ場面の発達的変化と保育者の対応のあり方

立花愛の園幼稚園　濱名　浩

保育現場では，実に多くのいざこざが見られます。核家族化やひとり親家庭の増加，兄弟数の減少などにより，急速に人とのつながりが希薄になりつつある現代社会において，いざこざは子どもの成長に必要不可欠なものといえます。

しかし保育者がその対応法を誤ると，成長の糧どころか健全な成長を阻むことにもなりかねず，いざこざの対応には保育者の理解や専門性が大きく問われているといえます。では，その専門性とは何でしょう？　それは，発達によるいざこざの特徴を把握し，育ちに向けて援助することです。年齢で見ると，3歳児は物の取り合いや言葉よりも先に手が出てしまうなどの特徴が多くを占めます。4歳児は自己顕示欲が強く現れる年齢で，自分の主張を相手に押し付けることに起因するいざこざが多くみられます。5歳児になると周囲の状況や他者の気持ちも理解できるようになるため，善悪の判断にもとづくことや，ルールを守る・守らない等による論理的な考えによるぶつかり合いが多くなります。

それぞれの発達に応じて保育者は，子どもに身につけてもらいたいねらいや見通しをもって援助する必要性があります。3歳児では双方の子どもの思いを汲み取ってことばを架橋する援助を行い，自分の思いをしっかり主張できるようにし，相手が存在し思いがあることに気づかせていきます。4歳児では力関係で強い立場にある子に押し負かされ，嫌なことも言えず我慢することも見られます。実はこの4歳頃のいざこざの対応は難しく，思いが主張できないまま放置されると強い弱いという力関係が固定化し，いじめのようになるのです。どんな相手であっ

ても自分の思いを自分のことばできちんと相手に主張できるよう援助することが重要です。5歳児は協同的な遊びや活動も多くなり，1対1の関係から1対多，多対多という人間関係の広がりの中で自己主張をすり合わせながら折り合いをつけ，相手に自己の想いや考えを説得的に伝えられるような論理的に表現する力も培っていかねばなりません。いわゆるレジリエンスと呼ばれる『しなやかな対応力』を備えていけるよう，相手を受け止め，自分の中で咀嚼し，考え方に柔軟性をもたせ，困難と思えることも対応し，乗り越えられるような経験を経て，知恵に転化させていくことが重要であるといえます。保育者が表面的な仲直りを押しつけ，子どもに考えさせず指示に従わせることだけに終始すると，いざこざからの学びが生じず，レジリエンスの獲得もなくなり，せっかくの貴重な経験を摘んでしまうことになります。

ここで，いざこざを自己表現するための好機と捉え，「伝え合う力」を育むための保育のあり方を考えていきます。たとえば，モノの取りあいから，ある子が相手を叩き，叩かれた子が泣いてしまったとします。この時，保育者は叩いた子を一方的に叱ったり謝らせたりすることはしません。まず，保育者は双方からの話や思いを聞き出し，叩かれてどんな気持ちがしたのか，どんな気持ちで叩いたのか，お互いが思いを伝え合い理解できるように話を深めていきます。なかなか自己表現ができにくい子には「一緒に言ってあげようか」と保育者と声を揃えて「叩かれて，嫌やった」と段々声を大きくしながら，相手に届くようにしていきます。そのうち，気持ちを大きな声で発することに慣れていくと，最後は自分で言えるようになっていきます。叩いた方も，そこで初めて相手がどんな気持ちだったのか，自分のしたことの大きさに気づくことも少なくありません。このような経験を重ねることでいざこざが双方にとって貴重な感情体験となり，相手と一緒に解決する方法を学ぶ機会となっていくのです。

子どもはいざこざ場面で葛藤しながら，自分の思いや考えを伝えていく経験を積み重ねることで，人と向き合うことの難しさやつらさを乗り越える力が培われていきます。いざこざを好機として，子どもの心の育ちを導いていくのが保育者の専門性ということになるでしょう。

第10章 片付け場面にみる保育者の専門性

平野麻衣子

1　子どもと保育者のあり方が問われる片付け場面

近年，保育学研究において片付け場面における保育者や子どものあり方に視点をあてた研究が増えてきています。たとえば，片付け場面における子どもの行動や保育者の働きかけを分析する永瀬・倉持（2011，2013）の研究や，片付けを集団生活における責任の共有と分配と捉える橋本・戸田（2012a, b）の研究があります。また，保育者の側から片付けを捉えた研究では，片付けを進めたい保育者の意図と遊びを続けたい子どもの気持ちの間での葛藤や，片付けというさまざまな状況に対する保育者の即興的な判断を実践知として抽出すること（秋田ほか，2014）に注目が集まっています。

一方，子どもの側から見ると，片付けは園生活の流れにしたがって子どもがもっと遊びたい気持ちを押さえて公的な生活の流れに従う場面（秋田ほか，2013）と捉えられ，子どもにとって嫌なものという負の気持ちや生活習慣を受け入れていく子どものあり方に焦点があてられています。

しかしながら，筆者は実際に片付け場面における子どもの姿を分析していくことによって，子どもが楽しんでいた遊びを自ら終わりにしていく姿やそれまで手にして遊んでいた「私」の物を丁寧に「私たち」の物へと戻していく姿を明らかにしてきました。つまり，片付け場面は，子どもが遊びを中心とする「私」の世界から次第にみんなの活動を中心とする「私たちの世界」へと目を向け，双方の調整をしながら自分の存在を築いていく過程として捉えることができ，子どもの中に両側面を育む保育内容があることを示してきました（平野，2014）。それは，子どもにとって揺らぎや折り合いの経験を含む意義ある育ちの過程といえます。

本章では，子どもにとっての片付けの意義を踏まえつつ，育ちの過程を支える保育者の援助について分析していきたいと考えます。

2　片付け場面における保育者の両義性

ここでは，片付け場面におけるケイ（3年保育3歳児・男児）に対する担任保育者（A・B）の援助を事例分析します。観察および保育者インタビューより記述した事例の中で，本章では，保育者が葛藤をかかえる5事例を取りあげます。分析の視点は，鯨岡（1998）の「保育の場における両義性」の視点，鯨岡のことばを借りると，「子どもの思いに根差すさまざまな動きを保育者側が「認め・支えて」いく方向と，大人のめざすところを子どもに「導き・教えて」いく方向との二面性があり，この二面が対立・矛盾することが少なくない」という両義性の視点から分析します。本章で着目する片付け場面は，保育者にとって幼児の遊び（「私」）を認め・支えると同時に，片付け（「私たち」）へ導くという両義的な葛藤場面であるといえます。保育者はそのような本質的矛盾を抱えた片付け場面において，どのような葛藤を抱き，維持しながら援助を行っているのでしょうか。具体的に探っていきたいと思います。

3　保育者の援助と葛藤——事例分析より

（1）ケイの「私」を共感的に認める中での葛藤

〈事例1〉　片付けで逃げ出すケイ（4月20日）

入園当初から，「片付け」と言うと，必ず「いやだー」と泣いて嫌がっていたケイ。4月のある日，ケイは汽車の遊びをしていた。A保育者が「そろそろお片付けにしようかー」と声をかけると，すぐに「いやだー」と言って部屋からいなくなる。部屋から出て行った後は，年長組の保育室や廊下など，いろいろな場所を探索。その場その場にある魅力的なものや新たな楽しみを見つけることで遊び足りない気持ちをケイなりに消化しようとしている様子だった。担任はもちろん，他学年の保育者もそんなケイを無理やり連れ戻すようなことはせずに，「あら，遊びに来たのね」と言って温かく見守っていた。部屋の片付けが終盤になり，集まりの前にA保育者が声をかけにいく。「おやつを食べるよ」と言うと，うれしそうに部屋に戻る。

片付けの時間になると，必ずと言っていいほど「いやだ」と言うケイに対し，ケイのことばの意味を探ろうとする保育者の姿がありました。「ケイくんは，初めからいろいろなところ，たとえばお庭，廊下，他学年のクラスのお部屋まで行って遊んでいたから，遊べていると思っていた」と言う保育者のことばにあるように，自分からさまざまな遊びにかかわっているにもかかわらず，片付けになると「いやだ」というケイの姿の食い違いを不思議に思い，わからないという葛藤をかかえていたといえます。

2人の保育者は，このケイのことばの意味を考え，ケイについて理解していこうとしました。片付けないケイに対し，「片付けなさい」と言うわけでもなく，片付けさせるための方略を考えるわけでもなく，ケイの「私」について，共感的に理解する営みをはじめたといえます。そして，「いろいろ見つけているけれど，遊びが転々としてしまって続かないな，とも思っていた。だから，片付けになると「まだまだ」って言って泣いて嫌がって大騒ぎになるのかな」とも考えるようになった保育者たちは，ケイの好きな遊び探しから援助することに決めます。

このように，保育者同士がその日のケイの姿を報告し，援助をふり返るとともに，保育者間でケイ理解を共有していくプロセスがありました。その理解には，片付け場面だけではなく，園生活のさまざまな場面でのケイの姿から総合的に理解しようとする特徴が見られました。

さらに注目すべき点は，他学年の保育者も同じ価値観で見守っていたことです。入園したての3歳児ということもあり，ケイが「私」を出しながら過ごす姿を同様に共感的に見守る保育観が保育者間で共有されていたと考えられます。

〈事例2〉 たこ焼き100個でおしまいに（4月26日）

保育室前の砂場で，たこ焼きがつくれる型抜きを使って遊んでいたケイ。砂を型に入れて，引っくり返してはきれいなたこ焼きの形に抜けることをくり返し楽しんでいた。片付けになり，B保育者が「もうお片付けなんだけど，たこ焼き，あと何個つくったらおしまいにできる？」と聞くと，「あと，100個」と答えるケイ。B保育者は，少し躊躇するものの，「じゃ100個つくろう」と答える。すると，ケイはすばやく型抜きをし，たこ焼きをつくりはじめた。一度に6個ずつできる型抜きをベンチの上で3，4回くり返すケイ。ベンチの上にできあがったたこ焼きを食べる真似をするB保育者。「ごちそうさまでしたー」と言ってベンチを傾け，砂を流す。すると，再び，たこ焼きを作るケイ。同様のやりとりが3回程，くり返された。その後，突然，ケイが使っていたたこ焼きの型抜きを自らかごにポンと戻す。「すごい，片付けできたね」とB保育者が驚き，喜ぶ様子にケイもニッコリ笑う。

「もう片付け」という状況において「あと何個つくったらおしまいにできる？」と聞く保育者の声かけからは，「片付け」という声かけで急に時間が切り替わるのではなく，遊びの世界から緩やかに移行していく片付けの捉えがあり，子どもに自分で遊びを終わりにしてほしい願いがあったことが読み取れます。

しかし，自分がそう聞いたばっかりに，実際に「100個つくる」という思わぬ要求を言われると，躊躇し，葛藤する保育者の姿が確認できます。「本当に終わりにできる？」「もしかして大人の反応を試しているだけかもしれない？」との思いも浮かんでくると同時に，ケイの言う「100個」に自分が付き合えるだけの心の余裕や物理的な時間がない場合もあるでしょう。また，ケイ一人の遊びに付き合うことで，他の子どもの遊びや片付けの見取りを損なう可能性や全体としての片付けが遅れてしまうことも考えられます。

そうしたさまざまな状況から生じる葛藤の中，この保育者はケイの「100個」に付き合うことを選択します。その背景には，「これまで，とくに片付け場面でやりとりをしようとしても，取りつく島もない様子のケイだっただけに，穏やかにやりとりできるチャンスかもしれない」と感じた保育者の思いがありました。それは，園生活における安心感が芽生えつつある一方で好きな遊び探しは課題であるというケイ理解があったとともに，保育者自身，面白いことを言い出すケイに純粋に魅かれ，具体的なケイの楽しみを「知りたい・感じたい」と思う気持ちがあったからなのではないかと考えられます。

この時，保育者は，ケイに付き合うことを手段としてケイに片付けをさせようと思っていたわけではないといえます。それは「驚いた」保育者の姿や「私（保育者）がケイの遊びを認め，寄り添うことでケイは遊びを満足感とともに終えることができたのではないか」というふり返りのことばから読み取ることができます。つまり，保育者は「片付けができた」事実に着目しているのではなく，ケイが自分で遊びを終わりにできた心情の変化に着目し，その瞬間を共有できたことに喜びを感じていると捉えられます。

「私たち」の世界の始まりである「片付け」が，ケイにとっていやなものとして捉えられることが多かったこの時期，保育者はケイの「私」だけを共感的に認め，支えていたわけではありませんでした。みんなの活動に，無理やり参加させることはしないものの，必ずその情報（「今日は○○ダンスするよ」等）を伝えたり，みんなと過ごす時間の中でのケイなりの楽しみ方を認め，またケイの好きなものに合わせたかたちでの活動の展開を考えたりしていました。

つまり，子どもの「私」と「私たち」のどちらか一方を切り捨てることなく，つねにその両方の世界を提示し，保育者とともにその楽しさを感じられるような援助が展開されていたといえます。

（2）「私たち」を提示する際の葛藤

〈事例３〉　泣き続けるケイと寄り添う保育者（６月６日）

遊戯室で年長組と一緒にホッケーをして遊んでいたケイ。年長組の遊んでいる脇で動きを真似てみたり，応援をしたりして楽しんでいた。みんなの活動が始まるため，年長組が片付けになり，年長児たちは次々に遊びを終わりにして，片付けをし，自分の保育室に戻っていった。年少組ももう少しで片付けはじめようとしていたこともあり，また，遊びの場であった遊戯室も引き続いて使えなかったことから，ケイも遊びを終わりにしなくてはならなかった。担任のA保育者がそのことを伝えると，ケイは大泣きをし，抱きかかえられながら部屋に戻る。

部屋でも片付けをしている中，泣いているケイを抱きかかえるA保育者。「ケイくん，お兄ちゃんたちのお部屋はお片付けでお話はじまる時間だから，しょうがないよ，そういうこともあるのよ」「でも，遊びたかった～」と言うケイ。その気持ちをなだめながら「パパだって，会社に行って，お仕事の時間，ご飯を食べる時間って両方あるでしょ。だから，幼稚園でも」と話をするA保育者。それでも，まだ泣き続けるケイ。その様子に心配した子どもたちが「どうしたの？」と寄ってくる。「まだね，お兄ちゃんたちのお部屋で遊びたかったんだけど，もう遊べないんだ」とケイの気持ちを代弁する。A保育者はケイをかかえながらも，周りの子どもたちにできる片付けをことばで促す。しかし，（入園してから2か月ということもあってか）子どもたちは泣いているケイとかかえているA保育者の様子を見たり，片付けといっても何をどうしたらいいかわからずに立ち止まったりしている様子であった。しばらくして，一度泣きやんだケイだが，部屋から出ていこうとしたところをA保育者に止められ，再び泣く。再び，A保育者がかかえ，気持ちをなだめる。

そこへ，B保育者が園庭から戻り，「重たいなぁー誰かー手伝ってくれないかなー？」と問いかけると，子どもたちが「はーい」と言って手伝い，室内の片付けが再開する。結局，片付けのほとんどの時間（約15分）をケイはA保育者にかかえられ泣きながら過ごしていた。部屋の片付けがすんでも「いやだ，まだ遊びたーい」と言うケイ。A保育者と一緒に年長組の部屋を見にいき，年長児がみんなの活動をしている様子をともに見て，しぶしぶ部屋に戻る。

この事例はまさに，まだ遊びたい子どもと片付けを進めたい保育者との対立における葛藤を表しています。この場合，A保育者の意図としてというより，異年齢でともに遊んでいた状況としてそうせざるを得なかったことが大きく関係しています。しかし，このような一保育者の意図だけでは折り合えない状況や場面は保育実践にはよくあることと考えられます。この状況をＡ保育者はケイに「私たち」の世界を提示していくチャンスと捉えます。その背後には「これまでは，どちらかというとケイの世界を大事にしてきた結果，ケイの思い通りに事が進むことが多かったので，もうそろそろ周りに目を向け，ケイだけの世界ではなくみんなの世界もあるのだ，そのつながりをケイに知らせていってもいいのではないか，と思って話していた」と語るケイ理解があったからだといえます。このように，片付け場面において保育者は子どもの「私」と「私たち」双方の育ちを期待し意図するため，子どもとの間で葛藤をかかえることになるといえます。事例から読み取れるように，保育者は一方で自身の声かけや行動を起こしながら，同時進行的にケイの気持ちの機微を理解する営みをしており，そこに正負の感情が織り交ざっています。また，ケイとＡ保育者の抱きかかえ―抱きかかえられる身体を通して，感情・情動を伝え合っている様子が伝わってきます。

子どもに片付け（「私たち」の世界）を提示する際，保育者は直接的，明示的に提示するのではなく，また保育者の提示によってそれに従わなくてはならないといった権威的な提示をするのでもなく，提示した片付けに対して子どもが自分で納得して入っていくことを期待するといえます。だからこそ，子どもの気持ちに寄り添うかたちでの提案や子どもの腑に落ちるまでのプロセスを辛抱強く待つ姿勢が必要とされるのだと考えられます。

この間，周りでは片付けが進んでおり，Ａ保育者もことばでできる限りの促しはしますが，それだけでは動けない３歳児クラス６月の子どもたちに対するジレンマも感じており，それでもケイをほうっておけない思いにも引き裂かれています。そうしたＡ保育者一人の葛藤や子どもと向き合いかかえる場面を補うのが，保育者の協働性であったと考えられます。Ｂ保育者は，「いつもは，私の担当する遊びや場の方が片付けはじめるのが遅くなってしまうことが多いのに，今日の片付け直前に室内に物を取りに行ったとき，様子がいつもとは違ったので，少し早めに園庭から帰ってきた」と言います。そして，停滞していた室内の片付けを子どもの気持ちを引き出しながら積極的に進めていく姿が見られました。このように，保育者同士があうんの呼吸で片付けを協働的に進めていくことで，一人ひとりの子どもの「私」と「私たち」の折り合いに寄り添うことが可能になるのではないかと考えられます。

（3）ケイの「私」理解を揺るがす葛藤

〈事例 4〉　わかっているけど遊びたい滑り台（10 月 20 日）

「片付け」と言われるとテラスに出て，外靴を履こうとするケイの姿があった。それを見たＢ保育者が「ううん，ケイくん，お片付けになって外に行くのはおかしいよ。遊んでいたところを片付けしよう」と声をかける。すると，泣き出すケイ。Ｂ保育者「ケイくんならもうわかっているはずだよ。先生はケイくんならできると思う」。それでも，泣きやまず思いを出し続けるケイ。それを見たＡ保育者が「ケイくんはどうしたかったの？」と聞くと「ケイ，滑り台したかった」と一言。Ａ保育者「うん，でもさ，片付けてみんなで楽しいことしようと思っているんだけど，それもわかるよね」と言うとケイも頷く。「でも，どうしてもやりたい」と粘るケイ。Ａ保育者が「じゃ，ちょっとだけね」と言うと，ケイは「いいの？」といった顔つきで，でも嬉しそうに滑り台に向かう。少し楽しんだ後，Ａ保育者が迎えにいき「あとどれくらいで帰れる？」と聞くと「あと一回」と言って自分で部屋に戻ってくる。

この事例は，保育者の予想に反して「私」を主張するケイと保育者の願い（育ちの見通し）との間に葛藤が見られます。保育者は，運動会後，自分の遊びだけではなく「私たち」世界の楽しさを感じられるようになったことをケイの育ちとして共通理解し，みんなと一緒が楽しいからこそ片付けへの意欲も高まるはずであろうとの予想を立てていました。保育者は，このように子どもの育ちをプロセスとして捉え，この先の育ちの見通しを立てていきます。

しかし，保育者が見通しをもつことは，保育者側がその見通しのフレームでもって，子どもの姿を捉えるともいえ，だからこそ，目の前の子どもの姿が異なる場合に葛藤が生まれると考えられます。経験の積み重ねとしての子どもの育ちと目の前の子どもをまるごと理解することとの間で揺れる保育者の葛藤は，切り取った場面のビデオ分析をすることでは得られない，継続した実際の援助を観察し，分析するからこそ読み取れる保育者の葛藤の内容ともいえます。

葛藤の中で，保育者は，自分のケイの育ちについての理解が適切だったのかを見直すと同時に，今目の前にいるケイの思いに真摯に向き合い，理解しようとします。どんなに停滞しているように見える否定的な姿であったとしても，その存在を肯定し，そのうえで，ケイの身になってケイの見ている世界をともに見ようとしながらケイの思いを探ろうと試みています。このように子どもの存在をつねに肯定的に捉え，尊重し，信頼しながら子どもの「私」を理解していく援助は，自分の存在を築いていく３歳児にとってとくに重要であると考えられます。

また，子どもの「私」理解にもとづきながら，どのように認め・寄り添うか，保育者の意図をどのように伝えていくかを子どもとかかわりながら判断していく保育者の援助における葛藤も見られます。結果的に，Ａ保育者は自分の意図をケイに受け入れさせるのではなく，子どもの「私」を肯定し，思いを受け入れることで，ケイが自ら保育者の意図する「私たち」に向かっていく姿を信頼し，期待して，待つ選択をします。

両保育者の援助には，「私」の受け止め方・「私たち」の提示の仕方に差異がみられ，それは保育者の技術や経験の違いでもありますが，ケイと各保育者の関係性によるところが大きいのではないかと考えられます。この差異は，ケイにとって「私」の存在を多様に認めてくれる他者がいることに気づき，さまざまに「私たち」の世界に誘われるアプローチの幅につながっています。

また，双方の保育者にとっては，自身のケイ理解や援助を冷静に捉え直す機会となっています。Ａ保育者はＢ保育者のケイに対する援助の様子を見て「あれ？　何か違うぞ……」と思い，思わずその場で介入しています。Ｂ保育者はＡ保育者とケイとのやりとりを見て，自身のかかわりについて「焦りすぎていたかもしれない」と後に振り返っています。

保育者が子どもの両義的な育ちを意図し，自らの両義的な行為を自覚しつつ，やりとりを維持していくには，自分の葛藤を時に冷静に捉えたり，行為を省察したりできる保育者間の協働性が欠かせないものではないかと考えられます。

（4）子ども同士の間で顕在化する「私」と「私たち」をめぐる葛藤

〈事例5〉 落ち葉をめぐる友だちとの衝突（11月29日）

この頃，園庭の落ち葉をカートに集め，色紙で作った芋を入れて楽しむ焼き芋ごっこがケイのお気に入りの遊びだった。片付けになると「どうしても落ち葉を取っておいてお弁当の後に続きがしたい」と言うので「お弁当の後までね」という約束で倉庫の中に特別に取っておくことにした。しかし，お弁当の後にはケイは落ち葉のことなどすっかり忘れて違う遊びをしていた。そんなやりとりが主にB保育者との間で数日くり返された後の出来事である。

その日もまた，カートに落ち葉を集めて遊んでいたケイ。片付けになり，部屋で遊んでいたユウが，保育者よりも先に「片付けだよ」と伝えにいく。しかし，ユウの話にまったく耳を貸さないケイ。その様子に怒ったユウも強引にケイのカートをもっていこうとしてけんかになる。B保育者が話を聞きにいくと，「だって片付けなのに片付けしないんだもん」とユウ。ユウの言い方もきつく，ケイもへそを曲げていた。B保育者は，「ユウくんの言っていることもわかる，けれど，言い方があるかもしれないね。責めるような言い方をしてもケイくんは片付けようと思えないし，先生は，ケイくんなら片付けて帰ってこれるって信じて待っていてあげたらどうかなって思うよ」と言うと，それを聞いたユウが「ケイくん，信じて待っているからね～」と言ってテラスに戻ってくる。B保育者は一度部屋に戻るが，ユウは，テラスでケイの様子をじっと見ている。他の子，メイやナオも一緒に見守り，途中「信じて待っているからね～」とケイに声をかけている。見られているケイも意識している様子で，いつもなら取っておきたいと言うはずのカートの中の落ち葉を戻し，使っていた長シャベルをカートに乗せて砂場の道具置き場まで運んだ。それを見ていた3人が「ケイくん，やっているね」とうれしそうに言う。そして，空っぽになったカートをカート置き場に置きに行くのかと思って見ていたら，ケイがカート置き場を通り過ぎて山の方まで行くので，

「あれれ？」という疑問顔になるユウたち。「ケイくーん」と言いかけたそのときに，すかさずＢ保育者が「待って，見ててあげよう」と言って見守ると，ケイは山の裏を回って，落ちているバケツやスコップをカートに集めている。「そうか，ケイくん，遊んでいるんじゃなくて，自分が使ってないものも片付けようとしているんだね」と言うと，納得顔の３人。園庭じゅうのものを片付けて，すがすがしい表情で帰ってきたケイに「ちゃんと（片付けて）帰ってこれたね」とユウが声をかける。

まず，落葉を「取っておく」という前半部分では，ケイの「私」をどのように認めようかというＢ保育者の葛藤が見られます。Ｂ保育者とケイ，２人の間でのやりとりが増え，親密さが高まることは，信頼関係を築く反面，２者間の関係をカプセル化してしまう危険性もありました。つまり，保育者としてケイとの関係が深まれば深まるほど，ケイの「私」に寄り添い「私たち」との境界線が見えにくくなるというジレンマが生じていたともいえます。

そこに顕在化したのが，「私たち」をはっきりと主張するユウとの衝突でした。「片付けなのに片付けない」ケイを批判するユウの意見はある意味正しいものです。しかし，このときＢ保育者を支えていた思いは，あらかじめあるべき規範としての片付けを子どもたちに理解させ実行させたいわけではないという思いであり，だからこそ両者に対してどちらが「良い」「悪い」と明言するのではなく，それぞれの思いに共感するという対応をとったのではないかといえます。

保育者は，２人を対等に捉え，その気持ちに共感することによって間接的に相手の気持ちに気づけるよう声かけをしています。その基盤には，ケイとユウ，それぞれの「私」と「私たち」にもとづく理解があり，理解に対する保育者の願いも込められていたと考えられます。

４　片付け場面における保育者の専門性

これまでケイに対する保育者の援助を分析してきましたが，片付け場面において，保育者は，子どもの遊びの世界（「私」）を認め・支えながら，同時に片付け（「私たち」世界）へと導くという，両義的な営みをくり返していました。

保育者はケイの片付けない行為に対して，片付けさせるための方略を考える前に，ケイの片付けない理由を探り，ケイの「私」を理解しようとしていきました。その理解の仕方は，片付け場面だけではなく，生活のあらゆる場面での姿とつなげて考え，総合的に理解しようとする過程として捉えられました。それは，片付け場面を単なる隙間的な時間と捉えるのではなく，むしろ園生活全般につながり，その子どもの存在のありようにかかわる大事な場面として捉えているからではないか，と考えられました。

しかし，子どもの「私」も「私たち」も固定的ではなく，一方向的に育んでいくとは限らないため，つねに目の前の子どもの理解の見直し・再構築が求められていました。保育者自身，実際に子どもとかかわりながら即興的な判断をしていく状況において，つねに自身の省察を内に含みつつ，子どもの「私」と「私たち」を理解し，支える両義性において葛藤をかかえていたといえます。

そのような葛藤に対し，保育者はどちらか一方を選択することで乗り越えたり，諦めたりするのではなく，葛藤に耐えながら思考し，行為を選択し，省察するという一連の働きかけを紡ぎだしていく様相が見られました。子どもと保育者が主体的に思いを映し合い，互いの気持ちの機微を感じとりながら折衝をくり返す片付け過程は，情動を含み，心的負担も大きいものといえます。

しかし，保育者同士で互いの状況を想像し，補い合い，支え合うことで状況を変換させ，また自らの子ども理解や援助について省察できるゆとりや子どもとともに楽しむ遊び心をもって維持していく営みが明らかになりました。その積み重ねは，子どもの経験や存在の確立へつながっていくものと捉えられ，ここに子どもの両義的な育ちを支えていく保育者の専門性が見られるのではないかと考えられます。

「子どもの生活」を通して育む片付け

福山平成大学（元 広島大学附属三原幼稚園副園長） 池田明子

年中組のカナちゃんはとても天真爛漫で，遊ぶときにはとても楽しそうなのですが，いざ「片付け」となると，「いやだあ！ 私はまだ遊びたいの！」と泣き叫ぶ姿が見られました。保育者はその都度カナちゃんの思いも受けとめながら，周囲の情況に気づくことばがけを積み重ねてきました。そんなカナちゃんが年長児となり，卒園間際のある日，片付けをしながら「私はね，大きい組になれたのはどうしてかっというとね，我慢できるようになったんよ」とつぶやいたのです。カナちゃん自身が自分の成長を感じることができるようになったことは本当に素晴らしいことです。しかし，このようなことをつぶやけるようになったのは，その都度かかわってきた保育者のことばがけや温かいまなざしや粘り強くかかわる姿勢に支えられてきたからだと思います。

それから2年後，保育者が2年生の授業参観に行ったときのことです。ちょうどそのクラスにはカナちゃんがいました。周囲の情況をきちんと感じとって行動している姿を見て，保育者はカナちゃんの成長をしみじみと喜びました。

このように子どもの成長を長いスパンで見ると，保育者の援助をコツコツと積み上げていくその大切さをたしかに感じることができます。しかし実際に日々の保育場面では，先の事例にあげられているケイをめぐる保育者たちのように，「葛藤」がくり広げられていることも現実です。「片付けをしなさい」と強く言ってしまえば，あるいは保育者がさっさと片付けてしまえば，このような「葛藤」は生じないでしょう。しかし，それではケイの成長にとって大切なことを育めないということを，事例の中での保育者も感じているのだと思います。

では，「片付け」を通して，何をどのように育むことが大切なのでしょうか？「何を」ということに関しては，やはり自分で片付けようとする自立心や，園の公共の物を大切にしようとする道徳性の芽生えを育むことが大切です。また，集団で過ごす場で自分の思うことが存分にできる自己発揮や，集団で過ごすために時には我慢したり折り合いをつけたりする自己抑制の力を育むことも大切です。「どのように」に関しては，5 点考えられます。1 点目は子どもの心もちを理解することです。たとえばもし“片付けたくない”という姿が見られたとき，それまでの子どもの遊びの充実度，心や身体の健康，集団に対する適応感などを保育者間や時には家庭とも連携しながら探ることが大切です。2 点目は，子どもの個人差や遊びの内容に配慮することです。片付けの積極性に対して個人差があるのは当然ですが，遊びの場や内容によって片付けにかかる所要時間も違います。そのような意味ではどの子どもたちから，あるいはどこの場所から声をかけたらよいかを判断することも大切です。3 点目は子どもに応じたかかわり方や環境構成を工夫することです。たとえば片付け方そのものがよくわからない姿が見られたときには，保育者や友だちと一緒に片付けたり，片付け場所を絵表示で示したり，丁寧に片付けができるような空間を配慮したりします。片付けに面倒さを感じる姿が見られたときには，保育者も一緒になって遊び感覚で楽しみながら片付ける雰囲気を盛り上げていくこともあります。またとくに年長児は“幼稚園で一番大きい組だから”という自覚や責任をもって片付ける意欲や態度がもてるようにかかわることが大切です。4 点目は子どもの生活の流れを理解することです。保育は子どもの主体的な生活を，いかに保育者のねらいを包括した生活で，より豊かな生活に導いていくかということが求められます。片付けるタイミングが子どもの生活の流れに応じているとき，つまりしっかり遊び込んだ後には片付けもスムースに流れるということがよくあります。したがって子どもの生活の流れに応じて片付けるタイミングを推し量ることが大切です。5 点目は生活の節目のありようを理解することです。片付けはそれまでの遊びに区切りをつけ，その後の生活を展開する節目のひとときです。次に展開される生活に期待感がもてるようにすることが大切です。

このように「片付け」を通して，何をどのように育むのかということは，その具体的な場面での援助はもちろんのこと，片付けを包括した「子どもの生活」に着目することが大切です。そこに保育者の専門性が求められていくのだと思います。

第11章 「見守る」ことで子どもの自律的問題解決を支える保育者の専門性

中坪史典

1 海外が注目する子どもの自律を重視した日本の保育

海外の研究者が日本の保育を紹介するとき，保育者が子どもの自律を重視する点に関心を向けることは少なくありません。たとえば，ルイス（Lewis, 1995）は，「日本の保育が大切にしている自発的な活動としての遊びは，一見すると，子どもが楽しい時間を過ごすためのもののように映るかもしれないけれども，実際には，子ども同士のつながりを育て，集団の中で生活する意欲，我慢，思いやりなど自律性を養うためのものである」と述べています。また，イズミ-テイラー（Izumi-Taylor, 2009, 2013）は，「集い」の時間に日本の保育者が投げかけるオープンエンドな質問は，子どもの思考や自律的な内省の発達を促すための足場かけであると述べています。さらに，トビンら（Tobin et al., 2009）は，子ども同士のけんかの場面において日本の保育者は，自分がそこに介入して制止するよりも，子ども自身で考えて，仲直りすることを重視しており，そうした自律的問題解決を期待して「見守る」「待つ」ことがあると述べています。こうした保育者の行為は，子どもの能力を信頼していることの現れであると指摘します。

このように日本では，保育者に言われてできる（わかる）のではなく，言われなくても，子どもが自分で考えて行動し，問題解決することが重視されるのです（唐澤，2006）。そしてこのことは，私たち日本人にとっては決して珍しいことではなく，むしろ当たり前のことなのですが，海外の人にとっては興味深い実践として映るようです。

ところで，一口に子どもの自律を重視するといっても，決して容易なことではありません。たとえば，上記のような，子ども同士のけんかの場面で保育者が介入したり制止したりせずに「見守る」「待つ」ためには，「けんかが早くおさまってほしい」「さらにひどくなったらどうしよう」「ケガにつながってしまっては大変だ」「子どもだけでうまく仲直りできるのだろうか」……など，保育者の中に生起する多様な感情を抑制し，堪えることが必要です。なぜなら，そこでの保育者は，自分がけんかを制止すれば簡単にすむかもしれないけれども，子どもの自律性を重視するために，あえてそうしないと判断しており，いわば覚悟を伴っているわけですから。つまり，保育者の「見守る」「待つ」という行為は，決して行動不在の消極的なものではなく（Tobin et al., 2009），むしろ高度な専門性を伴うのです。

それでは一体，日本の保育者はなぜ，自らの多様な感情を抑制し，堪えてまでも，子どもの自律的問題解決を重視するのでしょうか。保育者の「見守る」「待つ」という行為には，どのような実践的意義があるのでしょうか。この章では，子どもが自分で考えて行動し，問題解決することを期待して，保育者が自分の感情を操作しながら，忍耐強く待ち続ける場面に注目し，その中に埋め込まれた保育者の専門性を読み解きます。なお，以下に示す知見は，中坪ら（Nakatsubo et al., 2011, 2012；Nakatsubo et al., 2013, 2014, 2015），中坪（2014），上田ら（2017）の研究成果をもとに論じたものです。

2 保育者の専門性を読み解く——「ヨモギ団子事件」

この節では，次の2つの理由から，2003年7月にNHKでオンエアされたドキュメンタリー番組（「裸で育て君らしく～大阪アトム共同保育所～」）の冒頭場面である5歳児「ゾウ組」のクラスで起きた「ヨモギ団子事件」を取りあげます。まず1つ目として，この場面では，丸めた団子をお盆にのせて運ぼうとする際に，リホ（女児）が手をすべらせて床に落としてしまったという偶発的な出来事を契機に，保育者が彼女と一緒に団子をつくっていたグループの子どもたちに問題解決を促します。その際に保育者は，約40分にわたって，子どもたちが自分で考えて行動するのを待ち続けました。したがって，本章のテーマである，「見守る」ことで子どもの自律的問題解決を支える保育者の専門性を読み解くうえで適しているといえます。2つ目としてまた，この場面では，保育者に促された子どもたちが，何をどう解決したらよいのかわからずに葛藤する姿が見られます。したがって，第Ⅲ部のテーマである，子どもの葛藤場面と向き合う保育者の専門性を読み解くうえでも適しているといえるでしょう。

「ヨモギ団子事件」の概要については，映像のナレーションや，この場面の詳細が記されている NHK「こども」プロジェクト（2003）の記述をもとに紹介します。

〈事例1〉　ヨモギ団子事件

2002年4月。5歳児のクラス「ゾウ組」の子どもたちは，近くの土手にヨモギ採りに出かけた。「ヨモギを採ってお団子をつくろう」というのは，ゾウ組の子どもたちが相談して決めたことである。採ってきたヨモギでお団子をつくりはじめた。丸め終わった団子は，子どもたちがお盆にのせて運び，鍋で茹でることにしていた。10時過ぎから2つのグループに分かれて団子をこねはじめた子どもたちは，みんなおやつの団子づくりに一生懸命だった。

「ああーっ!!」。11時過ぎ，突然1つのグループから大きな声とため息が聞こえてきた。丸めた団子を茹でるためにお盆で運ぼうとしたとき，リホが手をすべらせてしまい，お盆を床に落としてしまったのである。子どもたちの輪の真ん中でリホが泣いていた。

子ども：「あ～あ」
子ども：「1人で持ってたからや」
子ども：「最悪～，最低～」
子ども：「リホが落とした」
子ども：「リホのせいや」

子どもたちは，「悪いのはリホちゃんだ」とリホ一人を責め続ける。

保育者：「みんなのグループやのに～。このグループの人，一緒に考えてやって，な」

ゾウ組担任の保育者は，自分がすぐに入っていって指示を出すことはやめようと考えた。「落ちた団子を大人がすぐに片付けてしまえば簡単にすむけれど，子どもたちの心には刻まれない。きれいな解決方法が出るかどうか，そんなことは問題ではない。どれだけ時間がかかっても子どもたち自身に考えさせよう」としたのである。

30分が経った。しかし子どもたちは，何をどう考えたらいいかわからず，戸惑った表情のまま，団子の前に座り込んでいる。しばらくすると，落ちた団子で遊びはじめる子どもも出てきた。

女児は「みんな遊んでる。こっちのグループやねんから考えてほしいわ」といい，男児は「そんな遊んでたら美味しくなくなるやんか」という。

話し合いは膠着状態に陥り，40分近くが経過した。正午を過ぎ，給食の時間がせまっていたが保育者は待ち続けていた。「どう，考えられた？」とだけ助け船を出す。すると2人の女の子が泣きながらこう言い出した。「悪いのはリホちゃんだけじゃない。自分たちも一緒にお団子を運んでいた」。それまでは誰のせいか，誰が悪いのかだけを考えていた子どもたち。

保育者が「このまま，だれだれが手ぇはなしたからや，だれだれが落としたからやって，ずーっと言うとくんか？」というと，子どもたちは「イヤ」と答える。

子どもたちは，団子に付いたゴミやホコリをはらいはじめた。どうすれば食べられるのかを全員で考えたのである。でも，一度床に落ちた団子は食べられない。子どもたちは，残った団子を分け合って1個半ずつ食べた。

3 「ヨモギ団子事件」に埋め込まれた保育者の専門性

（1）感情を操作し忍耐と覚悟を伴いながら待ち続ける保育者

「ヨモギ団子事件」において保育者は，リホが手をすべらせてお盆を床に落としたとき，自分が片付けてしまえば簡単にすむにもかかわらず，あえてそうしないという判断を下しました。保育者は，「みんなのグループやのに～。このグループの人，一緒に考えてやって，な」とだけ言い残し，その後は子どもたちから少し離れたところに身を置き，心配そうに彼（女）らの様子をうかがいます。この後約40分間の膠着状態が続くわけですが，その間，保育者の中には，「リホだけに責任を押しつけるのではなく，同じグループの子どもたちが自分のこととして考えるためのよい機会だ」「子どもたちだけで何をどう考えてそのように行動するのだろう」「徐々に給食の時間が迫ってきた」「もう1つのグループは予定通りヨモギ団子づくりが進んでおり，そのことも気になる」「子どもたちだけでは何も考えられないし話も進まない」「どの場面でどのくらい自分がかかわったほうがよいのか，それともかかわらないほうがよいのか」……など，期待，不安，共感，心配，焦り，不満が交錯する多様な感情が生起していることが推察されます。つまり，ここでの保育者は，一見すると，ただ待っているだけのように映りますが，決して子どもたちを放置しているわけではなく，多様な感情を抑制しながら，忍耐と覚悟をもって状況と向き合っているのです。

他方で，保育者は，不安，心配，焦りなどの感情が子どもたちに読み取られてしまうと，彼（女）らは「先生が助けてくれそう」と思って依存してしまい，場合によっては，自分で考えることをやめてしまうかもしれません。そうなると，どれだけ時間がかかっても子どもたち自身で問題解決させようする意図が台無しになってしまうことから，あえて保育者は，淡々とした表情で待っているようです。つまり，「ヨモギ団子事件」の保育者は，子どもの自律的問題解決を支えるために，多様な感情を抑制し，むしろそれとは逆の無機質な感情を表出しているのです。

（2）出来事に深く関与し心と身体で感じることを重視する保育者

概要に記したように，ゾウ組の子どもたちは，2つのグループに分かれてヨモギ団子づくりに取り組んでいました。したがって，自律的問題解決を支える保育者の行為は，そのうちの1つのグループに向けられたものであり，クラス全体に向けられたものではありません。約40分の膠着状態に陥ったのも，1つのグループです。このような状況は，たとえば，クラス集団というまとまりで子どもを捉え，どの子どもも同じ進度で，同じ経験をすることを重視する小学校以降の授業では考えにくいでしょう。なぜなら，もう1つのグループは，予定通りにヨモギ団子をつくって食べたのに対して，このグループは，残った団子を分け合って1個半ずつ食べたのですから。つまり，この場面において保育者は，子どもたち全員が同じ進度で，同じ経験をすることを放棄してまでも，リホだけに責任を押しつけるのではなく，グループのメンバーが自分のこととして考えることを重視したのです。

保育実践では，クラス集団というまとまりで子どもを捉えるよりも，子ども一人ひとりの経験や，子ども同士が織りなす経験の豊かさを大切にします（秋田，2009）。仮にこの場面で，子どもたち全員が同じ進度で，同じ経験をすることを重視するあまり，たとえば，保育者が率先して子どもたちと話し合い，その結果，子どもたちから「泣いているリホちゃんがかわいそう」「リホちゃんを責める子が悪い」などの意見が出てしまうと，それは子どもたちの中に湧き起こった本音の気持ちではなく，保育者の期待を察知して出された「利口な」発言にほかなりません。換言すれば，こうした保育者の意図的な誘導は，むしろ子どもが自分で考えて行動する機会を奪うことになるでしょう。保育者に言われなくても自分で問題解決するためは，一人ひとりが眼前の出来事に深く関与し，いろいろなことを心と身体で感じ，そこからいろいろな気持ちが湧き起こることが大切です。だからこそ「ヨモギ団子事件」の保育者は，自らが手や口を出したくなったり，不安や心配や焦る気持ちを抑えたりしながら「見守る」「待つ」行為を続けるのです。この場面で1つのグループは，結果として1個半のヨモギ団子しか食べられませんでしたが，リホだけに責任を押しつけても何の問題解決にもならないという大切なことを，心と身体で感じたのではないでしょうか。

（3）子どもの限界を見きわめながらも最小限の一時介入にとどめる保育者

既述したように，「ヨモギ団子事件」において保育者は，自分の中に生起する感情を抑制し，忍耐と覚悟を伴いながら子どもたちを「見守る」「待つ」わけですが，約40分もの膠着状態が続き，今の子どもたちの力では問題解決が難しく，これ以上待ち続けても意味がないと判断したとき，一時的に介入しました。とはいえ，ここでの保育者の介入は，自分の意見を述べたり，具体的な解決の道筋を示したり，子どもたちを諭したりするのではなく，「どう，考えられた？」とだけ尋ね，「このまま，だれだれが手ぇはなしたからや，だれだれが落としたからやって，ずーっと言うとくんか？」と問いかけるにとどまっています。一般的に考えれば，これだけ膠着状態が続くというのは，保育者からすると，当初の期待とは異なる状況になっており，思うように進展しないわけですから，つい多くのことを述べて解決の道筋を指し示したくなるものです。それにもかかわらず，なぜこの場面の保育者は，上記のような最小限の一時介入のみにとどめたのでしょうか。

保育者にとってこの場面は，どれだけ時間がかかっても子どもたち自身で考えて行動し，問題解決する絶好の機会と捉えており，したがって，たとえ膠着状態が続いたとしても，そう簡単に助けるわけにはいきません。ましてや，このときの保育者は，「みんなのグループやのに～。このグループの人，一緒に考えてやって，な」とだけ言い残し，その後は，子どもたちから少し離れたところに身を置いているわけですからなおさらです。とはいえ，状況は行き詰まり，もはや子どもたちだけで問題解決することが難しい状況に陥っているのも事実です。保育者からすると，「これ以上待ち続けたとしても好転しそうにない。だからといって，自分が手を差し伸べてしまうと，これまで待ち続けた

40 分が水の泡になってしまう，どうするのがよいのか」……そんなジレンマを抱いているのではないでしょうか。「ヨモギ団子事件」の保育者は，子どもたちの能力や可能性を信じてギリギリまで待ち続けながらも，もはや限界と見きわめたとき，やむを得ず一時的に介入します。しかし，その介入を最小限にとどめることで，あくまでも子どもたち自身で考えて行動し，問題解決することを支えるのです。

（4）子どもから離れたところに身を置いて自らの存在感を弱める保育者

上記の概要からはわかりにくいのですが，「ヨモギ団子事件」の映像をよく見ると保育者は，子どもたちが話し合っている場所よりも少し離れた，キッチンのカウンターのようなところから彼（女）らの様子をうかがっています。つまり，子どもたちの視界の外に自らの位置を取るのです。そうすることで，子どもたちに対して「このグループの問題なのだからみんなで考えてごらんなさい」「私は手を差し伸べませんよ」といった態度を示しているようです。仮にこの場面で，保育者が子どもたちの近く（視界の中）に位置を取っていたら，もしかすると，子どもたちにとっては保育者の存在が無言の圧力のように映ってしまい，たとえ介入しなくとも，彼（女）らにとっては「先生が見て（見張って）いるから考えなければ……」ということにもなりかねません。そうなると自分で考えて行動し，問題解決することにはつながりません。したがって，このことを事前に察知した保育者は，あえて子どもたちの視界の外に位置を取り，自らの存在感を弱めようとしたのではないでしょうか。

小学校以降の授業でも，教師の「居方」が児童・生徒の学びにとって重要であることが指摘されており（佐藤，2009），教師は，「教室前方で全体に問いかける」「全員の様子を見てまわる」「発表する子どものそばに立つことで他の子どもにどれだけ伝わっているかを確かめる」（高橋，2010）など，目的や状況に即して位置取りを変化させることが報告されています。とはいえ，「ヨモギ団子事件」の保育者のように，子どもの視界の外で約 40 分も待ち続けるということは考えにくいでしょう。授業のコントロールが求められ，その存在感が顕著な小学校以降の教師とは異なり，子どもの自律的問題解決を支える過程における保育者は，状況によっては，むしろ自らの存在感を弱めることが望ましいと判断し，実行するのです。

4 「傍観」「放任」とは異なる「見守る」「待つ」保育の奥深さ

以上，子どもの自律的問題解決を支える保育者の専門性について，「ヨモギ団子事件」を手がかりに読み解きました。そこから浮かび上がってきたことは，「見守る」「待つ」保育の実践的意義と奥深さでした。

ともすると私たちは，保育者が子どもを「見守る」「待つ」ことを「傍観」「放任」と混同して捉えてしまうことはないでしょうか。その原因の１つとしてこれまで，「見守る」「待つ」という用語が保育の中で日常的に多用されながらも，他方で，仲間うちだけに通じるような職業用語（ジャーゴン）としていつの間にか機能してしまっており，その概念を規定するための説明言語を十分に構築してこなかったように思います。この点を憂慮した筆者は，共同研究の仲間とともに，「見守る」「待つ」とは何か，「傍観」「放任」とはどう異なるのかを明示することを試みたのです（上田ほか，2017）。

日々の実践における「見守る」「待つ」保育とは，保育者が介入した方が簡単であるにもかかわらず，子どもが自分で考えて行動したり，問題解決したりするために，あえて介入しない行為のことであり，そこには保育者の意図や判断を伴います。また，こうした保育者の行為の背後には，既述したように，程度の違いこそあれ，少なからず感情の抑制，忍耐，覚悟を伴うとともに，子どもが心と身体で感じることを重視したり，場合によっては，やむを得ず最小限の一時介入を行ったり，自らの存在感を弱めたりするなどの行為が埋め込まれています。「見守る」「待つ」保育において保育者は，たしかに子どもに直接的に介入するわけではありませんが，子どもとともに問題状況を共有していますし，積極的にかかわっています。決して行動不在の消極的行為でも，専門性の欠如でもないのです。それどころか，これまで日本の保育文化が大切にしてきた高度な専門性にもとづくアプローチであるといえるでしょう。だからこそ，冒頭で述べたように海外の研究者は，子どもの自律を重視する日本の保育に関心を向けるのです。

とはいえ，「見守る」「待つ」保育は，一見すると，保育者は何もしていないように捉えられることも少なくありません。たとえば，保護者の立場からすると，わが子が問題状況に直面して困っているのに，あるいはけんかして泣いているにもかかわらず，そのことを知っている保育者が手を差し伸べなかったり，制止しなかったりすると，それに対して疑念を抱くことも十分考えられます。実際に，昨今の保護者の中には「転ばぬ先の杖」を重んじ，保育者に対して，わが子が失敗しないように，問題状況に直面しないように，葛藤したり困惑したりしないように，けがをしないように，周到に準備し，適宜介入し，手を差し伸べることを求めることも少なくありません。この点を考慮するとき，保育関係者に課せられた課題は，子どもの自律的問題解決を支える保育者の専門性とは，決して「傍観」「放任」とは同義ではないこと，むしろ世界に誇れる高度なアプローチであることを明確な説明言語を用いて社会に発信していくことではないでしょうか。

トラブルから学ぶ体験を保障し，保護者にも その体験が生きる力を育むと伝える大切さ

アトム共同福祉会　市原悟子

「ヨモギ団子事件」

子どもの生活の中では予想外のことがいつも起こります。本章で紹介されたヨモギ団子事件も団子が入ったお盆をひっくり返すだろうとは保育者は予想していません。

しかしひっくり返してしまいました。予想外のことが起こったとき，その瞬間，保育者はこの出来事から何を子どもたちに感じさせるか，考えさせることができるかを考えます。日頃からそれぞれの子どもの課題を思い浮かべこの出来事が子どもたちに考えさせる題材として使えるかどうかを判断するのです。

この時期，5歳児クラス「ゾウ組」では何かが起こったとき，人のせいにする子どもたちの発言がよく聞かれました。人のせいにしても何も解決しない，共に考えるという体験，自分たちでも考えられるという体験をさせてやりたいと保育者は判断しました。園生活では保育者の目が届くあまり，子どもが起こした問題に保育者がすぐ介入し問題解決してしまいがちです。子どもに考える力があるのに保育者が解決してしまっては，子どもの考える体験を奪うことになります。

保育者の指示待ち，保育者の顔色をうかがってふるまう子どもではなく，自分の心で感じ，自分の頭で考える体験を園生活で保障する必要があると思います。とくに保護者の過干渉や放任状態が多くなっている近年では，人間としての成長に必要な体験を子どもにさせてやるという使命をもった保育者の専門性が不可欠です。

子どもの葛藤を見守る

子どもは自分が感じたこと，望むことを言語化するまでには，時間がかかります。また，子どもの少ない生活体験では問題解決に至るまでかなりの時間が必要です。時間がかかるという当たり前のことを認識して「待つ」必要が保育者には

あります。考える時間を保障する。子どもの時間に保育者が合わせてあげなければなりません。

しかし何もかも子ども任せにするということにはまだ無理があります。これ以上時間をかけてももう先に進まないと判断したとき，話し合いが本筋からずれているときは介入します。介入のタイミング，その場に適した介入のことばも，その場の子どもたちのやりとりを「見守って」いなければ的確にできません。ここが傍観，放任との決定的な違いです。

保護者と共に考え，共に学ぶ

大阪アトム共同保育所では，園で起こったできごと，子ども同士のトラブルなど，すべてのことは，保護者に情報公開をしています。情報公開の手段は実名で園での様子を知らせる月刊「アトムっ子」や毎月のクラス懇談会です。出来事に応じた緊急懇談会も開きます。

子どもの生活において，子どもにとって最善な体験とは何かを，保育者だけで考えるのではなく保護者と意見交換，共同学習を重ねて考えていきます。

ともすれば保護者から，「おやつ作りをすべて子どもに任せる保育者は無責任ではないか」「お盆をひっくり返したことについて長時間の話し合いは必要なのか」「団子をたくさん食べられたグループと１個半しか食べられなかったグループとの差が出たことは不公平ではないか」と批判が出ることもあるでしょうが，本園では一切そのような保護者の声は聞かれませんでした。

それは，子どもを人間として育てようという保育者と保護者の願いが一致しているからだと思います。

子どもを人間として育てる集団生活

子どもを１人か２人しか育てない近年の保護者は，子どもの成長・発達の特徴や個性を知る，子どもの世界を理解することが以前にも増して困難になっています。だから保育者は保護者に丁寧に園での様子，子どものことを説明し，子ども理解ができるようにサポートする能力（専門性）が必要です。何もかも競争論理が支配する現在だから，こうした専門性を恐れず発揮してほしいものです。

第Ⅳ部

子どもの表現世界をひらく

第12章 子どもの絵本との出会いと保育者の専門性

横山真貴子

1 子どもと絵本の出会いの現在

(1) あふれる絵本と早まる出会い

2000年の「子ども読書年」以来，わが国の絵本と子どもをめぐる状況は大きく変化してきました。絵本の出版数が増え，子どもと絵本の出会いも早期化しています。2014年に日本で出版された新刊絵本の数は1,826冊にのぼり，総発行部数は780万部を超えています（出版科学研究所，2015）。2001年に始まった「ブックスタート」は，0歳児健診で赤ちゃんに絵本を手渡す運動ですが，現在，全国の自治体の半数以上で実施されています（2017年7月31日現在，1,741の市区町村のうち1,006で実施；NPOブックスタート調べ）。読み聞かせの開始時期も，9割近くの家庭が0歳台でスタートさせたというアンケート結果もあります（ミーテ，2013）。

こうした子どもと絵本の出会いの早期化は，絵本の多様化にもつながりました。それまで主流だった物語絵本以外に，オノマトペやことばのリズムを楽しむ絵本，美術，造形的な感性に訴える絵本など，さまざまな内容の絵本が出版されるようになったのです（佐々木，2004）。赤ちゃんが手にすることを前提に，絵本の小型化や，ボードブック（厚紙の絵本），しかけ絵本なども増えました。さらに近年では，デジタル絵本も登場し，絵本の形態は大きく変化しています。

(2) 出会いの場の多様化と出会いの格差

子どもが絵本と出会う場も広がっています。家庭や保育所・幼稚園などの保育機関，図書館，書店はもちろんのこと，子育て支援の場やショッピングモー

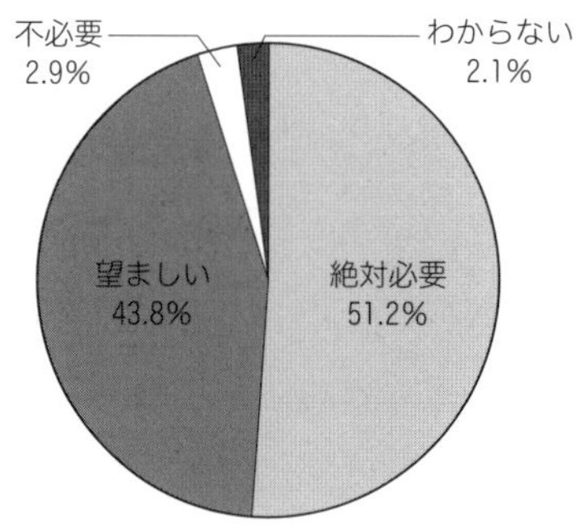

図12－1　絵本や子ども用の本の必要度

出所：阿部，2008，pp. 186-187 をもとに作成（元データ：「児童必需品調査」（2008年）対象＝20歳以上の成人1,800人）

ルなどでも絵本にかかわる催しが行われています。今や絵本は，乳児期のかなり早い時期から，子どもたちの生活のなかに豊かに存在しているといえます。

しかし一方で，子どもと絵本の出会いにも格差が生じています。近年子どもの貧困が問題となっていますが，子どもが普通の生活をするための必需品を問うた調査（阿部，2008）では，「絵本や子ども用の本」について「希望するすべての子どもに絶対に与えられるべきである」「与えられたほうが望ましい」と答えた人が95%と大半であったものの，「与えられなくてもいい」「わからない」と答えた人が5%いたのです（図12－1）。

この5%をどう考えればよいでしょう。わずか5%でしょうか。5%もでしょうか。いずれにしろ，ここでたしかに言えることは，人数の多寡にかかわらず，絵本や子ども用の本が必要だと思わない大人のもとで育つ子どもは，家庭で絵本と出会う機会を奪われているということです。こうした子どもたちが絵本と出会うことができるのは，もう1つの生活の場である保育所や幼稚園などの保育の場なのです。

（3）絵本との出会いが子どもの発達にもたらすもの

子どもと絵本の出会いの現状について見てきましたが，絵本との出会いは，子どもの発達にどのような影響を与えるのでしょうか。

心理学的研究からは，従来，乳幼児に絵本を読むことは，言語やリテラシー，認知発達を促すことが明らかにされてきました（たとえば，Bus et al., 1995）。なぜ，そうした効果があるのか，読み聞かせ場面の親子の発話の特徴を調べてみると，ほかの生活や遊びの場面に比べ，子どもの語彙や文法など，言語能力や表象能力を促す発話が多いことがわかっています。読み聞かせを乳幼児期にどれだけ経験したかが，その後の言語能力やリテラシーの発達に影響を与えることを，英語圏の多くの縦断研究が実証しています。

また，絵本の読み方には個人差が大きく，社会経済的地位（たとえば，Ninio, 1980）や文化（たとえば，Murase et al., 2005），養育態度（齋藤・内田，2013）などによっても異なることもわかっています。そのため，読み聞かせの量だけでなく，「どのように読み聞かせるか」といった質の重要性も指摘されるようになりました（Reese et al., 2003）。

認知的な側面だけではなく，読み聞かせの情緒的な面への影響も検討されています。たとえば，愛着の安定と絵本の読み方が関連することが示されています（Bus, 2002）。さらに近年の脳科学の研究では，絵本を読んでもらっている子どもの脳を調べると，喜怒哀楽など，感情や情動をつかさどる大脳辺縁系が活発に活動していることが明らかにされており（泰羅，2009），絵本の読み聞かせが子どもの情動を活性化することがわかっています。

2　保育における子どもと絵本の出会い

では，保育の場では，子どもはどのように絵本と出会っているのでしょうか。保育における絵本の位置づけを捉えたうえで，実際の出会いについてみていきましょう。

（1）保育における絵本の位置づけ

幼稚園教育要領・保育所保育指針では，「絵本」は領域「言葉」で取りあげられています（表12－1）。

表12－1　幼稚園教育要領　領域「言葉」における絵本

1. ねらい
　(3) 日常生活に必要な言葉が分かるようになるとともに，絵本や物語に親しみ，言葉に対する感覚を豊かにし，先生や友達と心を通わせる。
2. 内　容
　(9) 絵本や物語などに親しみ，興味をもって聞き，想像する楽しさを味わう。
3. 内容の取扱い
　(3) 絵本や物語などで，その内容と自分の経験を結び付けたり，想像を巡らせたりするなど，楽しみを十分に味わうことによって，次第に豊かなイメージをもち，言葉に対する感覚が養われるようにすること。
　(4) 幼児が生活の中で，言葉の響きやリズム，新しい言葉や表現などに触れ，これらを使う楽しさを味わえるようにすること。その際，絵本や物語に親しんだり，言葉遊びなどをしたりすることを通して，言葉が豊かになるようにすること。

出所：文部科学省，2017より一部抜粋（下線部は筆者による）

表12－1にあるように，保育においては，絵本に親しむことで，想像する楽しさを味わい，イメージを豊かにし，言葉に対する感覚を養うことが求められています。さらに幼稚園教育要領解説（2018）では，保育者や友だちと「同じ世界を共有する楽しさや心を通わせる一体感」を体験することや「様々な気持ちに触れ，他人の痛みや思いを知る」ことがあげられています。ことばや想像力など認知的な発達を促すとともに，保育者や友だちなど人との関係を深めるものとして，絵本が位置づけられていることがわかります。

（2）保育における子どもと絵本の出会いの現在

西坂ら（2014）は，首都圏の保育者102名を対象に，幼稚園・保育所での絵本の活用実態について質問紙調査を実施しています。その結果，ほぼ全員（97.9％）が「保育においては欠かせない存在である」と絵本の重要性を認め，8割以上が保育室内に絵本コーナーを設置していました。毎月，あるいは学期ごとにコーナーの絵本を入れ替えている保育者もそれぞれ4分の1ずつおり，併せて半数の保育者が時期に応じて絵本コーナーを再構成していました。

保育者が子どもたちに絵本を読む活動については，子どもの発達に沿った，その時々の子どもの興味・関心や季節にあった絵本が選ばれており，描画や制作などの活動や行事・イベントの導入として絵本を用いたり，降園前や保育所では午睡前に絵本を読む時間が位置づけられていることがわかりました。

これらの結果より，大半の保育者が保育における絵本の重要性を認識し，積極的に日々の保育の営みの中に絵本を取り入れていることがわかります。

3　絵本との出会いにおける保育者の専門性

では，こうした子どもと絵本の出会いにかかわる保育者の専門性とはどのようなものなのでしょうか。出会いを「つくる」「広げる」「つなぐ」「深める」の４点からみていきましょう。

（1）絵本との出会いをつくる——環境設定

子どもと絵本の出会いの格差について先に述べましたが，家庭で絵本と接する機会の少ない子どもにとって，実際に保育の場が絵本との出会いの場となっていることが研究から明らかにされています。横山（2006）は，幼稚園の３歳新入園児を対象に，入園直後の１学期間に園で子どもが自発的に絵本とかかわる行動と家庭での絵本体験の関連を検討していますが，園で絵本とかかわる頻度が高い子どものなかには，家庭での絵本とのかかわりが少ない子どもも含まれていました（表12－2）。

表12－2にあるように，クラス24人のうち，園で絵本とかかわることが多かった4～6位の３人は「読み聞かせの好意度」が「好き」とやや低く（全体の54.2％が「とても好き」と評定），読み聞かせやひとり読みの頻度もそう高くはありませんでした。家庭では絵本とのかかわりが少ない子どもといえるでしょう。この子どもたちが，園では絵本とかかわることが多かったのです。

こうした子どもと絵本のかかわりを生んだ環境設定の特徴は，「空間」「仲間」「時間」の「3つの間」の観点から考察することができます。

まず「空間」について，このクラスでは，入園後１学期間，保育室の出入り口前に絵本コーナーが常設されていました（写真12－1）。入り口正面に表紙が

表 12－2　幼稚園での絵本とのかかわりと家庭での絵本体験（24 人中上位 7 人）

		観察							
	性別	欠席	合計	1 人で読む	友達と読む	読む友を見る	遊びの道具	本を手に取る	本棚を見る
1	男	1	14	8	2	2		2	
2	男		14	7	3	1	2		1
3	女		12	10	2				
4	男		11	7	1			1	2
5	男	3	8	7	1				
6	女		7	5	1				1
7	女		6	5			1		

		質問紙						
		読み聞かせ				ひとり読み		
	性別	好意度	頻度	時間	開始時期	頻度	時間	開始時期
1	男	5	5	4	2 歳半～3 歳	5	4	3 歳
2	男	5	5	2	胎児期	5	3	2 歳半
3	女	5	5	3	5，6 か月	4	3	2 歳半
4	男	4	3	2	7 か月～1 歳	4	3	2 歳
5	男	4	1	2	1～1 歳半	3	3	2 歳
6	女	4	3	3	5，6 か月	1	2	2 歳半
7	女	5	5	3	1～1 歳半	5	4	2 歳半

注：質問紙の数値は，以下の評定を示す。なお，質問紙欄の塗りつぶしは，最高値の評定を示す。
観察は，11 日間の観察時に絵本とかかわる活動が見られた回数を示す。
読み聞かせ　「好意度」：5「とても好き」，4「好き」，3「どちらでもない」，2「嫌い」，1「とても嫌い」
「頻度」：5「毎日」，4「ほとんど毎日」，3「週に 2，3 回」，2「週に 1 回」，1「したことはある」
「時間」：5「1 時間以上」，4「30 分～1 時間」，3「15 分～30 分」，2「5～10 分」，1「5 分未満」
ひとり読み　「頻度」：5「毎日」，4「ほとんど毎日」，3「週に 2，3 回」，2「週に 1 回」，1「めったにない」
「時間」：5「1 時間以上」，4「20 分～30 分」，3「10 分～15 分」，2「5 分」，1「見ていない」

写真 12－1　絵本コーナー

注：3歳児の保育室の出入り口前に設置されたコーナー（ただし，本写真の女の子は5歳児）。

見えるように絵本を並べた本立てが置かれ，床にはカーペットが敷かれて，楕円形の小型テーブルが置かれていました。本立てには，保育者がクラスの子どもたち全員に読み聞かせた絵本を並べ，毎月，月初めには季節に応じた絵本に入れ替えられていました。また，4月当初は家庭で読むことの多い絵本（たとえば『ノンタンシリーズ』キヨノ サチコ作，偕成社）が入れられていました。

出入り口前に絵本コーナーがあることについて，担任の保育者は，初めて家庭から離れて園生活をはじめる3歳児には，保育室のなかに入ることも精神的な負担が大きいと捉え，入り口にほっと座れる空間をつくったとのことでした。

絵本環境の空間配置について，山田（2011）はアクションリサーチの結果から，絵本コーナーの設定のポイントを提案していますが，表紙が見える絵本の配置が，あまり絵本を読まない子どもが絵本を手に取るうえで有効であったことを示しています（山田，2012）。

これらのことから，入園直後の新学期，保育者は子どもを園生活に誘う絵本環境として，カーペットを敷いたり，家庭でなじんだ絵本を表紙が見えるように置くなど，家庭との連続性をもたせた安らぎの場として，絵本コーナーを設定していたことがわかります。

次に「仲間」についてですが，子どもが絵本とかかわるきっかけの1つに友だちの存在がありました。子どもたちは1人で絵本を読むだけではなく，友だちと一緒に絵本をみたり，絵本をみている友だちを見るなど，絵本とのかかわりの3割近くが友だちを介したものだったのです（横山，2006）。先の山田（2012）では，2人が並んで絵本を広げられる大きさのテーブルの設置とくつろげるスペースの確保が，絵本を介した子ども同士の多様なやりとりを生んでいました。ここでも，カーペット敷きのゆったりとした空間が友だちとのかかわりを生み，絵本との出会いにつながっていました。

最後に「時間」について，描画や制作など，子どもによって活動を終える時間に差ができたとき，保育者は「絵本を読んで待っててね」と声をかけていました。こうした保育者の促しとは別に，子どもが自ら絵本を手に取る時間を調べると，登園後遊びを見つけるまでの時間や外遊びから戻ってきたとき，おやつの後や降園前など，活動の合間が多くなっていました。ほっと一息つきたいときや友だちとの遊びに入れないときなど，気持ちの立て直しをするときに，子どもたちは絵本を手にしていたのです。気持ちを落ち着け，切り替える，そうできる時間を1日の生活の流れのなかに確保することも保育者の専門性といえるでしょう。

（2）絵本との出会いを広げる――選　書

保育者は，子どもの育ちに必要な絵本や実践に取り入れる絵本を，日々の保育のなかで子どもの姿を見取りながら，ねらいをもって選んでいます（福岡・磯沢，2009）。子どもたちの興味・関心を深めるために，ダンゴムシが大好きな子どもたちと『ぼく，だんごむし』（得田之久（文）・たかはしきよし（絵），福音館書店）を読んだり，主活動や行事を豊かに展開していくことを意図して，「いも掘り」に行く前に『ねずみのいもほり』（山下明生（文）・いわむらかずお（絵），ひさかたチャイルド）を読み，活動への意欲や期待を高めます。

こうした保育者の絵本の選書のあり方は，学年や時期によって異なります。藤岡・伊藤（2016）は，ある幼稚園の3年間の保育記録から各クラスで読まれた絵本を分析し，学年・学期による選書の特徴を示しています。たとえば，3歳入園時の1学期には，『こぐまちゃんえほん』（わかやまけん，こぐま社）など家庭でも読まれ，なじみのあるシリーズ絵本や園生活に関連した内容の絵本，繰り返し構造のある絵本が多く読まれていました。降園前にクラスで絵本に向かう集まりの時間を楽しい時間として定着させたり，園生活への適応を支える絵本が選ばれているといえます。一方，小学校への入学を控えた5歳児後半では，昔話やことばの感覚を育む絵本が多く読まれていました。なかでも，なぞなぞや落語など，ことばの知識や文化にかかわる内容の絵本が読まれ，読み応えのある選書が行われていました。学びを自覚化する小学校に向けて，新たなことばに出会いながら，ことばの意味やはたらきに眼を向けるような絵本が選ばれていたといえます。このように保育者は，子どもたちの今を捉えながら，その育ちを見通し，生活や遊びとともに絵本との出会いを広げていることがわかります。

園でのこうした絵本との出会いについて，幼稚園教育要領解説（2018）では，家庭での自分の興味を中心とした出会いが「教師や友達の興味や関心にも応じていくので幅の広いものとなる。（中略）新たな世界に興味や関心を広げていく」と述べています。横山（2006）の3歳新入園児の保護者への質問紙調査においても，入園後の家庭での読み聞かせの変化を尋ねると，「回数」や「種類」が「増加した」家庭がいずれも6割を超え，「種類が変化した」家庭も全体の4分の1いました。園での絵本との出会いが，一人ひとりの子どもにとって多様な絵本との出会いとなり，家庭での絵本の出会いを広げていくのです。

（3）絵本との出会いでつなぐ――集団への絵本の読み聞かせ

生活をともにするクラスの友だちと一緒に保育者に絵本を読んでもらう経験は，保育の場ならではの絵本との出会いです。こうした出会いが生むつながりを「絵本でつながる」と「絵本とつなぐ」の2つの観点からみていきましょう。

まず「絵本でつながる」のは，子どもと保育者です。保育者が子どもたちに絵本を読むねらいの1つに，子どもとの信頼関係を築くことがあげられます。並木（2014）は，4歳新入園児2クラスで降園前に読まれた絵本の分析をしていますが，両保育者とも「自分のことを知ってもらい，子どもたちとの関係を深める」ことをねらいとして，年間を通して「保育者の好きな絵本」を読んでいました。

子どもと子どもも絵本でつながります。クラスの「仲間」と同じ「空間」にぎゅっと集まり，絵本をみる「時間」を分かちもつ，こうした「三間」の共有は，子ども同士をつなぎ，幼稚園教育要領解説（2008）にある「一体感」を生みます。それに加えて，絵本を読んでいるときの保育者の発話も，一体感を強めるはたらきをしています。子どもの発話に対する保育者の応答を分析すると，保育者の発話の約 7 割が子どもの発話をそのまま，あるいは補足や言い換えのみでクラス全体に返す発話となっていました（横山，2004）。たとえば「ねずみくん，かわいそう」というルミのつぶやきを，保育者が「ルミちゃんがね，ねずみくん，かわいそうだねって」と，子どもたち全体に広げています。保育者は自分の思いを語るのではなく，一人の子どもの思いや考えを子どもたち全体に伝え，共有を促す発話をしているのです。

次に「絵本とつなぐ」保育者の専門性をみてみましょう。絵本は，子どもの日常生活とつながります。保育者は，そもそも子どもの興味・関心や生活に即した絵本を読んでいます。そうした絵本を読むとき，保育者は絵本の内容を子どもの生活や遊びに関連づける発話をしています。横山・水野（2008）は，5 歳児の担任 3 人がクラスで絵本を読む場面の発話分析をしていますが，保育者の発話の 4 割は「みんなは，ごめんねって言えないときある？」（『ごめんねともだち』内田麟太郎・降矢奈々，偕成社）など，「子どもの日常生活と関連づける」ものでした。「今，ここ」を超えた絵本世界を，子どもたちの日常生活や興味・関心に関連づけ，「今，ここ」に生きる子どもたちの世界として読み直す発話をしているのです。

絵本は子どもの遊びともつながります。活動の導入として絵本が読まれることが多いことは先に述べましたが，ごっこ遊びや劇あそびなどに展開することもよくあります。写真 12－2 は，ある幼稚園の 4 歳児クラスでの『てぶくろ』（ウクライナ民話，ラチョフ（絵）・うちだりさこ（訳），福音館書店）ごっこです。

保育者がクラスで『てぶくろ』を読んだ後，一人の男児が大型積木で囲いを

写真 12－2 『てぶくろ』を読んで「ごっこ遊び」に
（幼稚園４歳児２月）

作りはじめました。それを見たほかの子どもたちが「あ，てぶくろ！」と，「くいしんぼねずみ」や「はやあしうさぎ」になり，「いれてくれ」とてぶくろのなかに身を寄せ合って「てぶくろごっこ」が始まりました。翌日からは，保育者が大きな段ボールで「てぶくろ」をつくったり，子どもたちと動物のお面をつくるなどイメージを共有しながら，一人ひとりがいろいろな動物になって『てぶくろ』の世界を楽しみました。保育者は，絵本世界と子どもたちの今をつなぎ，子どもが自分たちの物語世界を生み出し表現していく過程を支えていきます。絵本から生まれた自分たちの物語を子どもたちが生きることを支える，ここに保育者の専門性があります。

（4）絵本との出会いを深める――経験を深め，育ちを支える

集団で絵本を読む活動は，保育者がどのようなねらいをもつかによって，その内容が異なることが明らかにされています。そもそも保育者の絵本の読み方には，「対話型」や「読み進め型」など，読み聞かせのスタイルがあることが指摘されています（たとえば，Dickinson & Keebler, 1989）。しかし，同じ保育者であっても，ねらいによって読み方が異なります。「絵本の世界を楽しむ」のであれば淡々と読み進め，「絵本で楽しむ」のであれば，子どもたちへ問いかけながら，対話型で読まれます（横山，2004）。

こうした保育者の読み方によって，子どもたちの反応も異なることも明らかになっています。保育者が読みの途中で子どもたちに問いかければ，子どもたちは答えるのです。横山（2004）では，保育者の「発問」の8割近くに子どもの「応答」がみられました。並木（2010）では，「淡々と読む」か「抑揚をつけて読む」かで「じっと見る」など子どもの反応が異なっていました。物語を聞く経験になるのか，保育者や友だちとやりとりを楽しむ経験になるのか，保育者の読み方によって子どもの経験が異なるのです。

保育者の読み方が，子どもの言語発達に異なる影響を与えることも示唆されています。たとえば「保育者主導型」よりも「読み進め型」の方が子どもの1年後の語彙力が高い（Dickinson & Smith，1994）などの結果があります（ただし，保育者の読み方が子どもの言語発達へ及ぼす影響については，研究間で一致した見解が得られていません）。

また保育者に絵本を読んでもらうことは，自分で読むことにもつながります。保育室の絵本コーナーで，子どもが手に取る絵本の6～7割は保育者がクラスで読んだ絵本だったという研究結果もあります（横山，2006）。保育者がつくる絵本との出会いは，子どもが自ら絵本の世界の扉を開くきっかけになるのです。

＊

絵本との出会いの場が広がるなか，日々子どもとともに暮らす保育者だからこそ，つくり出せる出会いがあります。子どもの今を見取りながら，これまでの育ちを捉え，育ちゆく姿を見通して，出会いをつくる。生活のなかから，子どもの育ちを支える絵本との出会いをつくるのが保育者の専門性といえるでしょう。

さらに絵本との出会いは，広がり，つながり，深まります。絵本は，園と家庭もつなぎます。保護者懇談会での絵本の紹介や，絵本の貸出も大半の園で取り組まれています。保護者や地域の人が，園で子どもたちに絵本を読む活動も一般的になりました。絵本を介した地域とのつながりも広がっています。このように，子どもと絵本の出会いを家庭や地域とともにつくりだし，子どもの育ちを支える専門性も，今，保育者に求められています。

素晴らしい絵とことば，装丁を共有する楽しみ

富山市立保育所 村崎千津子

子どもたちと絵本を読みあうときに大切にしていることは，絵本選びです。0，1歳児には保育者との愛着関係を育みたいと願い，絵本を見ながらだっこをしたり，2～3人を相手に一人ひとりの目を見て子どもの反応に優しく応えるようにします。2，3歳児は自我が目覚め，知っていることばや絵・場面に敏感に反応するので，いつも2～3冊の絵本を選び，子どもが関心を示さない絵本は「これは，また次に見ようね」といって，別の絵本を取りあげるようにしています。この年齢の子どもは，くり返しことばが大好きで，気に入ったことばを子ども同士真似をしあって喜びます。

その日に読んだ絵本は「絵本ポケット」や「子ども用カウンター」に並べて，子どもが「これ，よんで！」と保育者に要求できるようにします。それは“好きな絵本に何度でも出会える機会”を大切にすることにつながります。

園の3歳以上児は異年齢児クラス編成で，生活中心の異年齢活動と課題別の同年齢活動があります。それぞれで取り上げる絵本は異なり，季節感を味わえる内容，保育課題活動につながることなどを考えながら選びます。

とりわけ，知的好奇心旺盛な5歳児はいろいろなことに興味をもち，納得するまで調べたがります。わからないことは，子ども同士で共有しあい，問題が解決したときはみんなで喜びあうのです。ことばでは説明しにくい人の体などの科学的なこと，自然現象，保育者がこのことに気づかせたい，この感動を共有したいと思うときなど，絵本はその特性を存分に発揮します。子どもが感動し，好奇心を満たし，みずから活動を始めたときは，思わず「やった！」とうれしくなります。

保育者が子どもと絵本の素晴らしさを共有するためには，まず，子どもの感動や知的好奇心を受け止める，①読み聞かせたいと思う絵本を選択する，②いつ，どのように読み聞かせればよいか適期（レディネス）を捉えるなど，③保育者の伝えたい思いを込めて語りかけることが

大切です。

絵本の好きな保育者の「読み聞かせ」は，誰もが聞き入ります。好きだからこそ，つねに絵本に関心をもち「絵本の引き出し」は多くなり，いつも子どもたちが周りに集まってくるのです。

保育所では毎年担当する年齢が変わるので，私の園ではどの保育者にも参考になるように「絵本の年間読み聞かせ計画」を作成しています。異年齢活動の食後の絵本タイムで『おすしのせかいりょこう』（竹下文子／文，鈴木まもる／絵，金の星社，2008 年）を取りあげました（図参照）。子どもたちは回転寿司に行った経験があるので大喜びし，くる日もくる日もリクエストします。絵本コーナーに出しておくと，いつも誰かが見ています。ある日，5 歳児が 3，4 歳児に保育者そっくりの声色で読み聞かせている場面に出会い思わず笑ってしまいました。

大好きな『おすしのせかいりょこう』は，とうとう劇遊びに発展し，その年の生活発表会の活動となりました。本物とそっくりにしたいと願う 5 歳児は協力して絵を描き，小道具を工夫して作り，なかなかセリフを言いだせない 3，4 歳児を優しく，辛抱強く待ってくれるのです。

『おすしのせかいりょこう』

「祖父母の集い」の行事には，『ふるさと 60 年』（道浦母都子／文，金 斗鉉／絵 福音館書店，2012 年）の童謡楽譜付きの昭和時代の絵本をコーナーに加えました。幼児には少し難しいと思いましたが，絵本の中の夕焼け小焼けを歌ったことに誘発されて興味をもち，「このひと，何してるの？」と保育者に尋ねるようになり，集いの当日には，祖父母に読み聞かせていました。

絵本は年齢に関係なく，誰でも楽しめる本です。子どもにとっては楽しみそのもので，“大人が子どもに読んであげるもの”だと思います。何でも便利なデジタル時代の今だからこそ，絵本の素晴らしい絵とことば，装丁（デザイン）から伝わる感動を大切に，「子どもと一緒に絵本を読みあいたい」と思います。

第13章 子どもの音楽的表現を支える保育者の専門性

香曽我部　琢

1　幼児の音楽的表現をめぐる状況

音楽的表現とは，子どものどのような言動を示すのでしょうか。このような問いに対して，多くの人が「歌う」こと，「楽器を演奏する」こと，「音楽をつくる」ことなどをあげるでしょう。実際に，多くの幼稚園・保育園ではクラスでの一斉活動で保育者の伴奏に合わせて合唱をしたり，発表会でタンバリンやカスタネットなどの楽器でアンサンブルをしたりする活動が行われています。とくに，クラスでの歌唱は，多くの幼稚園や保育園で日常的に行われているため，ピアノ伴奏し，歌う力が保育者に求められています。そのため，養成校のカリキュラムでは，ピアノ伴奏や読譜などの技能習得を，幼児の音楽的表現を育てる保育者の専門性として位置づけ，充実した音楽の技能指導の環境を前面に押し出し，学生募集の PR として用いている養成校が多くあります。

養成校において歌唱や器楽演奏などの実技指導に重点が置かれる一方で，近年では幼児を取り巻く音の環境への興味が強まり，単純に「音楽的表現＝歌唱，器楽演奏」の構図で捉えない保育者・研究者の存在も多くなりました。たとえば，砂遊びの中で使っていたバケツをシャベルで叩いて音を楽しむ姿を示した事例を音楽的表現の事例として提示し，子どもの音への興味やそこで生まれたリズムや音色の変化を細やかに記述し，音への子どもの意識について解釈したものを載せている養成校用のテキストなどが見られるようになりました。これらのテキストでは，遊びの中での子どもの音の体験を見つけて，その体験での子どもの学びを読み取り，子ども理解を深めていくことを，保育者の専門性として示しています。

ここでは，これら2つの子どもの音楽的表現を支える専門性を二項対立的に捉えて，いずれの音楽的表現の捉えが正しいかを示す意図はありません。本章では，保育者が日常的に保育を営む中で子どもの音楽的表現をどのように捉えてきたのか，子どもの音楽的表現活動とそれを支える保育者を対象とした先行研究を概観し，これからの保育者に求められる子どもの音楽的表現を支える専門性のあり方について総合的に検討していきたいと思います。

2　子どもが“歌う”表現を支える保育者の専門性

（1）子どもはどのようにして歌いはじめるのか

幼稚園・保育園で，先生のピアノ伴奏にあわせて，友だちと一緒に歌う活動は日常的によく見られる活動です。そもそも，人はいつから歌いはじめるのでしょうか。歌う行為の発達についてはパプーゼク（Papousek，1994）の母子間の音声を使った相互作用とその発達についての研究が有名です。パプーゼクは母親と子どもがことばでコミュニケーションをとる際に，声をつかって遊ぶことが「歌う」ことの生物学的起源であると示しました。園部（1975）は幼児の声は，言語発達の系脈と音楽性獲得の系脈の2つの道が未分化のまま包括されていると述べ，ムーグ（Moog，1976）も喃語（babbling）には発話に対して引き起こされる喃語と，音楽に対する喃語の2つがあり，さらに，音楽に対する喃語にも感想を述べるようなヴォーカライゼイション（Vocalization）と音で感情を表わしている音楽的喃語の2つがあると示唆しています。つまり，歌うという行為は，ことばの発達とつねに双方向的に相互に作用しつつ，その発達が促されると考えられるのです。

（2）言語発達とマザリーズ

近年，乳児期の言語発達に関する分野で，養育者が乳児に語りかける際に用いるマザリーズについての研究が多くの研究者によって進められています。マザリーズとは，乳児に対して大人が話しかけるときに，普段の話しことばよりも高いピッチで，ゆっくりと，抑揚をつけて話す行為をさします。マザリーズの効果としては，前頭葉の血流量の増加（Saito et al., 2007）により，赤ちゃんの注意をひきつけたり，社会的選好や音声模倣に影響を与えたりすることでその言語発達（Thiessen et al., 2005）や情緒発達を促していることが示されてきました。また，最近の研究では，母親が乳児の言語発達に応じて，マザリーズを使い分けていることが実証され，その際に母親の脳の言語野が高い脳活動を示すことが脳科学によって実証されています（理化学研究所，2010）。

乳児期の歌う行為の発達が言語発達と強く関連し，さらに養育者からのマザリーズが言語発達に強い影響を与えることを考えると，養育者が日常の中で乳児に対してマザリーズを用いて話しかける行為は，乳児の歌う表現を支える専門性であると考えられるのです。細田（2003）は，ことばの獲得初期における乳児の音楽的表現の事例として，保育者が顔を近づけ「ダッダッダッ」や「パッパッパッ」といった破裂音を発生し，それを喜んで模倣する５か月児，６か月児の事例を示しています。このような，保育実践の日常においてよく見られることばを用いたかかわりが，乳児の歌う表現を支えていると考えられるのです。

（３）楽曲を歌う子どもを支える

細田（2003）は，歌の定義について，「既成の曲の一節を歌っていると判断できる声」と述べ，さらにリズムの存在，そしてことばとリズムが同調していること，さらにイメージを持っていることの３つの条件を加えて「歌」を定義しています。この定義で示された「既成の曲を歌う行為」に焦点をあてた研究は，1960年代から比較的多く見られます。とくに，幼児が１人で歌唱する行為に焦点があてられ，その発声や声域，音程に関する能力の発達に関する研究がすすめられてきました。水﨑（2014）は，幼児の歌唱行動研究の動向を概観し，幼児の歌唱行動の特質として「音高（音程の高い低い，ピッチ）の不正確さ」をあげ，これまで音高の不正確さの改善についての実践的な研究がすすめられてきたことを示しています。初期の研究としては，日本では増田（1971）

が，1歳から6歳までの歌唱の音域，音程の発達について研究を行い，加齢による変化について明らかにしています。さらに，海外ではスミス（Smith, 1963）の3，4歳児への歌唱トレーニングの効果に関する研究があげられます。このように，幼児の歌う行為に対する研究は，つねに，その音高の不正確さを理解したうえで，どのような指導がこの不正確さを効率よく改善することができるのか，という点に焦点があてられてきました。

（4）保育者の音楽の知識と伴奏能力

そのため，子どもの歌唱に関する研究は，子どもの歌唱する姿だけを対象としているのではなく，保育者のピアノ伴奏を習得するメソッドの開発，さらにはピアノ伴奏力を高めるためのシラバスのあり方に関する研究など，その範疇は広いものです。たとえば，吉富（2014）は，幼児の歌唱は教材として用いられる歌曲の音の音域や頻度によってその正確さに大きな差異が生じることを示しました。そして，保育者が歌唱教材への理解を深め，幼児の歌唱できる音域（声域）の歌曲を教材として用いることによって，歌唱能力を健全に育成できることを示唆しています。さらに，羽根田（2010）は，保育者が演奏するピアノ伴奏の楽譜の種類によって，歌唱の様相が変化することを示し，保育者が本格的な伴奏ができる能力が歌唱を高めるために必要であることが示されました。また，三村ら（Mimura et al., 2009）では，ピアノによる指導よりも，女性の歌声による指導の方が音高（音程，ピッチ）の正確性が高まったことを示し，声による歌唱指導の重要性を示唆しています。

つまり，音高が不正確な乳幼児期の子どもが歌う行為を支えるためには，乳幼児期の歌唱の発達について，音高や声域，発声の加齢による発達に関する知識を身につけることが基盤となります。そして，その基盤の上に，実際の歌唱において子どもたちの歌う姿からその発達の実相を読み取り，現状に即した教材や教授方法の選定を行う専門性が求められると考えられます。さらに，無藤（2013）は幼児期の歌唱指導のポイントとして，隣の声を聴き，隣同士の音が混ざり合い，響き合う経験の重要性を示しています。つまり，子ども個人の歌う行為の発達を読み取るだけでなく，子どもたちが集団で歌う行為を通して築く関係性についても理解したうえで指導する専門性が求められていると考えられるのです。

3　楽器を使った表現を支える保育者の専門性

（1）楽器を演奏する子どもを支える

子どもが日常的に楽器に触れられる環境がある幼稚園，保育園は少ないですが（久富，1980），年に1～2回程度，発表会や行事の際にスネアドラムやシンバルなどのリズム楽器を主にしたマーチングや鍵盤ハーモニカのアンサンブルなどを合奏したり，その事前の練習としてリズム楽器を用いた遊びなどを行ったりする園は多くみられます（岡林，2010）。そのため，楽曲を幼児向けの楽器を用いた合奏曲へとアレンジした楽譜や，さまざまな楽器の奏法について幼児に効率よく指導する方法をまとめた指導書も多く出版されています。

マーチング活動の現状について，吉永（2006）は，その教育的効果や音楽性の高さを認めつつも，マーチングを幼児期に取り入れることを当然として捉えている現状を問題視しました。そして，マーチングの活動において，指導者の一方的な指導が多く，子どもたちが音楽を楽しめていない状況を，「幼児は指導者のみに対峙しているのであって，その活動は音楽が存在していないように思われる」と述べ，そのデメリットの面を認識したうえでその活動を取り入れる必要性を示しました。

実際に，マーチングの活動では，教師の指導に沿って子どもが楽器を演奏する姿が多く，子ども自身が主体的に活動をすすめていくような姿が少ない点について問題意識をもつ研究者・保育者も多くみられます。平澤（2008）は，鍵盤ハーモニカの一斉指導の実践事例を示し，保育者が教材の選定や音名シールなどを用いて指導を工夫して，子ども自らが音楽的な表現活動を展開し，音楽を表現する喜びを体験させながら，音楽的な能力を高めることの重要性を示しています。また，木許（2009）も，音楽を好きになる子どもを育てるために，マーチング指導が行き過ぎて，それが生活を偏ったものにしないよう，生活や遊びの中で段階的にマーチングに必要な能力を身につけられるような保育内容を盛り込んだ，マーチング導入法を提案しています。

（2）楽器遊び・音遊びを楽しむ子どもを支える

子どもによる器楽を用いた活動は，既製の楽曲を演奏することだけではありません。遊びを教育内容の中心に据えることを示した，平成元年の幼稚園教育要領の改訂以来，楽器の奏法を保育者が直接的に一方向的に教授するのではなく，遊びの文脈の中で楽器を演奏することを楽しむ保育実践が試みられてきました。大まかに概観するとそれらの保育実践は2つに分けることができます。

まず1つ目は，保育者や専門家がファシリテーターとなり，主導しながら器楽演奏を幼児に促しつつ，子どもの器楽演奏を引き出していくワークショップ形式・一斉形式の実践です（梅澤，2009；登，2012；幸山，2004）。2つ目は，楽器や楽器となるような素材を環境構成して，子どもがその環境に触れることで器楽演奏を展開していくような保育実践です（坪能ほか，2005；横山，2014；南，2008）。

まず，ワークショップ形式では，保育者がファシリテーターとなる場合には，自らも演奏を進める中で，子どもたちに積極的に声かけして一緒に演奏することを促しながら活動が展開していくことが求められます。そのため，保育者には演奏の技能だけではなく，ともに音楽で表現することを楽しみながら，幼児の演奏からその意味を理解し，さらに演奏を展開していく力が求められます。また，楽器や楽器づくりのコーナーを環境構成した形式では，保育者や専門家は積極的な援助はせずに，同じ場で自ら演奏をしたり，楽器があることだけを伝えたりするだけの援助にとどめています。このような場合，保育者には演奏する力や幼児の演奏からその意味を見出す力だけでなく，それらにプラスして，構成した環境に対する幼児の気づきや，そこで環境とかかわって音楽を表現したいという意欲を読み取る力が求められます。そして，その読み取りをベースに幼児が表現を創意工夫してよりよいものへとくり返し，表現を高める力を幼児の中に生み出すための援助が求められます。

楽器を演奏する子どもを支える保育者の専門性として，自らも楽器を演奏する技能や楽曲への知識などを示しました。しかし，同時にマーチングや楽器遊びにかかわらず，保育者の技能と知識は，子どもが自ら音楽的表現に対する興味をもち，表現することへの意欲を高めるための手段として用いられるべきであることも示唆しました。そしてさらに，その自発的に生み出された音楽的な表現を，子ども同士が模倣し合ったり，音を重ね合わせてさらなる音楽的な表現へと発展したりするなどの，子ども同士の相互作用を生み出すために援用することの重要性が指摘されています（裵ほか，2006）。つまり，保育者には，自らの器楽演奏の技能と知識を用いて，子どもの自発的で音楽的な表現を生み出し，さらに，その表現によって子ども同士が相互作用することでその表現を自ら高めるような援助や環境構成を行える専門性が求められているのです。

4　表現を支える保育者の専門性

（1）身体で表現する子どもを支える

保育実践において，音楽に合わせて身体を動かす表現もよく見られる活動の1つです。既成の楽曲と身体の動きを組み合わせて，一斉に音楽に合わせて身体を動かす活動は「遊戯（おゆうぎ）」と呼ばれ，明治時代に幼稚園教育が導入された時期から行われています（図13-1参照）。しかし，遊戯で用いられる歌曲は難解な歌詞が多く，動きも行進や歌詞に即した動きであったために，次第に形式主義的な内容になっていきました。

そのような中で，土川五郎が考案した「律動遊戯・律動的表情遊戯」は形式主義に陥っていた「遊戯」に強く影響を与え，蓄音器とレコードの発展とともに，その後の日本におけるリトミック教育の展開の基盤となりました（小山，2009）。大沼（2007）も，目的が体育へと傾きがちだった明治期の遊戯教育に，感情や感覚，イメージという内的な志向性を加えた点を評価しており，現代の保育における表現教育を捉えるうえで重要な視点の1つになったことを示唆し

図 13－1　幼稚鳩巣遊戯之図（原画：大阪市立愛珠幼稚園所蔵）

ています。

身体の動きによる表現と自己と他者への理解との関係については，鈴木（2009）も，保育実践の身体表現活動における幼児の身体表現を模倣する行為に着目し，幼児が身体の動きを模倣する姿から，その幼児の他者理解や自己理解の過程を捉えることができると述べています。

また，身体表現の中には，特定の音楽に合わせて決まった振りつけをするダンスとは違い，音や歌，声に合わせて即興的に表現するリトミックと呼ばれる音楽教育法もあります。塩原（2008）は，リトミックを「音楽をリズムの要素を中心にして身体の動きを通して教えるメソッド」と定義して，音楽への知覚が筋肉運動と綿密にかかわることを示し，リトミックにおける身体の動きを通して，音楽と私たちの内面世界を結びつけることができると述べている。持田（2010）は，乳幼児期における即興的な身体表現活動において，乳幼児がリズムを感じて身体を共振させやすい環境を構成する力の必要性を示し，保育者自身が人の動きや言葉などの，外界に存在する多様なリズムを意識できる力を育むことの重要性を示しました。小川ら（2013）も，幼児の身体表現を引き出す方法として保育者が動きをイメージしやすいオノマトペを用いた声かけの重要性を示し，保育者の声によって子どものイメージや動きを即興的に変化させることができることを示唆した。

音楽や歌，声に合わせた子どもの身体表現を支える専門性として，音楽・リズムに合わせて決まった動きをする技能や振り付けへの知識だけではなく，自らも身体表現しながらも，子どもの動きからその子の内面を理解する力が求められます。また，即興的な身体表現では，それに加えて，保育者は，身体の動きを環境に共振させながら即時に身体の動きを変容させていく子どもの心の内にあるイメージを読み取りつつ，保育者自らも身体を共振させ，子どもの身体表現をより豊かなものへと援助する力が求められているのです。

（2）音楽的な表現の基盤となる音の経験

保育における音楽表現領域では，つねに楽器を演奏したり，歌をうたったりする子どもの姿が研究対象となり，その活動の教育的な価値について議論が積み重ねられてきました。しかし，今川（2006）は，「目に見える形での活動以前ともいうべき大切な表現の基盤が，生活の中で，環境の中のさまざまなモノとの出会いを通して育まれているのではないか」と述べ，生活の中での音の経験を表現の基盤として価値づける，新たなパラダイムを示しました。この研究が転換点となり，近年では保育実践の日常生活において子どもが生み出す音の経験への関心が高まり，多くの実践者や研究者がその子どもの姿を対象とした実践・研究が多くみられるようになりました（香曽我部，2009）。

たとえば，井口（2004）は，一定の間隔で生み出されてくる印刷機の機械音に合わせて身体を動かす子どもの姿や，焚火の前でよく枯れた草や葉が燃えるときの音に子どもが耳を傾ける姿を事例として示しました。そして，歌ったり，楽器を演奏したりしたことだけを音楽的な表現と捉えるのではなく，子どもが生活の中で音とかかわる姿を音楽的な表現として捉えることの重要性を述べています。青山（2015）も，保育実践において幼児が遊びの中で環境や人と相互作用することで，素材や道具を用いて音の響きを楽しむ姿を事例として示し，日常の中で多様な音楽的な行動を生み出していることを示しました。

吉永（2013）は，音楽表現の基礎が「聴く」ことであると述べ，遊びの中で幼児が自らの足音を聴いて，その足音の響きを遊びの中で楽しむ事例を示しました。そして，遊びの中で見せる幼児の音を用いた表現を「前音楽的表現」，そのもととなる幼児が音を聴く行為を「音の感受」と定義しました。さらに，保育者が幼児の音の感受に注目することで，幼児の音楽的な表現の質を高めるための環境構成のアイデアを得ることができると示しました。今川（2006）も，幼児の遊びにおける音の発見と探究において，環境の重要性を示しつつ，さらに，日常の保育実践の中で保育者が，子どもが生み出す音の経験を深めたり，他の経験と結びつけて広げたりすることでさらに豊かな経験へと展開していく可能性を示唆しています。また，生活の中で音を聴くことの重要性については，倉橋（1935）が監修したキンダーブックの付録「ツバメノオウチ」の中で，生活の音を観察することを「耳観察」ということばで示し，その実践を提案しています。

このように，遊びの中で子どもが見せる音楽表現の基盤となるような音の経験を支えるために，保育者には子どもが多様な道具・素材や人々とのインタラクション音に注意を向け，その音を使って表現できるような物的・人的な環境構成をする力が求められます。さらに，それらの環境構成の中で子どもが生み出した音の経験を見いだし，さらなる音楽的な表現へと深めたり，他の遊びと結びつけたりしてさらに多くの学びへと発展させる応用力が求められています。

（3）遊びの中の音の世界

前項では，遊びにおける音の経験が，将来の音楽的な表現活動へとつながる基盤となると位置づけ，日常生活における音の経験の価値を捉える新たなパラダイムが示されたことを述べました。さらに，無藤（2013）は，遊びの中の子どもの音の経験について，「音楽という教科とか，いわゆる音楽というジャンルよりも，また，西洋音楽やクラシックとか歌謡曲とかよりずっと手前の，人間経験の基盤としてある」と述べ，音の経験が単純に音楽表現に結びつくだけでなく，それ以前の人間経験の基盤として位置づけました。香曽我部（2012）も，人を，音を聴く受動的な存在として位置づけてきた従来のサウンドスケープを批判したフェルド（Feld，2000）の音響認識論を示し，人が周りにある音を耳で聴くだけでなく，自らも生活の中でつねに音を生み出すことで音の振動を身体によって感じ取り，耳と身体で二重に音を知覚する存在であることを示しました。そして，その場のサウンドスケープを知覚することによって，その場に生きる人々の心情やその変容を理解できることを示唆しました。つまり，保育実践における子どもの音の経験は，単純にそれが音楽的な表現へとつながるだけではなく，もっと人間形成の根源的な営みの産物であると捉え，そのような音を通じた意味世界を形成する経験を「音の世界」として概念化したのです。

香曽我部（2007）は，遊びにおける音の経験によって幼児が特定の音に対して特定の心情を結びつけ，その音に意味づけを行うことを示し，音への概念を形成するプロセスを明らかにしました。そして，音が幼児の行為によって生み出される過程において，さまざまな素材や道具への作用を通じて物理的な特性だけで概念化されるのではなく，遊びの中で生じる社会的な文脈によってその心理的属性（心情，感情）が決定され，概念化されることを明らかにしました。つまり，遊びの中で生み出されるさまざまな音には，その子どもが置かれた社会的な文脈が取り込まれるために，子どもが音を生み出し，聴こうとする行為をもとに子どもを取り巻く社会的な状況を読み解くことが可能であることを示したのです。

たとえば，香曽我部（2010）では，砂遊びにおいて子どもが周囲の音に注意を向け，その変化をつねに聴き取ろうとしていることを，子どものふり向く行為から明らかにしました。そして，その音の変化に応じてふり向く幼児の心情を理解するだけでなく，その場を共有する他者との仲間意識や遊びのイメージの共有の度合いなど，他者との関係性の実相を理解するための指標となることを示しました。

また，香曽我部（2012）では，保育者が遊びの中の音の世界に注意を向けることで，視覚では捉えることのできない子どもの心情とその変化を理解でき，さらに，音を通して子どもの学びを知ることができると示唆しています。そして，事例として，子どもが多様にシャベルを操作して砂遊びする場面の音の変化に着目して，子どもの学びの変容が描かれています。つまり，音の世界を子どもとともに構成する者として，音に込められた情報を感じとり，子どもとの関係性をベースとして，その子どもへの理解へと結びつけることで，その音を意味づける力が保育者に求められるのです。

5　2つのスキルの発達とその基盤となる音の世界

（1）遊びの中で生まれる認知的スキルと社会情動的スキル

これまで，歌唱や器楽演奏，身体表現，音遊びなどの音楽的な表現を支える保育者の専門性について示してきました。それぞれの項目において，保育者に求められる知識や技能を示しつつ，それらが単純に子どもの音楽表現を高めるだけでなく，子どもの自発的な音楽的な表現を生み出し，持続的な展開を生み出す自主性の育成に寄与することの重要性を示してきました。とくに，遊びの中で見られる声や音の経験のように，音に対する興味や関心意欲，それを持続する力，そして音を通して他者とかかわり合う力は，知識や技能などの認知的スキルに対して，非認知的スキルとして「社会情動的スキル」と呼ばれます。近年では，幼児期に社会情動的スキルを育てることが，重視されています。実際に，ダイアモンド（Diamond，2007）は社会情動的スキルの基盤となる実行機能を高める教育的介入として「ツールズ・オブ・ザ・マインド（Tools of the Mind：心の道具箱）」を開発しました。そして，そのカリキュラムには音楽に合わせて動き，音楽が止まったら立ち止まり，絵で示された動きを真似るというような音楽を用いたゲームが盛り込まれています。音楽的な表現に関しても，子どもの音楽的な知識や技能を高めるだけではなく，音の経験のように社会情動的スキルを高めるような援助についても，同時に求められると考えられるのです。

ここで強調しておきたいのは，歌うことや演奏することなどの音楽的な技能や知識などの認知的スキルよりも，音に対する興味や関心，持続性などの社会情動的スキルが重要であるということではありません。池迫（2014）は，クー

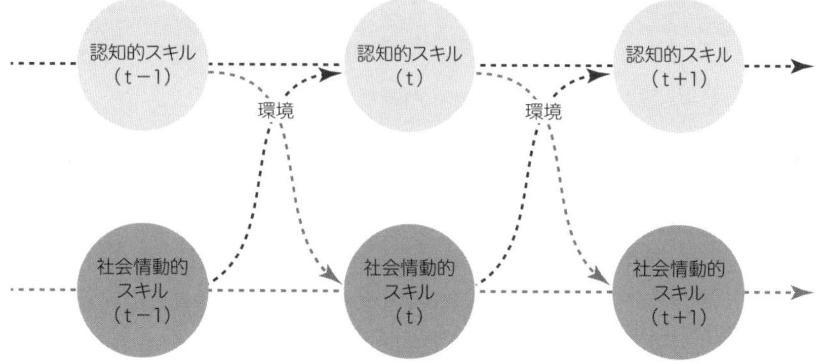

図 13－2　認知的スキルと社会情動的スキルの動的相互作用

出所：OECD，2015

ニャとヘックマン（Cunha & Heckman，2007）の研究をもとに，現在の認知的スキルが未来の社会情動的スキルへ，現在の社会情動的スキルが未来の認知的スキルに影響を与えると述べ，認知的スキルと社会情動的スキルが環境を通じてたすきがけのようにくり返す相互作用を「動的相互作用」という概念で表わしています（図 13－2 参照）。つまり，単純に，音の経験が将来の音楽的な表現の技能や知識の習得に結びつくのではありません。現在の音の経験への気づきや試行錯誤する子どもの行為が，将来の音楽的な表現の技能や知識の習得につながり，さらに現在，子どもがもっている音楽的な表現の知識や技能が，次の音の経験への気づきや試行錯誤する力の育ちへとつながっていくのです。保育者は，同時進行で進むこの２つのスキルの発達を読み取りながら，そのスキルを子ども自身が育めるような環境構成を行うことが求められているのです。

（2）人としての発達の基盤となる音の世界

さらに，先に示した遊びの中の「音の世界」について述べます。人は，社会や文化，環境とかかわりながら発達していきます。ヴァルシナー（Valsiner，2001）は，人が社会的な状況と環境との相互作用の中で発達していくことを開放システムという概念を用いて説明しています。無藤（2013）は，音が振動によって生じることを示し，「われわれが生きている限りは動くわけで，動くということは対象との接触があるわけです」と述べています。つまり，保育者と子どもとともに構成する「音の世界」は，保育実践に参加するすべての人々が，物的な環境や社会的な状況と相互作用した結果であり，私たちが開放システムの中で発達してきた証であると捉えられるのです。

これまで，研究対象とされることの多かった音の経験や楽器を用いた音楽表現は，環境や状況の中で生じた音の世界のごく一部分にすぎません。マロックとトレヴァーセン（Malloch & Trevarthen, 2009）が，母親が子どもに歌いかける場面に着目し，子どもが母親の声を感じとり，母親の情動を知ることで，認知的・社会的に発達することを示したように，普段は聞き逃し，当たり前になっている多くの音や声に耳を傾けることが大切です。これまで，研究対象とされることの多かった音の経験や楽器を用いた音楽表現は，環境や状況の中で生じた音の世界のごく一部分にすぎません。普段は聞き逃し，当たり前になっている多くの音に耳を傾け，その子にとってその音がどのような意味をもつのかを理解することで，自らの援助や環境構成のあり方を見直す力が保育実践を支えるための専門性として重要であると考えられるのです。

保育実践における音楽教育のあり方について

松山東雲女子大学（元 ひじりにじいろ保育園園長） 出原　大

保育における音楽教育において，保育者が子どもの心を捉える愛情深いセンスをもち合せることが求められます。本章では，子どもの音楽表現を支える技術と子どもの内面や発達を受けとめた保育の考察がなされていますが，ここでは２つの事例を紹介しつつ考えたいと思います。

〈事例１　うたあそび〉 厨房まで給食を取りに来た先生と，先生についてきた１歳児クラス４人の子どもたち。給食配膳の用意ができるまで，厨房前のベンチに座っていました。すると先生は，子どもたちの顔を見ながら映画「サウンド・オブ・ミュージック」の挿入歌「私のお気に入り」を自然な感じでうたいだしました。子どもたち一人ひとりに眼差しを向けながらやさしく語りかけるようにうたい，一人ひとりの鼻をツンツンとさわりながらリズムを取って愉快な雰囲気を作っていきました。歌が進むにつれてノリがどんどんよくなるこの歌に，子どもたちは目を輝かせ，手をバタバタとさせたり，先生の顔を見ながら（歌詞を真似ているような感じで）声をだしていました。やがて給食の用意ができると，先生は歌の続きをうたいながら保育室に食事を運んでいきました。そのあとを子どもたちがリズムを取って楽しそうについていきました。

先生と子どもたちが愛を感じる歌の時間を共有しています。この先生は，歌が大好きで，子どもたちと遊んでいるときに自然とその場面に合った歌を口ずさみ，子どもたちの発達に即した歌がうたえる専門性を具えた人です。これは，先生自身がそれまでの人生を通して歌に親しみ，音楽を愛してきたからこそ自然と身についた技量です。だから，先生は，子どもたちが「自主的」に歌いたくなるようにうたい，子どもたちが「ともに」（友だちや先生と）うたうことが「よろこび」となるように愛情深い援助をすることができたのです。

〈事例２　音あそび〉 晩秋の園庭での出来事です。砂場にたくさんの落ち葉が舞い落ちてきました。５歳児が数人でこの落ち葉を踏むうちに，音が出ることに気づきました。「わあ，これおもしろい！」と，子どもたちが音や感触を楽しんでいる様子を見た先生は，葉っぱを拾い集めると，自分の手で握りながら，葉っぱが砕ける音や感触を自分のことばで子どもたちに語りかけました。「クシャって音がする！」「これ握るときもちいいね！」「わあ，この葉っぱはパリパリってつぶれる！」。先生は子どもたちに共感しながら，その音の感じをことばに置き換えたり，葉っぱの種類によっても音や感触が違うことを投げかけました。子どもたちはさらによろこび「これバリバリって大きい音がする！」「いっぱい集めてつぶしたらいろんな音がする！」と口々に音をことばで表現しだしました。そこで先生は，さらに葉っぱをかき集め「おもちゃのチャチャチャ」の歌に合わせて葉っぱを握りつぶしていきました。子どもたちにとっては，それは新鮮な音楽の遊びでした。あまりにもおもしろい試みに，子どもたちは先生のそばに駆け寄って一緒に「チャチャチャ」のリズムで落ち葉をつぶしていきました。先生と子どもたちが互いに顔を見合わせて楽しむその姿は本当にイキイキとしていました。外遊びが終わって保育室に入り，話し合いの時間に，この経験をした子どもたちが落ち葉をつぶして歌をうたったことをうれしそうに報告していました。すると，今度は先生がいろいろな本物の楽器を出してきて子どもたちに手渡し，ピアノで「おもちゃのチャチャチャ」を弾きだしました。子どもたちは先生のピアノに合わせみんなで思い思いに「おもちゃのチャチャチャ」を合奏しました。この日の楽器遊びは大いに盛り上がりました。

保育における音楽教育の時間は，えてしてテクニックを重視し，「上手くうたえる」「上手く演奏できる」ことにこだわる指導が多くなってしまいがちです。また，カリキュラムや行事での音楽活動に追われ，先生が主導的に「〜しましょう」「〜しなさい」などという，子どもの心を捉えていない一方的な教授が散見されます。しかしながら，子どもたちが音楽に親しむためには，子どもたちにとって「自主的」「ともに」「よろこび」の３つのキーワードが適った時間が保障されていなければ子ども自らが「うたいたい！」「弾いてみたい！」と思う心は育まれません。保育における音楽教育は，子どもたちが音楽を好きになる心を大事に守り，愛情深く支え，伸ばしてあげることが要なのです。

第14章 「演じること」「観てもらうこと」を支える保育者の専門性

二宮祐子

1　保育実践としての劇

「本番までの間，『あと何日で本番？　何回寝ると本番？』と指折り数え，『ぜったい観に来てね！』と念を押し，こんなにうれしそうに保育園に通うわが子を初めて見ました。本番は親の私の方が緊張してしまい，ドキドキして，幕が上がりました。私の心配をよそに，子どもは堂々と演じきり，最後は満面の笑顔で幕が閉じました。私はホッと一安心し，一回り大きくなった子どもの姿に涙が出てしまいました。（中略）まだ言葉もうまく出なかった位，小さい頃から見知っている子どもたちがあんなに上手に劇を演じている姿は，心から感動し，感激しました」。

「すべて手作りの劇。大道具，小道具，衣装，そして台本も手作り。世界にたった１つの子どもたちの劇。自分たちで協力しあい，何かを成し遂げるということは，これからの人生に大いに影響を与えることでしょう。今回，得ることのできた達成感は，子どもにとっても，親にとっても，かけがえのない財産になります」。

＊

これらは，発表会の後に行われた５歳児クラスの保護者アンケートからの抜粋です。このアンケートが書かれた八王子共励保育園では，０歳児クラスから５歳児クラスに至るまで，発表会という行事だけでなく，懇談会・おたより・送迎時の会話など，日頃からさまざまな機会を通じて，劇遊びなどの保育実践の様子を保護者の方々に伝え，やりとりしてきました。本園は，首都圏郊外にある認可保育所としての福祉的機能をベースにしながらも，劇や保護者参加行事を，子どもの学びだけでなく，親子関係の成熟を支援するための機会としてカリキュラム上に明確に位置づけ，園全体で連携しながら取り組んでいます。このような点で，保育実践に埋め込まれた保育者の専門性を観察し，記述するのに適したフィールドだといえるでしょう。

本章では，本園の実践を紹介しながら，「(子どもたちが）演じること」「(保護者に）観てもらうこと」を対象として，子どもたちの成長していく姿をよりよいかたちで，保護者の方々に受けとめてもらい，子どもや園へのかかわりが深まることをめざした，保育者による援助のあり方について，考えていきたいと思います。

（1）ごっこから劇へ

まず，具体的な実践例に入る前に，保育実践としての劇とはどのようなものか，発達過程に沿って確認しておきましょう（山﨑，2014；田川ほか，2010；兵庫保育問題研究会ほか，2004)。ご存じのとおり，子どもは，ほんの幼い頃から，「身ぶり」をことばの代わりに使いながら，ふり遊びをさかんに行います。この「ごっこ遊び」こそが，あらゆる劇の「芽」となります。ただ厳密にいえば，ごっこ遊びは劇ではありません。ごっこ遊びとは，ままごとにせよ，お姫様ごっこにせよ，子どもが「なりきる」ことさえできれば，遊びとして成立するからです。つまり，「ごっこ遊び」の場合，必ずしも，子ども自身のふるまいに対し，他者がいろいろ解釈を加えたり，評価すること，つまり「観てもらうこと」までは求めていないのです。この点こそが，厳密にいえば劇ではない所以です。

しだいに，子どもたちの遊びが複雑になってくると，ごっこ遊びは「劇遊び」へと移行し，即興的にパフォーマンスしあって楽しむようになります。自分の表現を認めてもらいたいという気持ちが芽生え，子どもなりに他者のまなざしを意識しながら表現するようになるわけです。保育者が小道具や大道具を用意したり，ナレーションや BGM を入れたりするなど，ちょっとした援助を加えることで，ぐっと劇らしく見えるようになるのが，この時期です。子どもたちも，桃太郎なりお姫様なり「役」としてのセリフや身ぶりを観てもらうこと，いわゆる「お客さん」の存在を意識しながら，パフォーマンスを行うようになります。

さらに，「劇づくり（劇活動）」となると，子どもたちが互いに協力しあって1つの劇を作り上げ，観客の前で上演することをめざします。大勢で1つの劇を作り上げていくために，台本を用意し，稽古をしたり，演技が舞台で映えるための大道具・小道具を用意したりすることが必要となるでしょう。幼い頃から劇遊びに親しんでいる場合，保育者がポイントを押さえて援助すれば，子どもたちの手で劇づくりをどんどん進めていくことができます。

以上をまとめると，保育実践としての劇とは，「子どもたちが自分の世界を身ぶりやセリフなど『演じること』を通じて具現化することを楽しむこと。これを他者に『観てもらうこと』を楽しむこと」といえます。もともと表現には，作品を作り上げる過程と作品を鑑賞してもらう過程の両方が含まれるように，劇の場合も「演じること」「観てもらうこと」という2つの側面があるといえます（千田，1966）。

（2）保育者における劇に関する認識

次に，当の保育者自身は，保育実践としての劇について，どのように認識しているのか，見てみましょう。劇に関する保育者の意識調査に寄せられた声を拾い上げ，集約していくと，次の2つにまとめることができます（山本，2000；北村，1998）。第1に「ごっこ遊びや劇遊びのときは楽しいけど，劇づくりになると大変」という声，第2が「発表会などで観客に観てもらうことに困難を感じる」という声です。

1つ目の「演じること」への具体的な援助方法については，実践研究が地道に積み上げられ（たとえば，全国保育問題研究協議会，1993；兵庫保育問題研究会ほか，2004），少しずつ方法論として体系化されて，保育者全体での共有が図られつつあります。たとえば，文学作品をもとに演じて楽しむ劇遊び・劇づくりでは，広岡（1987）をはじめ，田川ら（2010）や山﨑ら（2014）により，援助方法論が築き上げられてきました。また，劇のもとになるお話づくりの段階から，子どもたちがクラス活動として参加する物語劇創作活動としては，本園でのフィールドワークをもとにした論考があります（二宮，2015)。

一方，2つ目の「観てもらうことの困難」については，公の場ではほとんど語られることがありませんでした。次節では，この点について考えてみたいと思います。

2 「観てもらうこと」の意義と困難

劇に関する保育者の意識調査では，自分の子どもと他の子ども・クラスとの比較をもとに，保護者から劇を評価されてしまうことが懸念されていました。たとえば，保護者から「Bちゃんは主役のお姫様役なのに，うちは脇役のタヌキだから……」という配役で比較されたり，「隣のクラスのオペレッタは衣装も振りつけもかわいいのに，うちのクラスはセリフだけで……」といった演目での比較など，さまざまな声があがりました。また，上演当日の子どもの演技の出来栄えだけを見て「セリフをちゃんと言えなかった」などと，それまでのプロセスを見落としてしまうことを心配する声もありました。

どうやら，保育者にとって，発表会をきちんと「観てもらうこと」は難しいと感じられるようです。通常，保育者は，発表会を見世物にしないために，演技のテクニックだけを教え込むことはありません。したがって，子どもたちは劇表現の技術的な部分には習熟していないはずです。その結果，保育実践における劇は，誰にでもすぐに理解できる表現にはなっていないことが多く，舞台の上の子どもの姿をただ「見てもらうこと」はできても，きちんと「観てもらうこと」までは難しくなってしまうのかもしれません。

それでもなお，保育者たちは，子どもたちのまなざしや身ぶりに込められた思いまで汲み取りながら「観てもらうこと」を願っています。とはいえ，意識調査で明らかにされたように，子どもたちが「演じること」に一生懸命に取り組んだとしても，保護者に「見てもらうこと」しかできなかった場合，舞台上の演技は，曖昧なふるまいや，断片的なふるまいにしか見えず，表面的なかわいらしさに保護者たちが満足し，深いレベルの理解にまで到達しないまま終わってしまうかもしれないという心配が残るのも事実です。このようなジレンマが，劇に関する保育者の意識調査では「発表会などで観てもらうことに困難を感じる」という声となってあらわれてきたわけです（山本，2000；北村，1998）。

この点について，もう少し掘り下げて考えてみましょう。わが国の近代演劇の普及に多大な貢献をした千田是也が『演劇入門』で論じたように，劇が成立するためには演じる人と観る人の共同作業が必要となります（千田，1966）。演じる人の方が注目されがちですが，千田は観る人の役割も等しく重要であると指摘しています。劇がよいかたちで成立するためには，観客に，ただ「見てもらう」のではなく，よく「観てもらう」ことが必要となるわけです。たとえプロが入念につくりあげた演劇であっても，舞台上で起こっていることが話の内容を忠実に再現しているわけではないからです。舞台上の出来事に対し，観客はさまざまな解釈を加えて，その文脈を理解し，意味を見つけ出していく作業を行うことで初めて，十分に「観てもらうこと」が達成されたといえるでしょう。つまり，ただ劇を見て「楽しかった」といった紋切型の感想で終わるのではなく，観る人が，演じる人の思いや願いに感情移入してみたり，作品が上演されるまでの制作プロセスを想像してみたりする作業に，積極的に取り組む必要性が出てくるわけです。

プロの俳優・女優による演技ですら，これをきちんと鑑賞しようとすれば，観客もこのような努力をしなければならないわけですから，当然，発表会の劇を，保護者にきちんと「観てもらう」ためには，たとえ舞台の上に立っているのがわが子であったとしても，保護者の側にも「観る力」が求められます。なぜなら，劇発表会で披露される劇では，舞台に立つ子ども自身が観せるためのテクニックをほとんど身につけていないからです。どんなに劇指導に熱心な保育者でも，俳優・女優ならば求められる演技術を子どもたちに教え込むことはしていないはずです。つまり，子どもの舞台上でのふるまいは，いわゆるプロの演技のようなわかりやすさはないと言っても過言ではないでしょう。だからこそ，たとえわが子のクラスであったとしても，保育園における劇を適切に鑑賞するためには，それなりの「観る力」が必要となります。冒頭のアンケートのように，保護者の方々に「観る力」を思う存分発揮してもらうために，保育者たちはどのような援助を行っているのでしょうか？

3 よりよく「観てもらうこと」をめざして

長年にわたり園全体で積極的に取り組んできた実践例として，八王子共励保育園の取り組みを紹介します。本園の年長児たちは，20 年以上前から，2 か月近くにわたって，クラスごとに子どもたちでオリジナルの物語をつくりあげ，これをもとに劇として表現する物語劇創作活動を行い，発表会で披露してきました。劇づくりのプロセスについては，すでに詳しく紹介しているので（二宮，2015），ここでは，これに至るまでの乳児クラス時代からの取り組みを含め，子どもたちの劇を「観てもらう」ための援助プロセスについて，保護者アンケートなどをもとに考えてみたいと思います。

（1）乳児クラスでの取り組み

本園の 1〜2 歳児クラスでは，1 年間を通じてテーマのあるごっこ遊びを日常的に実践し，保護者に披露してきました。ふだんのごっこ遊びの姿をそのまま，保護者に「観てもらう」ために，前半は子どもには内緒で大道具のついたての覗き穴ごしに肉眼で観てもらい，後半は劇の登場人物に扮してごっこ遊びに参加してもらう流れとなっています。ここでご紹介する実践と保護者アンケートは，物語劇創作活動（二宮，2015）に登場した子どもたちの 2 歳児クラス時代のものです。この年は，「しろう君のマントを探せ」というテーマで，1 年を通じて，しろう君という男の子がなくしてしまったマントを探して，園外や園内のあちこちを探検するという筋書きのもとに，保育実践が展開されました。行事では，劇の中盤で，子どもたちは知らない状況で保護者たちが「おたすけマン」となって登場し，子どもたちと協力してマントを見つけ出すというストーリーが繰り広げられました。

「楽しそうに歌ったり踊ったりと，家とは違った表情もみられ，とても良かったです。きまぐれの森に行く子どもたち，いつもの保育園の部屋なのに，お話の世界に行って，真剣にこわがったり，がんばったり，その想像の世界にびっくりです。このような世界を用意してくださるのは，さぞ大変だっただろうと思います」。

「運動会や遠足などの親子参加の行事では，親に甘えてしまって，子どもだけのときの様子はわからなかったのですが，今回，こっそりかくれて見ることで，園でのごっこ遊びや集団生活の様子がわかって面白かったです。子どももまさか私が隠れているとは思っていなかったようで，出ていったときの驚いた顔，とてもうれしそうな顔が，私にとっても，とてもうれしく思いました」。

まずは，じっくりと観察してもらってから，中盤でごっこ遊びに飛び入り参加して，子どもたちの世界を味わってもらうという流れでした。ふだん，子どもたちが生活している保育室から離れず，舞台と客席を一体化させた場を設けて，保護者たちに，レンズごしではなく，目の前で直接「観る」ことができるよう環境設定をしているのです。

「保育園からの帰り道や家で，よく『マントさがし』の話をしてくれていましたが，どうやっているのか，イメージがわかず，いつも返事や相槌がワンパターンになってしまっていたのですが，ごっこ遊びをみてからは，『ああだった，こうだった』とドキドキワクワクしながら話せるようになりました。質問も『ゲンさんが直してる橋はどうしてこわれちゃうの？』とか具体的な問いかけもできて，帰ってからも楽しめています」。

この保護者は，ごっこ遊びを「観る」経験をしたことで，わが子が口にする「マントさがし」のお話に対し，探し回っている姿を思い描きながら共感的に聞き，さらに「具体的な問いかけ」もできるようになりました。保育実践において，ごっこ遊びとは日常生活そのものですから，このクラスの子どもたちは，行事が終わったあとも，相変わらず「マントさがし」を楽しんでいるわけですが，保護者にとっては，行事で「観る」ことで初めて，ごっこ遊びをする子どもたちの姿が具体的に理解できるようになったのです。保護者も参加する行事を設定し，子どもたちの姿を「観てもらう」ことにより，それまでのクラスの取り組みを理解してもらうだけにとどまらず，行事後の親子のかかわりが促されることがわかります。このことは，単純に親子の会話を増やすだけではないでしょう。子どもにとっては次の活動への意欲へとつながり，保護者にとっては「子ども理解」が深められるといった具合に，親子の双方にとって，それぞれの成長を促していく効果があるはずです。

行事とは，その場かぎりのエンターテイメントのように誤解されることも多いのですが，保育者が「観てもらう」ための細やかな配慮を埋め込んでおくことで，保護者自身の子ども理解が促されるだけでなく，親子関係が深まるような仕掛けとなっているのです。

（2）年長児クラスでの取り組み

それまでは，ふだん生活している保育室を舞台に見立て，さまざまな大道具や小道具を配置して，ごっこ遊びを披露してきました。保育実践としての劇の発達過程でも示したように，ごっこ遊びは，劇遊び，そして劇づくりへと発展していきます。本園では，3歳児クラスになると，保育室を舞台部分と客席部分に分け，保護者の目の前で劇遊びを披露する時期を経たあと，4歳児クラスからはホールの舞台で上演されます。そして，園での劇発表が最後となる5歳児クラスでは，子どもたちの手でストーリーからすべてつくりあげていく物語劇創作活動を行い，「○○組のお話」の世界を舞台の上で表現します。

「マントさがし」のごっこ遊びから3年後，5歳児クラスの劇「たからものはだれのもの？」（二宮，2015）の発表会の後に寄せられたアンケートから，保護者の声を聞いてみましょう。

「昨年は舞台の上から私を見つけると，手を振っていたり，恥ずかしがっていたのですが，今回はこちらから手を振っても役になりきって，すまし顔で私たちのことは無視……“女優”の顔に微笑ましいやら，おかしいやら……，笑いながら涙が止まりませんでした」。

「うちの子は幼い頃から消極的な性格で，舞台の上で劇をすることはとても苦痛そうでした。それが，今年は『観にきてね』と言い，大勢の人の前で一生懸命に演じている姿に精神的に成長したなあと感じました。本当に，年少の頃を考えるとウソのようです。劇の内容も，昨年と比べて，かなり話の流れもしっかりしてきて，一人ひとりがそれぞれ，しっかりと自分の役割を果たしているのを感じました。この頃の一年一年は大きく成長するんですね」。

発表会を「観てもらう」のは一年に一度だけですが，これを子どもの成長とともに積み重ねた結果，わが子の育ちが具体的に理解できるようになり，見た目の可愛らしさを喜ぶだけではなく，内面的な成長を実感することができるようになることがわかります。さらに，年長になるにつれ，わが子への理解が深まるだけでなく，その他の子どもたちの成長も捉えられるようになります。この保護者の場合「それぞれがしっかりと自分の役割を果たす」という集団としての育ちを感じ取ったわけです。

日常生活の中では自覚することの難しい「育ち」を心の底から実感できるのは，保護者参加行事だからこそといえるでしょう。そして，このような経験を，親子共々重ねていくうちに，行事そのものに向けた期待や意欲が芽生えてきます。保育者たちは，その期待や意欲がさらに活かせるよう，さまざまな配慮を行っています。発表会の開催日時や注意事項を保護者に伝えるために，おたよりやしおりを配布しますが，これらに加え，それぞれの保護者あての「招待状」をクラス全員で手づくりしました。その絵カードの裏側には，子どもたち一人ひとりがお父さんやお母さんあてに，上演への抱負や観てほしいポイントがメッセージとして書かれていました。

海賊役を演じたシュウくんのメッセージでは，「みてほしいところは，大きな口をあけてうたうことです。ぜったい，たいけつではかちます。がんばります」と書かれ，劇中の歌やクライマックス部分の演技に注目してほしいことが述べられています。「たいけつ」では，その場で実際に「しりとり」で団体戦を行うため，本番にどちらが勝つのかは，そのときまでわかりません。このため，その後のシナリオは２種類作成されたのですが，当然ながら，誰もが自分の役のチームが勝つことを望んでおり，このような抱負となったわけです。さて，本番では，どうなったでしょうか？

シュウくんは，発表会の翌日，「ぼくはたいけつでまけて，くやしかったです。サメとさかなとのたいけつがたのしかったです。ママとパパがいっぱいはくしゅをしてくれて，うれしかったです」と述べました。そして，その翌日，お母さんからのメッセージが届きました。

「はっぴょうかいをみて，パパとママはとてもうれしいきもちになりました。とてもおおきなこえで，かいぞくをえんじているシュウちゃん，かっこよかったです。しょうぶにまけてしまったのはとてもざんねんだったけど，そのきもちをあじわいながらも，さいごまで，げきをえんじていたところが，りっぱだとおもいました。シュウちゃんやほかのおともだちの“がんばるきもち”“やさしいこころ”をかんじることができました。“こころ”はつうじることを，とてもおしえられました。きっと，しょうがっこうにいっても，シュウちゃんはだいじょうぶだなあとおもいました。ママやパパは，まだまだおとなとしてりっぱではありませんが，シュウちゃんといっしょになら，がんばっていけそうなきがします。これからもよろしくおねがいします」。

文章そのものはほとんど解読できないはずなのに，便箋の上の文字を見つめていたシュウくんの姿が，当時，このクラスでフィールドワークをしていた筆者には，今でも蘇ってきます。本園では，保護者参加行事の後はいつも，行事の感想を子どもあての手紙として作成して園のポストに投函することを依頼していますが，招待状や手紙という機会が発表会の前後に設定されたことで，このような親子の対話が生まれました。保育者は，保護者たちによりよいかたちで「観てもらう」よう働きかけるだけではなく，そこから湧き上がってきた願いや思いが，子どもたちにしっかりと届くよう仲立ちを行っていたのです。

再び，発表会後に回収された保護者アンケートの方に戻り，その一部をご紹介しましょう。

「昨年の発表会でも感じたことですが，自分の子が，劇の中で，役に入り込み，セリフを言い，演じる姿は，普段の生活からは想像もつかないことです。なので，観ている親にとっては，子どもたちのことを知るいい機会だと思います」。

「クラスの子どもたち，わが子の成長には，本当に感動し，うれしかったです。仲よく，仲間が１つになり，助け合っている姿が伝わってきました。『とっても上手でカッコ良かったヨ！　すごい頑張ったね♡　ありがとう♡』と伝えると，とってもうれしそうな笑顔で『観に来てくれてありがとう♡』って抱きついてくれました。子どものおかげでこんな幸せな心豊かな気持ちになれて，心から感謝します」。

「子どもたちで考えた劇，素晴らしかったです。友だちの意見も受け，自分の意見も伝える，目標に向かって一歩一歩考え，皆が納得して，１つのものをつくりあげるということを体験でき，いろいろなことを吸収できたのではないかと思ってます」。

発表会とは，日常の保育実践を総まとめとして，舞台の上で披露するものですが，行事である以上，子どもたちにとっても園生活の１つの区切りとなります。保護者の中には，これをきっかけに，子どもたちが次の成長のステップへと移行していくことに気づき，これを温かく見守る姿もありました。

「劇発表会が終わってから，最近の娘の言動がずいぶんとしっかりしてきたなと思う面がたくさん出てきました。劇を通じて，たくさんお友だちと話したり，考えたり，悩んだりした結果，頑張った分，自信になって表れてきているのかなと感じています」。

「人生を生き抜くなかではいろいろなことがあり，心が折れそうになることも，きっと出てくるかもしれないけれど，この劇をやりきったということは，大きな自信になると思っています。また，くじけそうになったときは『あの時，劇をやり遂げたんだから大丈夫！』と言ってあげられる親でありたいなあと思います」。

4 舞台の下に埋め込まれた専門性

以上，劇をめぐる保育者の援助について，実践例をもとに考えてきました。劇がよいかたちで成立し，子どもの育ちへとつながっていくためには，「演じること」への援助だけでは不十分で，「子ども理解」をしながら「観てもらう」ための援助が必要となります。これは，保育実践の中に劇を取り入れたことのある園であれば，どの園でも，さまざまなかたちで行われてきました。ただ，まるで「匠の技」のように，あうんの呼吸でなされることが多く，明文化された保育計画に則って，園全体で意識的に取り組まれることは少なかったと思われます。また，アカデミックな場でも，長年，保育実践としての劇が研究対象になることは少なく，なかなか議論が深まらない状況にありました（南，2014）。

本園の実践より，子どもたちの劇をよりよく「観てもらう」よう，日々の細やかな援助を積み重ねていくことが，保護者における「子ども理解」や「子育てを自ら実践する力」の向上だけでなく，子どもたちの思いや願いに応えることにもつながり，結果的に親子関係の成熟に大きく貢献することがわかります。劇の舞台の下には，その華やかさに目を奪われているだけでは，なかなか見えてこない保育者たちの専門性が，深く埋め込まれているのです。

謝辞

研究構想の段階から意義を見出してくださり，長年にわたってご協力を賜りました共励こども園の先生方と子どもたちに，深く御礼申し上げます。

演じる力を支え，親心を引き出すカリキュラム

共励こども園　鈴木惠子

「劇づくり」には，その活動が可能となる前提として，お話を楽しむたくさんの経験，大道具・小道具など物をつくり出す器用な手，協働的な活動を可能とする集団づくりが大切になります。そしてこれらの活動は，0歳から5歳まで，継続して積み重ねられる必要があります。

本園の5歳児・年長組になった子どもたちには，意味や価値の世界を知り，みんなと協力して物をつくったり，行動したりするプログラムがカリキュラムに組まれています。少し複雑な手順に従いながら，加える絵の具の量により，色の違いを楽しむ色づくり，難しいルールを理解しみんなで楽しむと同時に，負けても次のチャンスを待ち気持ちを切り替える力を育てる「ドクロでショック」，グループみんなで協力しながら問題を解決していく「お泊まり保育・夜のごっこ遊び」，運動会のリレーや綱取り合戦などチーム一丸となり競いあう体験，その後の2か月にわたる「劇づくり」活動，そして一年間の活動の総集編としての保育展。これらのプログラムは，子どもたち一人ひとりの意欲をもとに，自分で考え，試行錯誤しながらみんなと協力して取り組むことの面白さや大切さを学ぶ社会的な力を育てる経験となっています。

子どもたちの発達を促すためにふさわしいと思われるプログラムは，年長組だけのものではなく，0歳から5歳クラスまで継続して積み上げるように組まれており，それは「自分づくり」カリキュラムとして編成されています。

その「自分づくり」カリキュラムには，幼い子どもたちの気持ちに寄り添いながら，親元から離れなければならない不安に対して丁寧に対応し，少しずつ安心して集団生活に入ることができるような保育者の配慮を基本として，身の回りのことを自分でできるように積み上げられる基本的生活習慣の確立プログラム，はさみや道具を使って物をつくることができる巧みな指先の技能を高めるプログラム，歌遊びや伝承遊びなどを通して，みんなで遊ぶ楽しさを経験するプログラム，集

団生活の中で「していいこと」と「いけないこと」を知る体験，自然界の仕組みを理解する基礎となる数のプログラム，自分の思いや要求を表すことばの獲得，そして保育者との心のこもったことばのやりとりを通して獲得していくコミュニケーション能力，ことばを通して目の前には存在しないものを考えたり，想像したりする力を促すプログラムなどが組み込まれています。こうした体験的カリキュラムがあるからこそ，意欲や好奇心が触発され，5 歳児になって総合的な活動である「劇づくり」が可能になるのだと思われます。

また，「自分づくり」カリキュラムには，すべての年齢に「親とのかかわり」という項目が設けられ，子どもたちの園での生活や活動に，親としての役割を果たしてもらうための内容が記されています。行事は，「親は親なりに，子は子なりに楽しい行事」というコンセプトにより展開されます。保育者は，親子で行事に参加することが楽しくなるような内容と同時に，子どもたちの発達が確認できるような活動を組んでいきます。

子どもたちは，自分のできること，楽しんでいること，頑張っていることを大好きな親に観てもらい，褒めてもらいたい気持ちでいっぱいです。ですから子どもたちは親が参加してくれる行事には期待を込めて意欲的に取り組みます。

とくに「劇づくり」には，そうした子どもたちの思いが表わされます。招待状には，劇に向かう気持ちや決意，自分のいちばん観てほしい場面などが書いてあります。

観客である親は，そうした子どもの気持ちを感じながら，これまでに見られなかった工夫や頑張り，役になりきって演じているわが子の姿に成長を感じることでしょう。そして何より，劇の中でみんなと協力して自分たちの劇を演じている子どもたちの成長していく姿に心動かされていくのだと思います。

本園の劇づくりの活動は，子の成長を心から喜ぶ「親心」によって支えられ，その親心は，子どもたちの社会性を育てていくのです。

「親が子どもの成長を通して幸せを感じ，親としての役割の大切さを学んでいく」。これは，本園の保育の基本コンセプトです。本文中の「劇づくり」の活動における「よく観てもらう」ことの意義は，まさにここにあると思います。

第V部

多様化する保育実践における専門性

第15章 障害のある子を支える保育者の専門性

久保山茂樹

1 子どもの視点で保育の質を高めるということ

保育所や幼稚園等では，これまで，障害があるといわれている子どもを多数受け入れてきました。保育者の専門性だけではかかわりが困難な子どももいたかもしれません。それでも，他の子どもたちとともにクラスの中に受け入れ，生活し保育を続けてきました。それぞれの園が試行錯誤の末に得た保育の知見の積み重ねは膨大で貴重なものであると筆者は考えていますし，よくここまでの保育を実現していると感銘を受けたことが何度もあります。

しかし，発達障害者支援法の施行や特別支援教育への移行によって混乱した保育所や幼稚園等が見られました。「発達障害のある子どもを見落としていたかもしれない」「早期発見して専門的な支援をしなくてはならない」との焦りが生じ，チェックリストを導入したり，専門家に評価を要請したりする園が増えたように思います。一方，地域の保育所や幼稚園等を「支援すること」になった特別支援学校は，保育者が困っている状況を目の当たりにし，すぐに解決できる方法を伝えなければと懸命になっていたかもしれません。

その結果，ともに生活をする者のまなざしではなく，評価のまなざし（久保山，2017）で子どもを見て，かかわるような保育者が増えてしまったり，絵カードやタイマーを多用したり，時間で区切るような保育をしたりする園が増えたように筆者は感じています。また，同様の指摘（井桁，2014；七木田，2015）もあります。

こうした保育によって，困っている子どもへの気づきがなされ，園生活で困ることが減ったことはたしかです。しかし，こうした保育に対して，筆者が学んでいる保育所や幼稚園等の保育者の中には違和感をもっている人が多くいました。保育者たちは，普段の保育の中で保育者としてできることがあるはずだという視点で自らの保育を省察してきました。特別支援教育を専門とする筆者に意見を求めながら保育の見直しを続けてきました。さまざまな子どもと出会うたびに，自らの保育を見直し続け，保育の力を高めていくこと自体が，保育実践に埋め込まれた保育者の専門性の一番重要なものといえるでしょう。

保育者の努力によって，障害のある子どもの保育は新しい考え方に到達したと筆者は考えています。それは，障害発見を急ぎ，障害に対する特別な方法を中心とするような保育ではありません。幼児教育を積み重ねてきた質の高い保育を基本としつつ障害があるといわれている子どもの視点からつねに見直しを行う保育です。この考え方は，研究発表の場でも以下のように示されました。

「幼児一人一人の特性に応じた特別支援教育は，一人一人の幼児の姿を丁寧に見取り，適当な環境を整え，遊びを通した教育を進める幼稚園教育の考えそのものである」（函館市立はこだて幼稚園，2015）。

保育所や幼稚園等では，これまでの幼児教育の積み重ねに，障害があるといわれている子どもの視点を加えることによって，第1に，普段の保育の質的水準を向上する，第2に，保育内容の変更や調整を柔軟に行う，第3に，園環境の中に存在する人や物などの資源を活用して障害のある子どもも生活しやすくする，という3つの手立てがいっそう丁寧に行われるようになってきました。これら3つの手立てが，本書でいう「保育実践の中にある保育者の専門性」といえます。もちろん，普段の保育だけでは対応が難しい場合には専門機関と連携したり園内で個別のかかわりを行ったりするという第4の手立ても活用されています。

この4つの手立てはアメリカの教育学者サンダルがビルディングブロックスモデル（Sandall & Schwartz, 2002）として提唱してきたことですが，日本の幼児教育でも保育現場が試行錯誤をする中で同様の考え方をするに至ったといえるでしょう。

本章では，この「保育実践の中にある保育者の専門性」である第1から第3

の手立てが保育現場でどのように展開しているのかを以下に具体例をあげて紹介します。

2　子どもたちとわかりあうために

（1）3つの「ことば」を使うこと

特別支援教育や発達障害の考え方が広く知られる中で，発達障害のある子どもには「視覚的な支援」が効果的であるということが一般的になってきました。写真や絵カード，文字を使って示すことなどです。発達障害のある子どもの中には話しことばを理解することが困難な子どもがいますから，話しことばに加えて「視覚的な支援」をすることでコミュニケーションが容易になるというのがその理由です。一般に「視覚的な支援」は，発達障害のある子どもに対する特別な支援の代名詞のように受けとめられています。

一方，保育所や幼稚園等では，写真15－1のように，絵や文字での表示が普通に見られます。保育所や幼稚園等のこのような写真を，特別支援教育の担当者や小中学校の教員に見せるとほとんどの人が「保育所や幼稚園では特別支援教育が進んでいるのですね」と言います。しかし，特別支援教育からヒントを得て行っていることではありません。

こうした掲示をすることで，どこに何があるか，あるいは，何をどこに片付けるかについて，すべての子どもに伝わります。そして，子どもたちは自ら動くことができます。何も特別なものではありませんし，発達障害のある子どものためにしているのでもありません。

その他にも，たとえば，保育室から園庭に行くことを子どもたちに伝えたいとき，話しことばを使わなくても，帽子を見せたり，外用の靴を見せたりすることによって伝わります。つまり，視覚を通して伝える方法です。これを筆者は「視覚のことば」と呼んでいます。写真や絵カードもそうですし，表情も「視覚のことば」といえるでしょう。

窓の外を指さしてから，ボールをけるような動作をしたり，走る動作をしたりしても伝わります。これを筆者は「動作のことば」と呼んでいます。抱っこしたり，くすぐったりするコミュニケーションも「動作のことば」です。さらに，話し言葉は「音声のことば」と呼んでいます。

写真15－1　保育所や幼稚園等でよく見られる掲示

このように，保育所や幼稚園等では，子どもとのコミュニケーションにおいて「音声のことば」「視覚のことば」「動作のことば」の３つのことばを組み合わせて，どの子どもにもわかりやすく伝わるようにしてきました。

子どもたちは，音声のことばを使えるようになるまで，動作のことばや視覚のことばを駆使してコミュニケーションしようとします。保育者は，そうした子どもに対して「お口で言ってごらん」などと決して言わず，子どもが「言おうとしていること」を懸命に読み取り「音声のことば」に変換して返していきます。子どもたちは，こうしたことのくり返しの中で，「動作のことば」や「視覚のことば」で気持ちを伝え合うことのうれしさや楽しさを味わいます。そして，その心持ちを土台にして，「声にも意味がある」のだということを少しずつ学んでいきます。やがてそれが「音声のことば」になっていきます。

こうしたことは，幼児教育では当たり前のこととして行ってきました。まさに埋め込まれた幼児教育の専門性です。こうした専門性によって，指示が通じにくい子どもや理解の難しい子どもに出会っても，３つのことばを適切に用いてコミュニケーションすることができているのです。

（2）他児とともに生活するということ

朝の支度をすることが自力では難しい４歳児がいました。とても活発に動き自分のペースで遊ぶのが大好きな男の子でした。しかし，ものごとを順序よくこなしていくことは難しいようでした。登園するとふらふらっとどこかに行ってしまう毎日が続きました。園には特別支援教育を勉強した保育者がいて，この子に対して「視覚的な支援」（筆者の言う「視覚のことば」による支援）を行いました。つまり，登園したら，①着替える，②シールを貼る，③タオルとコップをかける，④帽子をかぶって外に出て遊ぶ，⑤○○組に戻るという手順であることをイラストと文字で示したカードを作り，毎朝その子のロッカーに貼っていたのでした（天候や行事によって変更があるので毎朝作っていました）。

効果はてきめんで，その子は迷うことなく朝の支度を自分でできるようになりました。2月，5歳児への進級にあたって，担任が個別の教育支援計画にカードの有用性と継続する必要性を書き，園内委員会（ケース会議）でも伝えたのでした。しかし，そうした矢先，この子から出たのが次のことばでした。

「せんせい，このかみ，いりません」。

カードがなくてももう大丈夫，自分でできる，という子どもからの宣言に驚いた担任でしたが，理由は，子どもの姿をあらためて見てみるとわかりました。

この子には，大好きな友だちができたのでした。毎日，登園したらその子と一緒に過ごしました。朝の支度もその子と一緒にしていました。その姿に気がついた担任は，子どもの「提案」にしたがいカードを貼ることをやめましたが，まったく問題はありませんでした。つまり，この子が朝の支度ができるようになったのは，カードの効果だけではなかったのです。

このエピソードは「保育者の専門性」というよりも，保育所や幼稚園等がもっている力といえるかもしれません。支援が必要だといわれる子どもにも，「馬があう」子どもがいます。その子は，保育者よりもかかわりが適切であるだけでなく，「せんせい，○○ちゃんには，そんなことしちゃだめ！　こうするの！」と教えてくれたりします。他児という園環境の中に当たり前に存在するものの力を借りられるというのが，保育所や幼稚園等のよさの1つです。

視点をかえてみると「特別な支援」の有用性を認め，活用しつつも，それがすべてではないことを意識し，園の環境の中に暮らしやすさのヒントがあることに気づけることが保育者の専門性なのかもしれません。特別な道具や方法の有用性が強調される中，再度，他児の存在の大切さを確認したいと思います。

（3）様子を見るということ，長い目で見るということ

行動を切り替えることが難しい 4 歳児がいました。人なつこくて，筆者にもかかわりを求めてくる男の子でした。しかし，砂場での遊びや水遊びなど園庭での活動から保育室に戻ることを嫌がったり，集団で活動をしようとするときも自分の遊びをやめなかったりすることがありました。担任は新卒の保育者でした。語気を強めたり，なだめたり，手をひいたり，背中を押したり，さまざまな手段で行動の切り替えを促しました。しかし，その子は担任を叩いたり，逃げていったり，「せんせいなんかきらいだ！」「あっちにいけー」などのことばを浴びせたりしました。状況はなかなか変わらず，担任の悩みは続きました。

ここで，特別支援教育のノウハウを使えば，タイマーを用いて今の活動の終わりを知らせる，とか，絵カードを見せて次の予定を示すなどの手立てが考えられます。その方が即効性があるかもしれません。

しかし，この園では，これらの方法をとりませんでした。そのかわりに，園として共通理解したのは「様子を見る」「長い目で見る」ということでした。

この子についてケース会議を行い，園全体で話したところ，この子は，いつも担任を見ているようだし，担任が他児とかかわっていると気になって仕方がないようで，担任や他児にちょっかいを出したりすることが多いとの見方が出されました。行動の切り替えを嫌がるのも，そのことによって担任の気を引きたいのではないかとの捉えがなされました。

「もう少し，様子を見たいね」。

ベテランの保育者が提案しました。この子の行動を直接変えようとするのではなく，担任が十分この子とかかわって，この子が安心できる関係性づくりをしてはどうか，それにはもう少し時間がかかるだろうという提案でした。

「様子を見る」ということばは，無責任な言い方だとみなされることがあります。しかし，筆者は幼児教育の現場で何度も耳にし，そのことばは決して無責任ではないと実感してきました。ただ単にそのままにして様子を見るというのではなく，保育者のかかわりをこう変えると子どもとの関係がこう変わるのではないか，という確信が保育者集団にはあるのです。だからこそ，新卒の保

育者も安心して子どもとかかわることができたのではないでしょうか。

子どもの姿をすぐに変えなくてはならないと思うと保育者は焦ります。しかし，園全体として，つまり，保育者集団として長い目で子どもの育ちを見守ることができれば，子どもも担任も安心します。そして，子どもと担任の関係も少しずつたしかなものになると考えられます。

（4）まわりの子も楽しい保育——個への配慮と集団への配慮ということ

自分の決めたルールを通したい５歳児がいました。知的にとても優れたところをもっていて，好奇心も旺盛でした。でも，こうと決めたら変えるのは難しい男の子でした。ある日，ホールで大型積み木を使って遊んだ後，「これは，ぼくひとりでかたづける」と宣言し，他児が接近すると大声を出す，手を出すという状況になりました。子どもたちは困った表情でその子を遠巻きにしていました。もう，降園の準備と帰りの会をする時間です。担任の声かけでクラスの子どもたちは保育室に戻りましたが，この子は，クラス全員が降園の準備を終えても，ホールで積み木を片付け続けていました。

このままでは，クラスの子たちを待たせるか，この子だけ一人で降園させるかのどちらかになる場面です。けれど，担任は，クラスの子どもたちを連れてホールに戻りました。そして，担任の得意分野でありクラスの子どもたちが大好きな活動である音楽遊びをはじめたのでした。その遊びは筆者から見てもとても楽しそうで魅力的なものでした。すると，男の子は積み木を持ったまま立ち止まり，クラスの子どもたちの音楽遊びを眺めはじめました。やがて，持っていた積み木を床に落とすと「わー，ぼくもいれてー」と大声で叫んでクラスの輪に近づいていきました。クラスの子どもたちは男の子を輪の中に入れ，何事もなかったかのように笑顔で遊び続けました。音楽遊びの最後には，男の子も他児とギュッと抱き合って終わりました。そのまま全員で保育室に戻り，子どもたちは降園していきました。

この場面で，男の子の手を引いて，無理矢理，保育室に戻すことはできたかもしれません。しかし，それではこの子も担任も不愉快な気持ちで１日を終えることになります。一方，担任が男の子に付き添って納得するまで片付けをさせていたら，クラスの子どもたちは待ち続けることになります。「また，あの子のせいで……」などと男の子への不満が高まってしまいます。これも 1 日の終わり方としては適切ではありません。

担任がとった方法は，端的に言ってしまえば「中間」ということになります。けれど，その「中間」を設定するには保育者としての高い専門性が必要です。つまり，男の子の 1 日を通しての姿や心持ちの理解と，まわりの子どもたちの状況を見きわめる専門性です。また，帰りの会はクラスの保育室でするものという固定観念をもたないことや，子どもたち全員が楽しめるような遊びを展開できることも大切な専門性といえるでしょう。「クラスの中であの子にだけ配慮することはできない」ということを聞くこともありますが，保育者の専門性の中には，個への配慮と集団への配慮の両方を考える力があると思います。

（5）得意を生かすということ

アルファベットを読むことができたり，会社のロゴマークを覚えることができる 3 歳児の男の子がいました。しかし，クラスの集団での活動への参加は苦手で，手で耳をふさいだり，廊下へ出たりすることがありました。担任は，その子の行動には直接的な対処をしませんでした。そのかわりに，保育室の一角に小さめのベンチと机を置きその周囲に背の低い仕切りを設けてコーナーを作りました。そこには，この子の大好きなアルファベットの本も用意されていました。このコーナーが設置されてから，集団での活動のときに，廊下に出ていくことは減り，コーナーで絵本を見ていることが多くなりました。クラスの活動が盛り上がると，絵本から目を離し集団の様子を見るようになりました。そして，ときには立ち上がって，輪の中に入ったりもするようになりました。そんなときは，担任はもちろん，まわりの子どももうれしそうでした。

一方，他児もこのコーナーに入るようになりました。子どもたちは，「○○くんすごい！　えいごしってる」「じがよめる」などと驚きの声をあげていました。男の子は，初めのうちは困った表情をしていましたが，自分があこがれの目で見られていることがなんとなくわかったのか，うれしそうな表情をすることがありました。クラスの子どもたちからすると，集団の中に入らない困った子というよりも，字が読めるすごい子だという認識をしていたようでした。

この子どもには当時，高機能自閉症の診断がありました。コーナーを設置したのは，その障害特性への配慮だと解釈することもできます。しかし，担任は，保育室から出ていくのを力ずくでとめるよりも，この子の得意分野である文字やマークへの興味を生かすことによって，保育室に居心地のよい場をつくることの方がよいと考えてしたことだと話してくれました。

「保育室内にコーナーをつくって居場所とする」という点では，障害から子どもを見ても，得意分野から子どもを見ても結果は同じです。けれど，担任がその子の得意分野を大切にする視点をもっていることで，他児にもこの子の得意分野が伝わり，あこがれのまなざしをもたれるようにもなりました。

どの子どもにも得意分野やよさがあることを，保育者は知っています。そして，それらをかかわりの基点にしています。障害に関する知識を学びつつも子どもの得意分野やよさから出発することも保育者の大切な専門性だと思います。

(6)「これならだいじょうぶ」から「これでもだいじょうぶ」へ

「子どもが『これならだいじょうぶ』と思える環境を用意し，その安心感をたしかなものにすることによって『これでもだいじょうぶ』と新しい世界に入っていけるようにするのが保育の基本なのですよ」と，筆者に幼児教育を教えてくださる瀬田雅江先生は，いつも話してくださいます。これは，障害があるといわれている子どもへの保育でも同じでしょう。

保育所や幼稚園等では，保育者が，その専門性を駆使し，すべての子どもが「これならだいじょうぶ」と感じられる保育をめざしています。障害特性に対する特別な方法を用いることは大切です。しかし，本章で述べてきたような埋め込まれた専門性にも着目し，活用することで，障害があるといわれている子どもとのかかわりも，適切で，よりいっそう豊かなものになると考えます。

3　保護者と協働するということ

障害があるといわれている子どもとかかわるうえで欠かせないのが保護者とのかかわりです。保護者支援ということばがありますが，保育者にとって，障害があるといわれている子どもの保護者は，決して支援の対象ではありません。保育者は，保護者を協働する相手として認識しかかわっています。

子どもの障害を認めようとしない保護者とは関係づくりが難しいという話を聞くこともあります。しかし，多くの保育所や幼稚園等では，障害の有無を話題にするよりも，子どものよさや得意分野を共有することを大切にしています。また，どのような配慮や手立てがあれば子どもが生活しやすいのかということについて，家庭の様子を聞き取り，園でしていることを伝えるというやりとりを丁寧にくり返しています（瀬田，2014，2017)。

保護者との関係づくりには，保育者が，保護者から親としての歴史や人としての歴史を聞き，尊重するという過程が必須です。保育者が，保護者の育児を肯定し，苦労に共感する姿勢を示してこそ，協働する関係になることを多くの園で見聞きしましたし，筆者も体験してきました。障害があるといわれている子どもの保護者と協働することも保育者の大切な専門性であると考えます。

障害児保育は障害児だけの保育ではない

路交館うぃず守口　宮崎勝宣

障害児を巻き込んだ保育には，保育の質を高めるヒントがたくさんあります。久保山先生の指摘にもあるように「保育実践の中にある保育者の専門性」を存分に発揮できる場面に富んでいます。保育実践の現場にいると，「障害児とともに……」を実践しているクラスの方が，笑顔があふれるクラスになっている場合が多くあります。障害がある子どもを受け入れる保育者にとっては，さまざまな問題やトラブルが多発し，予定していた活動そのものがなかなか進まなかったり，トラブルが発生するたびに保護者への丁寧な説明を求められたりもします。それでも，子どもたちのいきいきとした姿が多く見られるのは，なぜなのだろうと，いつも考えます。

すべての子どものために，視点を変える工夫

障害がある子どもは，保育者にとって「問題行動」を起こす可能性を連想させる代表格のようなものかもしれません。しかし，その「問題行動」には，それぞれの理由が存在します。「物を投げる」，「人を叩く」など周りの子どもたちに直接危害を及ぼす行動は，すぐに止めることが必要です。しかし，「クラスの輪を乱す」，「担任の言うことを聞かない」といった「問題行動」は，クラス保育自体が子どもたちにとって，面白さや魅力がないことに起因する場合があります。

障害の有無にかかわらず，人は誰でも楽しさや面白さには興味を示します。自分に正直な障害のある子どもが「輪を乱す」態度で興味がないことを示しているだけなのです。本当は，他の子どもたちも，「面白くないな～」と，心で思っていることが少なくないのです。

障害がある子どもが在籍するクラスでは，「今から２つ大事なお話をするよ～，１つ目は……，２つ目は……」といったように，見通しがたつセンテンスの短い説明をしたり，絵や写真など視覚的な物を多用して子どもへの興味をひく努力を怠ってはいけないでしょう。そして，話を聞いてくれたときは，子どもたちを

オーバーなほどほめるようにしています。たとえ30秒しか話を聞いてくれなかったとしても，30秒も話を聞いてくれたことを，オーバーなほどほめるようにしています。

障害のある子どもの居場所づくりは，すべての子どものための居場所づくり

子どもには，障害の有無にかかわらず，それぞれいろいろな長所があります。保育者の思いのままになる子どもの長所は見つけやすいのですが，目立たなかったり「乱暴」と思われる子どもであっても，意外にも周りの子どもたちからは人気があったりします。保育者が気づいていない場面で，友だちのことを気にかけて，できないことを手伝ってくれていたりする子どもも結構いるのです。保育者が自分の価値観だけにとらわれてしまうと，どうしても，これらの子どもの長所を見落とすことになります。

実は，子ども一人ひとりがもともともっている，人とつながる優しさや保育者が思いもつかないユニークな発想（心のしなやかさ）など，大人の価値観では計り知れない強みをいかに引き出していくのかといった視点は，障害児がクラスに存在するからこそ，保育者が鍛えられる視点です。この視点は，あまり目立たない子どもや集団が苦手な子どもへの対応にも大いに役立つ視点でもあります。

保育者自身の価値観を通して子どもを評価する姿勢を改め，子ども一人ひとりがもともともっている内なる力を場面に応じていかに引き出し，周りの子どもたちに気づかせてあげられるのか，この視点は，障害がある子どもがクラスに存在することで鍛えられる保育者のもっとも大切な保育技術の１つです。

久保山先生が述べられているように，子どもたち一人ひとりの得意分野やよさを見つけ出し，新しいことにチャレンジできるようにする視点は，子どもたちの生きる力にもつながります。

＊

障害がある子どもが安心して過ごせる居場所づくりは，実は周りの子どもたち一人ひとりの居場所づくりでもあるのです。

第16章 子育て支援における保育者の専門性

小川　晶

1　子育て支援の視点

（1）子育て支援の目的

子育て支援の目的は，子どもの成長発達を十分に保障して子どもが自立できるようにすることです。人間の子どもは未熟な状態で生まれてきますので養育者が必要です。第１の養育者は親ですから，子どもの成長発達を十分に保障するためには，親の子育てを支援する必要があり，親自身を支援する必要も出てくるのです。また子育てには，社会を持続させ発展させる役割を担う，子どもを育てるという，社会的な役割も含まれますので，家族や家庭の価値観や養育力のみで営まれることを，社会的なサポートや支援，保育・教育制度などによって防ぐ必要があります。

また，子どもへの支援と親への支援が，内容によっては葛藤するかのように感じることもあります。たとえば，子どもの様子から，生活リズムをすぐに整える必要があるが，親が安定を取り戻すまでは生活リズムのことは指摘せずにそのままの生活でよいと親に発信するといった支援の方法をとる場合です。子どもは単独で存在しているわけではなく，家族とともに，家庭の中で暮らしています。子どもの生活リズムを整えられない要因が親の原家族から連鎖しているのならば，子どもに適した生活リズムを親自身が経験していなかったり，家庭の事情によって実現できなかったりすることも考えられます。そういった背景をもつ親自身を理解せずに，子どもの生活リズムを整えることを「指導」した結果，親は自分が支援者に受け入れられていないという感覚を抱き，子どもや子育てのこと，生活のことを一切相談しなくなってしまったり，支援者に受け入れられるように演じたり，うそをついたりして表面的な「良い親」を作り上げたりし，子育てが家庭内に閉ざされる結果を招く可能性もあります。このように一時的には表面的課題が終息したかのようでも，子どもの最善の利益を実現するという本質的な改善がなされないのであれば，それは支援ではありません。

つねに子どもの最善の利益を実現するために，子どもの成長発達を支援し，親を支援し，それを地域に暮らすすべての家庭に適宜行い，社会にもアクションするのが保育の現場に求められている子育て支援です。新制度がスタートする前から，あるいは保育所保育指針（厚生労働省，2008）が第6章で規定する前から，子育て支援を行ってきた保育の現場も多いはずです。だからこそ今ここで子育て支援の目的を本質から見直し，これまでの支援を体系的に捉え直して，より有効に実践していく必要性を保育者のみなさんも感じておられると思います。

（2）子育て支援の支援者と専門性

子どもへの支援と親への支援を拮抗させることなく，それぞれを切り離して展開したり，同時に展開させたりし，子ども支援と親支援が相乗した効果を発揮できることが子育て支援の特徴ともいえます。

親自身を支援する必要がある場合，親の子育てしている「親としての」側面だけでなく，「子として」の親（小川，2014）を支援することもあります。親の子ども期に課題があり，それが改善されないまま親になったとき，子育ては複雑な難しさを帯び，子どもの成長発達が保障されにくい子育てがなされている実態があります。つまり，「子として」十分な成長発達が保障されている子育て環境は，次の世代の子どもの成長発達を十分に保障することになり，将来の子育て支援のコストを下げることにもなるのです。子育て支援は，子どもと親という2つの世代を連続性の中で関係させながら支援する構造をもっているのです。

なおここでは，子どもが「自立」するということ，親が「自立」するということを，他者からの適切なサポートを受けながら社会で自律的に暮らすこと，自己実現することをさすこととします。

子育て支援は，子育てに関する専門家が実践する場として保育所，幼稚園，認定こども園，子育て支援拠点，保健センター等があり，その他に専門家ではない支援者による支援を実践する場として，地域のコミュニティ，広場事業などがあります。子育てを支援する支援者としては，保育士，幼稚園教諭，保育教諭，保健師，臨床心理士，社会福祉士，自治体独自の研修を履修し権限を与えられた者などの専門家と，子どもや子育てに関する資格を持たない地域のボランティアや，一市民といった非専門的な支援者とが，子育て支援ネットワークを構築して支援します。

近年は，地域に暮らすすべての親子の継続的なサポートを行う場として，子育て支援センターにより包括的な機能をもたせている自治体もあります。子育て支援センターで母子手帳を交付したり，ワンストップで相談支援が受けられるようマネジメントする人材を配置したりするのは，その一例です。保育者がそういった役割を担う例も少なくありません。

（3）子育て支援の中核としての保育現場

保育の現場では子育て支援をすることが規定されています（認定こども園教育・保育要領，2017；保育所保育指針，2017；幼稚園教育要領，2017）。それは，地域がもつ子どもと子育てに関する専門的な機関で基礎自治体に点在する機関ということと，子育て支援には子ども支援の視点が欠かせないという理由からです。どの程度の支援が必要な子育てか否かは，子どもの成長発達の様子からある程度は判断することが可能です。子どもの発達について熟知していなければ，子どもの育ちの具合をアセスメントできませんし，子どもの姿から子育ての様子を察知することもできないのです。保育の現場で日常的に行われている子どもへの支援に関するスキルは子育て支援にも有効なのです。

とくにことばでのコミュニケーションができるようになる前の乳幼児期に自らを語るのは当然不可能です。子どもが示す愛着行動や欲求・要求の表現などによって，子どもへの親のかかわり方を感じ取り，子どもと親との関係性を洞察します。乳児を抱っこしたとき，親からどのような姿勢で抱っこされているのか，抱っこの頻度，抱っこが好きな子に育っているかどうかなど，いくつものことを垣間見ているわけです。子どもと日々かかわり，子どものさまざまな姿を実際のかかわりの中で知っているからこそ，保育者による子育て支援が求められ，親子が暮らす身近な保育の現場での子育て支援事業の展開が求められているのです。

2　子育て支援で大切なこと

子育て支援で大切になってくるのは，対象者とのラポール（信頼）形成やかかわりの方法から，子育て支援ネットワーキングの方法，ソーシャルアクションの方法まで，多岐にわたります。ここでは，支援対象者とのラポール形成やかかわりの方法について言及します。

私が数年間かかわらせていただいているある自治体でのケースを取りあげます。保育所が地域の子育て支援のイニシアチブをとることが可能となっており，親が自立し，子どもにとって適切な子育てを主体的に選択することが実現したケースです。日々の送迎時のかかわりや連絡帳だけではなく，個別のかかわりを必要とする母親とその母親を支援した保育者にインタビューを個別に実施しました。このケースにおける支援者のかかわり方を分析してわかったことを以下に紹介します。

（1）親を多面的に捉え，チームで支援する

子育てが上手くいっていなかったり，子どもを好きになれない母親が，子どもに寄り添うことができるようになったり，子どもに適した生活に変えていけるようになったのは，「子としての母親」（小川，2014；図 16－1）の安定でした。支援者である保育者が母親の「子として」の課題を改善することで，結果的に母親は子どもに寄り添い，子育てが上手くいくような環境を自ら整えていきました。母親を「母としての母親」（小川，2014）という一側面的に捉えて子育てが上手くいくスキルや子どもを好きになるような指導的なかかわりをしても，母親は保育者を支援者として受け入れることはなかったかもしれません。母親が保育者を支援者として受け入れなければ，保育者から提示されることばや情報は母親

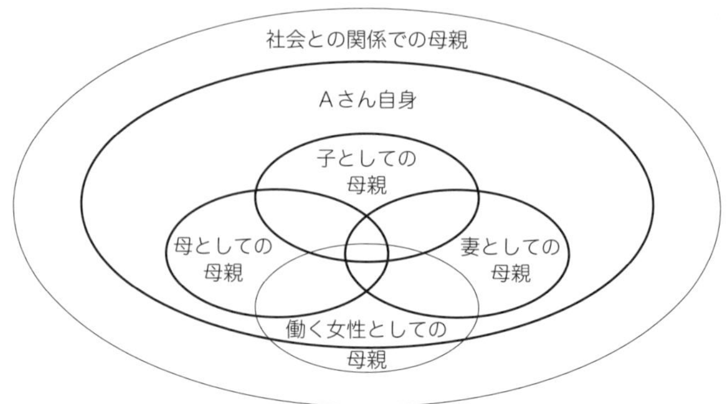

図16－1　母親への支援における母親の役割

出所：小川，2014

に何の価値もないものとなり，耳を傾けることすらしないこともわかりました。

先述した通り，子育てを難しくさせている要因は親の子ども期に，その原家族がかかえていた要因でもあり，それが連鎖することを避けられなかったことで生じているケースも多いことが予測されます。被虐待児が親になったことで子どもや子育てについて困難な状況に直面するのは，当然ともいえることです。親にならなければ問題化しないことも，親になることで子育てがうまくいかないことに直面し「子として」の親がかかえている課題が顕在化するのです。

親を「親として」のその人だけでなく，「子として」「妻として」「夫として」など，多面的に捉えることで，子育てを難しくさせている要因への洞察が可能となります。しかし，「親として」のその人と保育者は，子どもの保護者と担任といった社会的関係であるので，その関係性は保持していた方が親はラクに保育者とのかかわりを持続できる場合も多いです。これから関係構築していくような相手に対し，自分をすっかり開示してしまうとその後顔を合わせにくいこともあると思います。子どもの保護者と担任という限定的な関係が安定している場合，「子として」の親には他の職員がかかわることが有効です。その親を総合的に受けとめることはもちろんしながら，分析的に捉えてチームで親のいくつかの側面にかかわっていくことで，親は居心地の良さを損なわずに支援者のもとへ来てくれます。

（2）母親と保育者の語り

ここからは，インタビュー調査をもとに子育て支援について考えていきたいと思います。

調査に協力的な対象者だけにインタビューをすると，園や保育者にポジティブな感情を抱いている母親の語りを中心とした収集となるので，今後の研究の課題です。しかしそれは支援が効果的に行われているともいえ，支援の効果が確認でき，しかも対象者が満足している支援について分析することで有効な支援モデルを導き出せると考えています。

ここで紹介するのは，子どもの担任や担当をしていた保育者と子どもの母親に，個別にインタビューを実施し，印象に残っている出来事や，自分や相手が変容したように感じられた時期などを中心に，これまでのかかわりについて語っていただいたものです。複数ケースから各期の象徴的な変容がわかるケースを選定してあります。なお研究の倫理上，対象者個人が特定されないように，分析に支障が出ない箇所で加工してあります。

〈事例1〉　一生懸命子育てと仕事を両立させる母親

● 出会い

母親の語り

初めての場所だったし，何人も親子がいて，子どもはどう思ってるかなと心配だった。熱とか出さないかなとか，夜泣きしないかなとか，そういうことばかり考えちゃって。早く終わらないかなって思ってました。

担任の先生がだっこして話しかけたら，なんていうか，それに応えるように声を出して，家でみていてもそんな声は出さないのに，すごいなと思って。私がだっこするのと全然違くて。そしたら先生が，「今ね，ママのこと教えてもらっちゃった」って言って，なんかほっとした。

保育者の語り

何をするにも丁寧すぎて，しょっちゅう子どもの顔色をうかがっているという感じがした。2時間ほどで終わる面接なのに，荷物がとても大きくて，不安で仕方がないのだなと感じた。

子どもをだっこしたら，やっぱりとても身体が硬くて，母親との関係がうまくいってないなと思った。

「母としての母親」と担任

母親の語り

子育てって楽しいし，子どもは大好きだし，子どものために何でもできると思っていたから，「最近ママ楽しいことしてる？」って先生から聞かれたとき，あ，してないかも，って思った。「楽しいことしていいんだよ」って言ってくれて，「お茶してくるとかさ，美容院行ってくるとかさ，してもいいって」って子どもが言ってるよみたいにして言ってくれて，「そっか」って思った。

いつもより長く預けた日に，心配で急いで迎えに行ったら，先生とにこにこして遊んでいて，拍子抜けした。

保育者の語り

どこか，ままごとみたいな感じがしたし，良いママを演じすぎていると思って気になっていた。子どもが自己主張しはじめたら，すぐに壊れてしまいそうな母子関係だと思った。

母親は子どもの言いなりにならなくてもいいということを，子どもとのかかわりを見せながら知らせたいと思った。

「働く女性としての母親」と担任

母親の語り

とにかく仕事していないと不安だったけれど，時間をうまく使えばやりくりできるなと思った。子どもの調子に合わせて仕事を調整して，今年はやってみようと思う。

保育者の語り

子どもの体調を丁寧に見るようになって，熱が出る前に休養させてみたり，早く寝かせてみたり，仕事をしっかりやることには変わりないのだけれど，子どものことが中心にあって，母親が自分でコントロールするようになりました。子どもの体調のことでもすっかり共感的な感じになり，なにより，子どもが機嫌よく，体調良く過ごせる日がかなり増えました。

〈事例2〉　子どもがかわいいと思えない母親

出会い

母親の語り

なによりそっとしておいてくれたのが良かった。いろいろ話しだしたら壊れてしまいそうだったし，やさしくされるのも嫌だったから。

でも，えらいねとか，よくやってるねとか，そんな風に言ってくれる人って今までいなかったから，来てよかったとは思っていた。居心地良かった。そうはなかなか言えなかったけど。

保育者の語り

助けてが言えないんだな，と思った。でも，今はまだ言いたくない段階だと思ったので，「ここではがんばれとか，子どものためにとか，言わないからね」ということだけ伝わるように，他の母親たちに言いながら聞こえるように話した。意地張ってることで自分を保っているなと思ったので，あとはそっとしておいて，見守るようにした。

「子としての母親」と園長

母親の語り

子どもにどう接していいか，話しかけてとかよく書いてあるし，耳にするけど，何を話しかければいいのかまったくわからない。かわいくないし，子どもは嫌い，そう園長先生に話したら，「知ってる。でも私はママのこと好きだからね」と言われた。お見通しなんだと思ったし，こんな私なのに特別よくしてもらってる。

保育者の語り

子どもが嫌いと言われても，動じない。「知ってるよ」みたいに言ったと思う。「でも私は○○くんのこと，かわいいし好きだよ」と言い続けた。それから，「私はママのことも好きだよ」もいつも言うようにしている。

（3）支援者として親から認めてもらうこと

これらのケースから親が保育者を支援者として認めるのは，親自身が保育者に受け入れられたと感じられたときであることがわかります。上手く子育てできていないことを察知した保育者は，親を支援できるように関係構築を図っていきます。初対面でのラポール形成は容易ではありませんが，また来たい，話したいと親が思うように意図的にことばを選んでいます。親の理解者であろうとしていることが感じられるようにメッセージ性の高いことばをかけたり，あえてそっとしておくという態度で接したりしている一方で，具体的な子どもの発達や子育てについては触れていません。

親に子育てのスキルを提示しようとするとき，どうしてもそれができていないということを指摘することから始まりがちです。できていないことを指摘するよりも，親から支援者として受け入れてもらうことこそ，支援に有効な関係構築です。この保育者のかかわりによって，母親はエンパワメントされ，自らを変容させていくのです。

3　子育て支援の課題

（1）在園親子と在宅親子

子育て支援に必要なスキルの中には，保育が提供される場に在籍する親子の支援に必要なこととは決定的に異なるものがあります。それは，在籍していることの「会える」契約であり，子どもを保育していることで有しているラポールです。在籍していない親子にかかわるとき，初回に会ったときの印象によっては，もう二度と会えないこともあります。つまり，会いたいと思ってもらえなければ二度と支援者のもとへは来ないということです。要支援状態であることを知っても，支援させてもらえないという事態が生じます。せっかく来てくれた対象者と初回の出会いでつながることができるか否かは，支援者のスキルによって決まってしまうのです。

子どもをあずかって保育する場で親子とかかわっている保育者は，親からの信頼を得やすい状況であることや，子育て支援センターなどの非在籍機関での支援との違いを認識して，スキルを高める必要があります。

（2）予防的であること

子どもの成長発達に必要な情緒的な絆は，愛情があるだけでは形成されません。必要なかかわり方，つまり適切な行動様式を実践することで，子どもに届く愛情の表現となります。「丁寧にかかわっている」のは，保育者側のつもりであって，そのかかわりのアウトカムは子ども自身が大切にされていると実感していることです。

子育て支援の対象は，子どもを育てている親だけではないことは先述した通りです。子どもを産み育てることで親の持つ課題が顕在化する場合があること，その場合，その課題は深刻で重篤であることも多く，子どもが育っていないことや子どもを育てられないことが発覚してからの支援は，傷ついた子どもを回復させることもしなくてはならず，支援にはより高い専門性が求められ，支援する期間は長期に及びます。親の持つ課題を，子どもを産み育てる前に把握し，何らかの支援ができていれば，子どもが傷つくことを未然に防げます。予防的な支援こそが，子育て支援に求められる支援なのです。

保育者が行う命の教育や保育者体験教育などは，これから親になる子ども期に向けた自己肯定感の確認作業や，子どもへの慈しみを培うことに有効です。小学生，中学生，高校生の保育体験，保育現場ボランティアなどは，保育者としてのキャリアを知ることだけでなく，子どもたちを丁寧に育てることを間近に見て，育ちのプロセスから自分の大切さを追体験する機会です。子育て支援の対象は子どもを育てている親とその子どもだけではないことを，保育者が実践する子育て支援の価値として認識しスキルアップしてください。

子どもが本来もっている力を引き出し，保護者とともに喜び合うこと

黒野こども園　西垣真由美

本園は0歳児クラスから5歳児クラスまで約360名が在籍する，岐阜市で一番大きな園です。こども園としての歩みは3年目ですが，幼児教育の歴史は古く，地域に住む4世代と顔が見える関係にあります。私が初任で担当した子どもたちも今や親世代となり，当時の親世代・祖父母世代との関係も続いています。そんな地域とのつながりを大切にしながら，子育て支援事業にも力を入れています。

前述の小川先生の理論は，現場で日々保護者と接する者として，「そう，その通り！」と叫びたくなるものばかりでした。「子としての母親」「母としての母親」「妻としての母親」「働く女性としての母親」というキーワードを使うことで，今までに私がかかわってきたさまざまなケースを整理することができました。たしかに最近は，「子として」の母親の課題が顕在化するケースが多く，「今まで誰にも話せず苦しかった」と涙を流しながら打ち明けられることもしばしばです。そんな時は，私自身の「子」「母」「妻」「働く女性」としての経験をお話ししたり，ユーモアを交えて「何とかなるさ！」と背中をドンと押したりします。何度か何気ない会話を繰り返すうちに，ほとんどの方が「楽になりました，また来ます」と柔らかい表情になって帰っていかれます。

また，「対象者と初回の出会いでつながることができるか否かは，支援者のスキルによって決まってしまう」ということも，現場ではよくあります。先日もこんなことがありました。年少児クラスの担任から「アミちゃんが毎日，給食をもどすんです」と報告を受けたので，母親に声をかけてみました。「大丈夫？　おうちでの食事はどう？」と尋ねると，「家でも何にも食べられなくて。私の離乳食の食べさせ方が悪かったのかしら……」と自分を責められて暗い表情に。「まず園で食べられるものを試してみるね。ところで，アミちゃんは何時頃寝る

の？」と尋ねると，「8 時頃寝て，朝は 7 時頃かな？」と。「たくさん寝られるんだね～。じゃあ明日から 6 時に起こしてみようか，朝ご飯食べるかもよ」と提案してみました。翌々日，担任から「今日は給食を全部食べました」といううれしい報告があり，早速母親に「お母さんすごいよ。今日は給食を全部食べたんだって！」と伝え，喜び合いました。次の日「おはよう」と声をかけると，これまでほとんど表情がなかったアミちゃんがにっこりし，それを見た母親も笑顔になりました。その日の給食はミートソーススパゲッティで，アミちゃんの口の周りが真っ赤になっているのを見て「いっぱい食べたんだね」と声をかけるとにっこり。お迎え時の母親にも「今日もきれいに食べたよ」と伝えると，「本当ですか？　うれしい～」と感激されました。「毎日アミちゃんが食べたものと，もしよかったらそのレシピを伝えるね」と言うと，「先生に声をかけてもらってうれしかった。ありがとう」と感謝のことばが返ってきました。翌朝からはアミちゃんがスキップしながら登園し，帳面には家庭での様子が詳しく書かれるようになりました。

このように各々の保育者が専門性を発揮し，連携して支援を行えることがこども園の強味だと思います。そして，「子どもが本来もっている力を引き出し，保護者とともに喜び合うこと」が何よりの子育て支援になると感じています。

私は，毎朝写真のように園の入口で子どもや保護者に一声かけ，さまざまな会話をします。「中学のお姉ちゃんは近頃どう？」「昨日パパが心配してたよ，ママ愛されてるんだね」「パパも小さい頃は～だったのよ」等々。これからも地域とのつながりを大切にし，保護者から「また来たい，話したい」と思ってもらえる園でありたいと思っています。

最近では，メールや SNS でのコミュニケーションが増えてきました。こうした時代だからこそ，保育者には「顔が見える関係」の中で専門性を発揮すること，こども園には地域の中心となって子育て支援の役割を果たしていくことが求められていると考えます。

登園時の声かけ

第17章 外国籍の保護者と幼児を支える保育者の専門性

吉田貴子

1 在留外国人の現状

（1）外国人幼児の増加

法務省によれば，2016年12月の在留外国人数は約238万人であり，外国人幼児の幼稚園や保育所への入園も増加傾向にあります。日本保育協会が全国の自治体を対象に行った調査によれば，67か国，11,551人の幼児が保育所に入所しており，国籍は「ブラジル」「中国・台湾・マカオ」で5割を占めます。外国人幼児の入所を把握しているのは50自治体（48.5%）ですが，外国人保育についてのガイドラインがあると回答した自治体は大阪市と東大阪市の2か所のみです（日本保育協会「保育の国際化に関する調査研究報告書」（平成20年度））。

このように，日本の幼稚園・保育所には多様な文化的背景をもった幼児が在園しており，保育者や研究者の関心は高まっています。しかし，多文化教育や共生のための教育についての研究が進められている一方，その知見は必ずしも保育現場に伝わっておらず，外国人幼児の保育や保護者への援助のあり方は，現場や地域に任されています。

日本で幼児期を過ごす外国人幼児が増加している状況を受けて，1980年代の終わり頃から多様な文化的背景をもつ子どもを対象とした研究がはじまりましたが，異文化間教育の中で幼児の問題に着目した研究はいまだ少ないといえます（山田，2006；廿日出，2006）。しかしながら，異なった文化的背景をもつ子どもたちの「成長上のつまずきや発達阻害といった文化的な不適応」は大きな課題になっています（松尾，2006）。全国では約2割の保育所において外国人の子どもの保育が行われていますが（渋谷，2006），このような課題を前に保育者は，多様な文化的背景をもつ子どもとは「特別な配慮の必要な子どもである」という認識をもつことが求められています。

（2）先行研究からみる保育現場での特徴

日本の保育現場におけるニーズは多様化しており，とくに外国籍幼児に焦点をあてた先行研究としては，保育者と外国籍保護者の認識の変化もくわえて「外国籍幼児の適応過程」について明らかにした研究があります（菅田，2006a）。この研究からは，保育者と外国籍保護者が「外国籍幼児に対して身につけるように期待すること」や，「外国籍幼児の適応や発達に対する認識」にはズレがあることが示されました。

また，保育者は自分の文化内での「良い子」像を，来日した外国人幼児にあてはめて保育を展開しようとすることが指摘されています（山田ほか，2003）。また保育者は，集団保育場面における外国籍幼児への個別対応や，外国籍幼児と日本人幼児との関係づくりにおける援助の必要性に気づきながらも，十分に援助しきれてはいない実態が明らかになりました（菅田，2006b）。すなわち，外国籍幼児に対して，他児との違いが見えなくなるような同化を求める傾向にあるといった問題点が指摘されました。

さらに外国籍幼児の園生活への適応過程を捉えるためには，「保育士と母親との関係」にも着目する必要性が指摘されています（菅田，2006a；冨田，1986）。しかし外国籍幼児は，父親の就労や留学・研究にともなって来日するケースも少なくありません。また，日本で幼児を育てる外国籍保護者は，子育てに関して「もっとも信頼する相談相手」として配偶者をあげています（菅田ほか，2005；谷口ほか，2001）。すなわち，外国籍幼児の園生活を捉えるためには，父親も含めた外国籍保護者の保育参加や，外国籍幼児を取り巻く環境についても明らかにすることが求められています。

（3）近年の動向

近年，主に子どもに向けた取り組みの１つとして，『まんが　クラスメイトは外国人――多文化共生20の物語』が「外国につながる子どもたちの物語」編集委員会によって出版されています。この編集委員会によれば，「外国につながる」とは家族のルーツや背景に日本以外の地域があることを意味しており，編集委員のメンバーはこうした子どもや家族のための教育相談，補習教室，交流会などを担っている中学・高校・大学の教員です。日本国内で身近に生活する「外国につながる」子どもたちに関するまんがが出版されたことは，「外国につながる」子どもたちの気持ちを代弁して，その他の子どもたちや大人たちに伝えるという意味があります。しかしそれ以上に，このまんがの「あとがき」によれば，日本で生活している「外国につながる」子どもたちが，「こんな思いをしているのは，自分1人じゃない」のだと共感し，安心感を得られるように，「外国につながる」子どもたちに向けてつくられているのです。

このように子どもが読むことを意識してつくられたまんがのほかにも，「外国につながる」大人とかかわる日本人のための資料が発行されています。『多文化子育て支援ガイドブック』（大阪ボランティア協会，2013）には，通訳者を通したコミュニケーションではなく，「やさしい日本語」を使ってコミュニケーションをはかるという新たな方法が示されています（詳しくは第2項(2)を参照)。また，『多文化絵本を楽しむ』（福岡ほか，2014）は，幼稚園や保育所の保育者のほとんどが「異文化・多文化絵本」に対して関心が低いという調査結果をきっかけに，21世紀に生きる子どもたちとその子どもにかかわる大人が異文化・多文化を理解し，絵本の世界を通して多文化を楽しんでほしいとの願いから出版されており，保育現場での読み聞かせの参考になります。

2　外国人保護者とのコミュニケーション

(1)「やさしい日本語」によるコミュニケーション

家庭では母語で生活し，幼稚園や保育所では日本語で過ごす子どもは少なくありません。そして，日本語を話せない状態で入園した子どもやその保護者と，日本人保育者や日本人幼児とのあいだに，コミュニケーションの問題が生じています。日本の保育所に入所した中国人５歳児が，保育者の日本語での指示がわからず，「涙を流す」といった身体表現によって苦痛やストレスを表現した事例（管田，2006b）や，日本語で言い返せずにトラブルを起こした中国人４歳児の事例（柴山，2002）があります。また，そのようなトラブルが起きたときに，保護者が日本語で書かれた連絡帳やおたよりなどの書類を読むことができなければ，情報の伝達も難しいでしょう。そのため，通訳者の必要性が指摘されています。「日常の保育」における通訳者の存在は重要であり，外国人幼児や外国人保護者へのコミュニケーションをスムーズにします。また，通訳者がいることで，保育の場においても外国人幼児は，「ことばをわかってくれる」「自分をわかってくれる」と感じることができ，安心感をもちます。通訳者が行う外国人幼児への対応で多いことは，「園児への簡単な通訳」のみならず，「園児の話をじっくり聞く」ことや，「子どものけんかへの対応」があります（品川，2011)。外国人幼児が，日本人幼児との友だち関係を築くためにも，通訳者は重要な役割を果たしています。

しかし，通訳者が配置されている園のほうが少なく，保育者が試行錯誤してコミュニケーションをとっているのが現状です。多忙な保育者が，在籍する外国人幼児の母語を習得することは難しいかもしれませんが，園生活に必要ないくつかの場面での会話（トイレや食事など）を想定して，数か国語に翻訳された本が活用できます。また外国人保護者から基本的な日常会話を教えてもらったり，外国人幼児が指をさすことで伝えられる絵カードを作るといった工夫もできます。保育者は外国人幼児や外国人保護者が日本語を習得することを期待して待つだけでなく，保育者から歩み寄ってコミュニケーションの方法を探り，具体的に実践していくことが求められるでしょう。

このような状況から，近年は，通訳者に頼るばかりではなく，外国人保護者と接する日本人が「やさしい日本語」でコミュニケーションをはかることが提唱されています。

たとえば，大阪ボランティア協会から，2013 年に『多文化子育て支援ガイドブック』が出されています。そこには，「外国人の子育て支援に関わる専門職やボランティアが，外国人保護者と日本語で意思疎通するためのコツをまとめたものがあれば役に立つのではないかと考え，保育，保健の専門家や日本語教育，外国人支援の実践者の協力を得て本書を作成」したと書かれています。このガイドブックで「外国人」とは，国籍や出生国にかかわらず，「日本語を母語としない人」をさしています。そして，「外国人」とのコミュニケーションでは，「やさしい日本語」を使おうと述べ，その理由として，「通訳や翻訳を依頼するという方法はありますが，それはあくまでも特別な対応であり，日常的に子育て支援の現場で使える方法が必要」であるからとしています。具体的には，外国人集住地域では区役所等に公的な通訳者が常駐し，保育所へ決まった曜日に通訳者が来てくれ，区役所等にトリオフォン（三者で話せる電話）を利用した通訳システムを導入している市もあると紹介しながらも，利用可能な曜日時間の制限や，申し込みの煩雑さなど不便で，母子保健や子育て支援の現場ではあまり利用されていないと指摘しています。すなわち，必要なときに通訳が利用できるシステムには，ほど遠いというのが現状であり，だからこそ「やさしい日本語」を使う必要性を述べています。

このガイドブックによれば，「やさしい日本語」とは，「災害時に日本語に不慣れな外国人にも情報が伝わるように簡単な語彙と単純な文型の日本語を使おうというもので，阪神・淡路大震災の経験を踏まえ2005年に弘前大学人文学部社会言語学教室の佐藤和之教授が提唱」しました。そして，身近な事例をあげて文化の違いやコミュニケーションの問題を紹介しています。またすぐに保育者が使えるように，保護者へのお知らせ文書の例も書かれています。実際よく目にする「遠足のお知らせ」の文書を，「やさしい日本語」を使って書き換えて紹介し（図17-1，17-2参照），さらに「やさしい日本語」へ書き換える練習問題を解くことで，実践力がつけられるようになっています。

このように，通訳者頼みでコミュニケーションをはかるのではなく，保育者が「やさしい日本語」でコミュニケーションをはかることで，日本語を勉強している保護者に歩み寄ることが期待され，実践されはじめています。

☆ばら・さくら・ゆり組　遠足についてのお知らせ☆[A]

※この用紙は今年度の遠足について共通するものですので１年間大切に保存してください。

持ち物 …下記の持ち物はすべて[B]リュックサックの中に入れて持ってきてください。
・弁当
・水筒（中身が漏れないか確認してください。ペットボトルは不可[C]。水筒は肩にはかけません[D]）
・フォーク（3・4 歳児）…お箸になる時は各クラスのボードでお知らせします[E]。
・お箸（5 歳児）
・濡れおしぼり（容器に入れてください。ウエットティッシュ[F]不可）
・敷物（一人用）
・レインコート（雨が疑わしい時のみ[G]入れてください）
・着替え１セット（下着・上下服[H]を名前を書いたスーパー袋[I]にいれてください）
・ハンカチ・ティッシュ　※４・５歳児のみです。
※３歳児は着替えセット・ハンカチ、ティッシュは必要ありません。
※当日出席ノートはいりません。当日のシールは後日貼ります。

服　装
・季節、体調に応じた服[J]
・靴下[K]（長い距離を歩くこともありますので季節に関係なく[L]遠足当日は必ず靴下を履いて[M]きてください。）
・履きなれた靴[N]（新しい靴ではなく日ごろ履き慣れた靴で来てください）
・クラス帽子
・名札（登園時に名前が内側になるよう左肩に保護者が付けてあげてください[O]。名札はクラスで保管[P]しています。）
☆持ち物には小さいものでも必ず名前を書いておいて[Q]ください。

＊お弁当についての注意事項＊
お弁当は
◎必ず当日[R]の朝に調理[S]してください。
◎必ず火を通したもの[T]を入れてください。
◎汁気[U]の多いものは避けましょう[V]。
◎食べきれる量[W]を入れてあげて[X]ください。
◎果物はいりません[Y]。
◎炊き込みご飯や焼き飯はやめてください。
◎おにぎりはラップを使ってにぎり、ラップを外してお弁当箱に入れてください。
◎ノリを巻いたり、のせたりしないでください。

ポイント
【】の数字はルール番号
A【2】情報を整理する
B【14】やさしい言葉を使う
C【15】熟語は避ける
D【6】事情を説明する
E【2】最低限の情報に絞る
F【17】カタカナ語は避ける
G【14】やさしい言葉を使う
H【15】熟語は避ける
I【10】修飾語は短くする
J【4】常識前提の表現は避ける
K【28】ひらがなで書く
L【8】文の構造を簡単にする
M【28】ひらがなで書く
N【14】やさしい言葉を使う
O【10】修飾語を短くする
P【15】熟語は避ける
Q【11】単純な形の動詞を使う
R【15】熟語は避ける
S【15】熟語は避ける
T【14】やさしい言葉を使う
U【14】やさしい言葉を使う
V【15】文末をわかりやすくする
W【14】やさしい言葉を使う
X【11】単純な形の動詞を使う
Y【6】事情を説明する

図 17－1　遠足の持ち物・服装のお知らせ（元の文書）

☆遠足の日に準備するもの☆[A]

持ち物（もちもの）	お弁当	腐ると、たいへんです。 ・遠足の日の朝、作ってください。前の日に作らないでください。 ・食べ物の中まで、火を通して（熱くして）ください。生のもの（熱が入っていないもの）は、だめです。 ・汁気が多い（水がたくさんある）ものは、入れないでください。 ・子どもが、ぜんぶ食べられる量を入れてください。 ・くだものは入れないでください。保育園のおやつがあります。 ・たきこみごはんや、やきめしはやめてください。 ・おにぎりはラップを使ってにぎり、ラップをはずしてお弁当箱に入れてください。 ・ノリをまいたり、のせたりしないでください。	
	水筒	水が外に出ないか、よくしらべてください。リュックサックにいれます。ペットボトルはだめです。	
	フォーク おはし	ばら組、さくら組の人は、フォークを持ってきます。 ゆり組の人は、おはしを持ってきます。	
	ぬれおしぼり	小さいタオルをぬらして、しぼって、いれものに入れてください。 紙のおしぼりはだめです。	
	しきもの	一人用のシート。<u>お弁当を食べるとき、その上にすわります。</u>[B]	
	レインコート	雨がふりそうな日は持ってきてください。	
	着替えセット	上の服、下の服と下着をスーパーの袋に入れます。スーパーの袋に名前を書いてください。	ばら組の人は、いりません。
	ハンカチ ティッシュ	さくら組、ゆり組の人は持ってきます。	ばら組の人は、いりません。
服装（ふくそう）	服	暑さ寒さを考えて、服をえらんでください。	
	くつ	いつもはいている、歩きやすいくつをはきます。新しいくつはだめです。	
	くつした	かならず、はいてください。	
	クラス帽子	かぶります。	
	名札	名札はクラスにあります。保育園に来てから、名前が内側になるよう、左の肩につけてください。	

<u>知らない人から名前が見えないように</u>[C]

＊名前…ぜんぶの持ち物にかならず名前を書いてください。小さいものでも、ひとつひとつ、名前を書いてください。
＊出席ノート…遠足の日は、いりません。後でシールをはります。

ポイント

【】の数字はルール番号
A【2】情報を整理する
【8】箇条書きや表にする
B【6】事情を説明する
C【6】事情を説明する

図 17－2　遠足の持ち物・服装のお知らせ（書き換え例）

（2）保育者の英語力の向上

また，保育者の英語力を高めて外国人保護者とコミュニケーションをはかろうとする動きもあります。幼稚園教諭・保育士や子育て中の保護者が，日常的な保育英語を習得することをめざした保育英語検定が実施されています。保育英語検定とは，「広く日本国民が，幼稚園・保育園等の園内保育環境及び家庭日常生活環境における乳幼児及び保護者との保育・養育・教育及び連絡・交流に必要な英語力を習得し，その英語力を審査すること」を目的としています（保育英語検定協会，2014）。このように，外国人保護者に日本語の習得を期待するだけではなく，保育者も英語力を身につけて，コミュニケーションをはかろうとする双方からの歩み寄りが進んでいます。

さらに，地域ではそれぞれの団体によって，より具体的に子育て中の保護者が必要とする会話をまとめたガイドブックが作成されてもいます。たとえば京都市内で活動している Jafore（ジャフォール）（日本語を母語としない家族のための子育て支援チーム）は，『小さな子どもがいる家族のための日本語・英語会話ガイドブック』（2012）を作成しています。このガイドブックは，日本人母親が中心となり「子育て中のママトーク」を基本に作成しており，子育てにかかわる単語を日英表記しているので，指をさしながら会話することができるようにつくられています。

このように，近年は日本人保育者が外国人保護者とコミュニケーションをはかるときに参考となる本や資料もつくられており，日本人保育者が異なった言語や文化を積極的に学んでいこうとする姿勢がみられます。

3　保育実践の中にみる保育者の専門性

日本語のわからない外国人幼児や外国人保護者とのコミュニケーションは，担任保育者にとって難しい課題の１つです。ここでは，実際に外国人幼児の担任となった日本人保育者が外国人幼児を保育する中で実践した外国人幼児の気持ちの読み取りや，外国人幼児と日本人幼児とのかかわりの援助，連絡帳による外国人保護者とのコミュニケーションから，保育者の専門性をみていきます。

（1）外国人幼児のことばによらない気持ちの読み取り

ここでは日本に5歳で来日し，来日して間もなく日本のＩ幼稚園に入園した中国人女児リンリーちゃんの事例を取りあげます。リンリーちゃんの家庭での使用言語は中国語で，父母は英語も話しましたが，日本語は話せませんでした。Ｉ幼稚園では2年前に5歳の外国人幼児1名を受け入れた経験がありましたが，入園時には外国人幼児はリンリーちゃんだけでした。担任の谷先生は20代の女性教諭で，Ｉ幼稚園に勤務して2年目でした。以下のデータは，調査対象の集団の中に直接入り込み，現地の人々と行動をともにする参与観察（佐藤，2002）によって，筆者が収集しました（詳細は管田，2006b参照）。

入園当初，リンリーちゃんはことばを発することが少なく，無言期ともいえる時期を過ごしました。谷先生は，この時期5歳児が好んで行った泥だんご作りの遊びにリンリーちゃんを誘いましたが，リンリーちゃんは泥を触って手を汚すことを嫌い，見ているだけの時期を過ごしました。

〈事例1〉　泥を触りたがらないリンリーちゃん（5月17日）

谷先生：バケツに入った泥を触ると，「いいね，これ。リンリーちゃん，とろとろだ，とろとろ」と，谷先生の左隣にしゃがんでいるリンリーちゃんに言い，リンリーちゃんの前にバケツを置く。

リンリーちゃん：バケツの方を見るが動かず，触ろうとはしない。

谷先生：谷先生の右人指し指をバケツの中に入れて泥を指先につけると，リンリーちゃんの方へ差し出す。

リンリーちゃん：しゃがんだまま谷先生が出した指を避けるように，上体を後ろに下げると，右足のつま先が地面から浮く。

谷先生：「ふふふ」と声を出して笑うと，リンリーちゃんの方を見ながら「どうして嫌いなんだろう」と独りごとのように言う。

事例1では，泥だんご作りに興味をもちながらも，参加することに躊躇しているリンリーちゃんの隣に谷先生が身をおき，「いいね，これ。リンリーちゃん」と名前を呼びました。まず谷先生が泥を触ってみせ，その後で泥のバケツをリンリーちゃんの前に置くことで，リンリーちゃんも泥に触ってみるように促しています。さらに，谷先生の指に泥をつけてリンリーちゃんの方へ差し出すことで反応をみると，リンリーちゃんが泥のついた指を避けたので，谷先生は泥を無理に触らせることはなく，泥遊びが苦手であることを笑いながら受けとめています。

この場面から，保育者はことばによるコミュニケーションが難しい外国人幼児に対して，自らも遊びの中に入り，身ぶりによって遊びへの参加を促すという特徴がみられました。さらに外国人幼児がその遊びに応じなくても，無理強いすることはなく，保育者が笑ってみせることで楽しい雰囲気を作り，その子が嫌だと感じている理由を探ろうとしています。すなわち，意図的に保育者が参加するように働きかけたうえで，その子どもが遊びに参加するまで待つ姿勢や，ことばで伝えられない子どもの気持ちを子どもの表情や行動から読み取ろうとしている点に，保育者の専門性がみられます。

その後リンリーちゃんは，徐々に泥を触って泥だんごを自分で作るようになりました。すると谷先生は，「遊ぶ力みたいなものは，すごくついてきたかなって最近。（中略）泥だんごも最後は自分で握って，つるつるのができたりして。本来もってる躍動感じゃないけど，そんなのがしっかり出せるようになってきたのかなって」（7月7日，下線部筆者，以下同様）と話しました。また4月には，日本人幼児が取り組む制作活動を見ていることが多かったリンリーちゃんが，5月には取り組むようになったという変化を谷先生は，「（リンリーちゃんは）状況を見て学ぶというのがすごい。（中略）幼稚園だと余計，じっくり観察する時間みたいなものがたぶん必要なんだろうと。友だちのしていることをじっくり見るみたいな時間があって，おもしろいと思ってもまだ手は出さなくて，あらためて自分の気持ちが落ち着いてやってみようという気持ちがもてたら，ぱーっとつくっていく時期がある」（7月7日）と話しています。

この語りから，谷先生はリンリーちゃんに他児を観察する時間を与え，自分から参加するまで見守っていたことがわかります。リンリーちゃんが「本来もってる躍動感」と谷先生が表現したように，ことばも文化も違う日本の幼稚園で，外国人幼児が自分のありのままの姿を出せるようになるには，とくに時間や保育者の援助が必要です。谷先生はこのことを意識して，リンリーちゃんに急いで活動に参加させることなく，継続的に見守っていたことがわかります。

（2）外国人幼児と日本人幼児とのかかわり

前述した中国人女児リンリーちゃんは日本人幼児とコミュニケーションがとれず，お互いにかかわりを避けることがありました。谷先生は，リンリーちゃんが日本人幼児とかかわるきっかけをつくるため，入園当初，日本人幼児に「（リンリーちゃんの）手をつないで連れていってあげて」や「（リンリーちゃんに）教えてあげて」と声をかけました。また，谷先生のクラスでは毎日３人の子どもがうさぎの飼育当番になり，リンリーちゃんも当番する中で日本人幼児とかかわる姿が見られました。これは，子ども同士のかかわりを育てるために，「生活の中で，互いにかかわらざるを得ないような状況をつくる」ことや「保育者の行動や言語による直接的な促し」（上野，1993）を保育者が行ったといえます。このように外国人幼児と日本人幼児との関係において，保育者は子ども同士がかかわるきっかけをつくっています。

さらに，ことばによるコミュニケーションがとりにくいために生まれる子ども同士のトラブルでは，必要に応じて保育者が直接的に子どもたちのあいだに入り，意思を伝え合うようなかかわりを援助していくことも求められます。

（3）連絡帳によるコミュニケーション

日本の保育所の５歳児クラスに入った男児カールくん（父親ペルー人，母親ドイツ人）の家庭では，主にドイツ語が使用され，カールくんは日本語がわからない状態で入所しました。筆者は担任保育者とカールくんの保護者との個別面談や保育参観での会話を通訳し，連絡帳やおたよりを翻訳しながらデータを収集しました（詳細は管田，2006a を参照）。

カールくんの母親は，連絡帳で担任保育者が毎日カールくんの保育所での様子や持ち物について書くシステムを評価していました。たとえば担任保育者は，「（カールくんが）こいのぼりの制作で，こいの目を描きのりづけさせようとすると嫌がり，まったくしようとしないので，隣の子がしてくれました」（4月20日）や，「嫌がってたのりづけを一緒にやってみました。以前は絶対手を出さなかったのですが，今日は素直に動かしてくれました」（6月3日）などのように，連絡帳にカールくんの変化を記していました。

カールくんの母親は参観日に活動に参加しないカールくんを見ましたが，「私が側にいると（カールくんは）しないけれど，（カールくんは保育所での活動に）いろいろと参加しているようだし。連絡帳にその日にしたことも書いてあるから」（7月3日）と話し，心配していない様子でした。また，「連絡帳で，「今日はこんな活動をした」「こういうものは食べた」「これはして，これはしなかった」と毎日知らせてくれるのがいいわ。保育所での様子がわかるから。ドイツではそういうシステムがないのよ」（9月9日）と話しています。

保育者が一人ひとりの子どもについて書く連絡帳は，送迎時にことばで保育者とコミュニケーションをとりにくい外国人保護者にとってはとくに，子どもの様子を知ることのできる重要なツールとなっています。外国人保護者が連絡帳で情報を得られることは，子どもが保育所で過ごすことへの安心感と保育者に対する信頼感を高めることにつながります。また連絡帳は，通訳者のサポートが得られるならば，外国人保護者からの質問や要望などを日々担任保育者に直接伝えることができるという点でも意味があり，保育現場で活用されています。

4　米国での保育実践から

（1）子ども同士の違いの気づき

外国人幼児と日本人幼児が一緒に生活する中で，容姿が類似しない場合や，使用言語が異なる場合には，個々の違いに気づきやすいといえます。子どもたちは，2歳までに男女のラベルづけや，肌の色を名づけ，3歳までに社会にある偏見の影響を受けて，性，人種，障がいによって他人に差別的な態度を示すことがあります（Derman-Sparks, 1989）。すなわち子どもが違いに対して否定的になり，そこから偏見をもつことのないように保育していかなければなりません。

子どもが偏見をもつことを防ぐ目的で，米国ではアンチバイアス・カリキュラムが取り入れられています。たとえばこのカリキュラムでは，ごっこ遊びのコーナーに文化的に多様な道具や衣類，料理のおもちゃが準備され，保育室には車いす，杖，メガネを使う人形が置かれています。

さらに，子どもは日々接している保育者からも，偏見や差別を学び取っている可能性があります。子どもがことばや容姿の違いに気がついて疑問に思っても，保育者が個々の違いに目を向けず，違いについて触れてはいけないというメッセージを送ったなら，子どもは違いに否定的になり，そこから偏見をもつことにもなりかねません。保育者が自身のもつ感情や差別に向かい合う方法としては，日記を書いて内省し，互いの保育を観察して，援助しあうことがあります。このように，外国人幼児と日本人幼児が互いに偏見をもつことなく，ともに過ごしていけるように援助することが求められます。

（2）保護者との連携

外国人保護者を招いて開く保護者会では，保育者が「専門家」となって保護者に何をすべきか話し，教えるかたちよりも，むしろみながお互いから学ぶ対話形式のほうがよく，それぞれの経験や信念，疑問，意見の相違などを共有するための安心できる環境をつくるためには，保育者に細やかな配慮のあるリーダーシップが要求されます（ダーマンスパークス, 1994）。保護者との話し合いを通して，保育者が目標とする事柄としては，次の5つがあります（ダーマンスパークス, 1994, pp. 188-189）。

① 保護者と保育者が，お互いの見解について打ちとけて話し合えるような真の対話を樹立し，明瞭性，理解，そして，保護者と保育者がともに納得のいく解決法を得るよう努める。

② 幼児がどのようにして，人種的，民族的，性的アイデンティティを発達させるのかということについて，また性的偏見，人種差別，障害をもっている人への差別などが，健全な社会的・情緒的発達や認知発達にどのようにマイナスの影響を与えるかということについて，保護者の意識を高める情報を提供する。

③ 保護者が人種問題に取り組むことによって生じる問題を，お互いに話し合うため，また，保護者が子育ての中に人権尊重の視点を取り入れて，その考え方を自分のものとしていく能力を高めるため，安全な環境をつくり出す。

④ 保護者と保育者が互いに問題解決を行い，相互に支援し合うことをとおして子どもの発達を促す。

⑤ カリキュラムの開発，実施，評価に関して，保護者の参加を要請する。

これらのことをめざし，保護者と保育者が相互に学び合う姿勢をもつことが求められ，実践されています。

＊

日本の保育現場に外国人幼児の入所が増えたことにより，保育者が一人ひとりの子どもの様子について丁寧に記す連絡帳のようなコミュニケーションツールが果たす役割は，ますます大きくなってきています。また，保育者が外国人幼児の気持ちを，ことばによらない反応や変化から読み取ろうとしていることや，外国人幼児が保育現場でありのままの姿を出せるまでの時間をじっくり与えていることなどが示されました。これは，保育者が特別な配慮をもって外国人幼児の保育にあたっていることを示しており，保育者の専門性といえるでしょう。また保育者は，ことばが通じないことを理由に，日本人幼児と外国人幼児とがかかわりを避けないよう，意図的にかかわりを促したり，トラブルの解決を援助したりすることも実践していました。

米国における保育では，個々の違いを好意的に受けとめるための遊具や活動が実践されており，外国人保護者との話し合いにおける目標も示されていました。このような実践を日本の実践にどのように役立てていくかは課題です。このような点も踏まえて，今後は保育者養成や研修において，国内外の外国人幼児の保育について学ぶ機会がますます求められているでしょう。

多文化の園からみえること

百人町保育園　池ヶ谷恵美子

韓流ストリートで有名な新大久保駅（JR 山手線）から 5 分のところに本園はあります。定員 85 名の小さな園で在園児の約 3 割を外国（現在は，中国，韓国，ミャンマー，モンゴル，フィリピン）の方が占めています。

入園してくる外国籍の子どもたちは，乳児期からお預かりするケースがほとんどで，3～4 歳になると自然に日本語で意思の疎通ができます。ところが最近では就学前に入園されるケースが増えています。今年の 5 月にも中国人のリイちゃんが 5 歳児クラスに入園してきました。両親は日本で仕事をされていますが，リイちゃんは祖父母とともに中国と日本を行ったり来たりの生活をしてきました。就学を前に両親の元で日本の教育を受けさせたいとの思いがあっての入園です。入園当初はことばがわからず受け入れ時に涙ぐむこともありました。5 歳児クラスの活動についていくことが難しいため，新宿区の「日本語サポート」という制度を活用し，3 か月にわたり週に 2 回通訳の方に来園してもらいました。ことばが通じる人がいることでリイちゃんにホッとした表情が表れます。当初は伝えなければならないことが先行しましたが，その次にリイちゃんが何に困っているのか，どうしてほしいのかを通訳してもらいました。そうすることで困っていることも周囲に伝わり，周りの子からの気遣いもあり，クラスにも馴染んでいきました。さらに 4 歳児と 5 歳児のクラスがワンフロアーであることが幸いし，4 歳児クラスにいる中国の子どもたちがリイちゃんに中国語で話しかけてくれました。その中の一人，エリちゃんが 5 歳児クラスの友だちとのコミュニケーションの橋渡しをしてくれました。リイちゃんに中国語で話しかけたり，担任のことばを通訳してくれたりします。リイちゃんの笑顔がぐんと増え，2 人の会話に中国語で参加する子も増えました。そんな中，7 月になりプール遊びが始まりました。プール前の体操の時間も，担任の提案から「1，2，3，4（イー，アー，サン，スー）」と，中国語がわかる子たちが前に出て張り切って中国語でかけ声をかけて体操をします。韓国のお子さんが多い5歳児クラスでは韓国語でのかけ声が響いていました。家庭では母国語を話す子どもたちも園ではなかなか話そうとしません。リイちゃんとエリちゃんの中国語の会話をきっかけに，園生活の中に，日本語に混じって中国語や韓国語でのおしゃべりが自然に聞かれるようになり，多言語が飛び交う中でどの子も生き生きと遊んでいます。

そんな頃，ある年の5歳児の印象的な会話を思い出しました。保健室で4人の子どもたちが身体測定をしてもらっているときのことです。ミキちゃんが,「ジョシアちゃんとシホンくんは韓国人でしょ？　カシンちゃんは中国人だよね。私は大阪人なんだよ」。想像もつかなかったミキちゃんのことばに，聞いている私たちは一瞬はっとし，思わず微笑みました。子どもたちはことばの違いを感じてはいるものの，友だちであることに変わりはない。6カ国の子どもたちが生活しているこの園は，小さいときから自然に外国の方やその文化に触れ，子どもたちにとってはその環境が日常そのものになっています。その素晴しさをミキちゃんのことばで改めて気づかされました。子どもたちに国境はないのです。リイちゃんも今は園にも慣れ楽しく過ごしていますが，まだまだサポートを必要としています。就学後もサポートできるよう小学校との連携を進めていきます。

本章でも保護者への伝え方の工夫が紹介されていましたが，外国籍の保護者にはお便りやお知らせに必ずルビを振り，行事などで早い登園を呼びかけるときには掲示に大きく見出しをつけて注意を向けるようにしたり，家庭ごとに書面でお知らせを配布したり工夫をしています。遠足時には掲示にくわえ，実際に持っていくリュック，お弁当箱，水筒などの実物を展示して知らせます。お迎えのときなどに口頭でお伝えすることも欠かしません。同時に今後はさらにわかりやすい外国語表記の工夫なども充実していく必要があると感じています。

国が違っても子どもたちの発達過程は同じです。子どもが発信する態度や思いを察知し受けとめていく保育者の姿勢など，保育の質の向上が今後はさらに求められてくると思います。

第18章 よそおいの視点からみる保育者の専門性

木戸彩恵

1 なぜよそおいについて考えるのか

よそおい（表情，化粧と服装）は，長きにわたって保育の専門性の中心的な課題ではありませんでした。しかし，よそおいは対人関係の７割を占めるとされる非言語コミュニケーションを構成する重要な１つの側面であり，人と人の関係性における環境をつくり出すための重要な役割を果たすということが，これまでの社会心理学の研究から明らかにされています。ここでは，よそおいを保育者としての個人を支えるための媒介とみなし，より大きくは社会・文化的文脈における専門性の手がかりと位置づけたうえで，保育の実践にどのように寄与するかを考えてみたいと思います。

本章では，はじめに表情を「よそおう」こと，感情を「よそおう」ことにかかわる問題についてホックシールドの提案した「感情労働」をもとに説明します。そのうえで，「よそおい」という観点を保育実践と専門性に結びつけて試論を提示します。なお，本章の執筆者は保育の専門家ではありませんが，よそおいを中心に研究を進めてきた心理学の研究者としての立場から，提言を試みます。

2 人と人が出会う場における保育者の感情労働

（1）保育者のよそおいの意味

表情を「よそおう」，感情を「よそおう」ことの意味について考えるために，保育者を対人関係の場面をつくり上げる環境システムの一部として考えてみましょう。そうすると，保育者のよそおいは子どもや保護者，そして同僚にとって環境と捉えることができます。保育者にとって，その実践の主たる対象は子どもたちです。しかしながら，実際の保育現場全体を見渡すと，保育者は子どもたち以外にも多くの人とかかわることが求められますし，それに合わせて担う対人関係と役割の調整が求められます。よそおいは保育者にとって保育現場での対人関係をつなぐ媒介として機能するからです。対人関係を円滑に構築するために，よそおいは保育場面で重要な役割を果たすのです。

保育の現場は人と人が対峙する現場です。多くの人とかかわる際に，保育者が園の中で自分はどのようにふるまうべきか考えさせられる場合が出てくるでしょう。その際，保育者は「先生」という役割をもった存在（これを，文化心理学の理論では「記号」といいます）として働くよう求められていることに気づきます。保育者は自分自身のあり方を微細に調整しながら，園としての一体感，統一感を保つようにふるまうでしょうし，そうしたふるまいは保育の現場で求められる能力の１つとなるでしょう。保育者としてふるまう場合には，何らかのかたちで「保育者としての私」の見え方を操作することが職務上求められます。それは相手に不快感を与えないためでもあり，また，自分自身の印象を操作することによってその場になじむためでもあります。

（2）保育者の感情労働

ここではよそおいによる印象の操作が保育の質に与える影響について，より保育者の専門性に寄せて議論するために，感情労働（Labor Work）について言及したいと思います。感情労働とは，自己や他者の感情管理を核心的もしくは重要な要素とする労働をさします（水谷，2013）。感情労働の中でも，保育の対人サービスは「ケア（Care）」労働として位置づけられます。「ケア」労働者の労働の特徴は，丁寧に，心を込めて，注意深い配慮をあらわす愛の労働を行うことであり，職務遂行中には「笑顔で明るく，よい人」になり，サービスの受け手に対して「安心・安全」の感覚をもたらすことが求められるのです。このような感情労働の定義は，典型的な保育者を思い浮かべることでより具体的に理解できるでしょう。

感情労働の特徴は，社会や社会的役割にもとづいて編成される社会的な位置づけに応じた典型的なふるまいをする場合にだけ生じるのではありません。より個人的な期待や要求にもとづいてふるまいを調整する際にも感情労働は生じるといわれます（Hermans, 2012）。感情労働が求められる場面で人は，社会的なポジションや対話空間におけるポジションに応じて，それぞれのあり方に結びついた予測や要求を微細に調整し，自身の感情を調整しながら行為しているのです。その際，「わざとらしい」ふるまいにならないように，表情やその背景感情を適度に操作するのです。

さて，感情労働は感情規則と呼ばれる認識的な誘導の元で実行されます。感情規則は，たとえば，保育者が「笑顔で明るく，良き」先生としてふるまうべきというように，特定の社会ポジションや個人ポジションにおいて「当然（あるべき姿）」とは何かを私たちが考えるときに標準型として役立つルールです。より一般的には「社会的規範（Social Norm）」として説明されるものに近い概念といえるでしょう。社会的規範は，社会や集団の中で個人が同調することを期待されている行動は何かという判断基準の元で実行されます。社会的規範は暗黙の前提とされるにもかかわらず，仮に規範からはずれたふるまいをした場合には違和感を含む視線を投げかけられることもありますが，感情規則もまた，特定の集団，コミュニティ，文化からの制約を受けます。その制約は集団の特性により異なるものの，規則があることで特定のコミュニティ内における人々の関係性が組織的に維持されます。コミュニティの感覚については，個人が属する集団との関連が強いとされています。なお，より詳しい保育の感情労働については，「保育における感情労働」の議論（諏訪ほか, 2011）を参照してほしいのですが，感情労働の重要な特徴としてネガティブな側面とポジティブな側面が存在します。ネガティブな側面に着目した場合には，ストレスやバーンアウトなど困難な感情経験に焦点があてられます。一方で，ポジティブな側面に着目した場合には，戦略的に行動する一面について考えることができます。よそおいと感情労働を結びつける本節の考えは，後者につながります。

感情労働は図示したように，管理者－労働者－顧客の三項関係から成り立ち

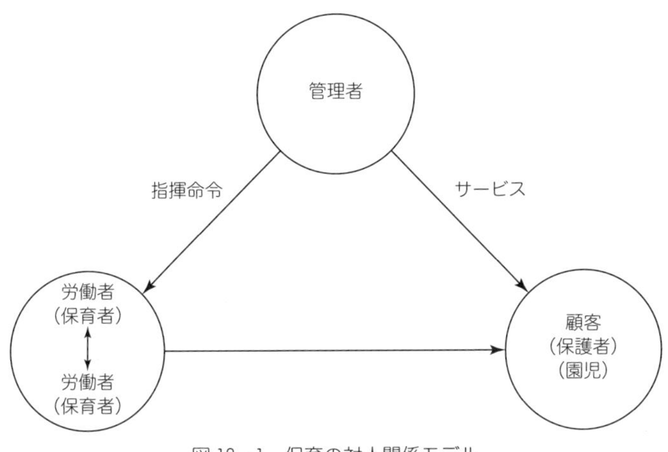

図 18－1　保育の対人関係モデル

ます（図 18－1）。その関係の中でサービスを提供する労働者にとって，労働現場の規則のすべてが明示され，共有されているとは限りません。保育実習生や新人の保育者にとって，周囲の人々の様子を観察しつつ，「はずさない程度」を経験的に獲得していくことは，簡単なことではないでしょう。多くの感情労働の本質的な考え方として，「それは外から見えず認められないこと，そして長年それに携わってきた人間には見えないことの結果が十分に分かっていることだ」（Black, 2008）とブラックは言及しています。これは，労働者の役割として，ごく当たり前のようになされていること，それをすることによって仕事が円滑に進むと考えられていることに対する経験的な認識を私たちが共有していること，円滑に進むようなふるまいを自然にするべきだと考えられることを意味します。より具体的には，女性労働者の場合には対人関係スキルが女性に本来的に備わっているものであり，努力や訓練で得たものではないとみなされがちです。女性労働者に限らず，感情への対応スキルは仕事の試行錯誤を通じて習得するものと一般的に考えられています。そのため，きちんとしたトレーニングが行われることも，サポート体制が整っていることも少ないと考えられます。このように，スキルとされつつも明確に認識されていない，あるいは単純に普通の人は普通にできることだと思われている領域が感情労働なのです。

よそおいも感情労働の領域の１つであり，仮によそおいの捉え方に関する議論が共有されていれば，園における対人関係の無用な詮索や疎外感，あるいは違和感を一定程度避けることができるのではないかと期待します。よそおいは取るに足らない問題とみなされがちですが，実際には日常的な「文化的意味」（箕浦，1997）をもつものであり，社会的な規範や価値観に深くかかわる行為です。よそおいをうまく活用することで，結果的に職場での関係を円滑に進めるきっかけを得られるならば，費用対効果以上のものが期待できるでしょう（木戸ほか，2012）。

（3）保育者のよそおいを扱う研究

実際に，保育者のよそおいについては養成課程の講義や保育の現場の会議において語られることも，調査にもとづいて知識が共有されることも少ないでしょう。保育現場ではよそおいが決められている場合もありますが，申し合わせ事項として暗黙裡に決まっていることの方が多いようです。たとえば松村ら（2012）は，よそおいのふさわしさを判断する研究を行い，実習指導上ふさわしくないとされるＴシャツの着用が，園の現場ではふさわしいとされていることを明らかにしています。この研究結果は，フィールドの新規参入者にとって，教わってきた理論と現場の感覚との調整が難しい場合があることを示唆しています。

さらに保育のよそおいを扱った研究において箱井（2013）は，保育の現場経験のない実習生が，実習に際して何を着ていけばよいのか，どのようなよそおいで実習に臨めばよいのかに関して不安を感じることで「装い不安」の傾向があらわれることを指摘しました。一方で，実習をすでに経験した人たちは，未経験の人と比べると，まわりからの「評価不安」やまわりへのことばづかいなどに不安を強く感じるという「ふるまい不安」があるとしました。いずれも周囲との調和を図るよう試みる際に生じる不安です。箱井（2013）による研究結果は，保育者がフィールドに新規参入をする第一歩を踏み出すときによそおいが重要な役割を果たすことを示唆するものだと考えられます。

同研究の保育者を対象とした保育時のよそおい意識の調査からは，「子どもへの装い配慮」「保護者の被服意識」「子どもへの装いによる影響」「保育者による装い評価」の4つの因子が保育時のよそおいに関係していることが見いだされました。この研究からはわかることは，子ども・親・同僚の三者が，保育者がよそおうときに注意を向けるべき対象と認識されていることです。これに対して，松延ら（2015）が保育者の服装の色彩について，保護者の視点と保育者の視点から検討した研究があります。この研究からは，保護者の被服の色彩の嗜好性が保育者評価に結びつくことが明らかになりました。また，保育者のエプロンの選択については，子どもの年齢発達と関連づけられている一方，保護者との関係性とは関連づけられていないことが明らかになりました。松延ら（2015）は，子育て支援や家族支援などの事項が保育者の新しい専門性として認識される現代社会の中で，保護者との円滑なコミュニケーションを築くためにも，保育者自身がどのように保護者から印象評価をされているか推測しつつ，自らの被服を選択することが重要となると結論づけています。

これらの研究を総合して考えると，保育者のよそおいとして，機能や識別性については園児に向けて，印象については保護者と同僚に向けて見せることが求められることがわかります。新しく参入する保育者の心理的な不安を取り除くために，どのようなよそおいが望ましいかを共有することも有用といえるでしょう。

3　保育者の感情労働を支えるよそおい

(1) 現代的な保育者のよそおいを考える必要性

上述したような前提にもとづき，本節で提案したいのは，保育者の感情労働を支えるよそおいという考え方の導入です。冒頭で述べたように，保育にとってよそおいは中心的課題として位置づけられてこず，その必要性も認識されてきませんでした。その証拠として，保育者のよそおいについて扱った研究や文献はほとんどありません。そうした背景がある中で，労働とよそおいについて言及するときに研究者らが共通して引用している文献に，三塚（1984）の保育労働者の仕事着について言及した論文があります。三塚は，1980年代の有職女性の代表として保育労働者を取りあげ，仕事着を労働条件の1つとして扱うことを提案しました。よそおいが労働者にとっての環境となることを考慮に入れると，労働者が健康で人間らしく働く労働条件の1つ（三塚，1984）として労働者と団体交渉にもとづきよそおいが決定（協約・協定化していく）するという考え方にも納得ができますし，三塚が論じたように，福利厚生の一環としてよそおいを取り上げることは理にかなっています。

しかし，注意しなければならないのは，この論文が男女共同参画がようやく根付いた時代に書かれたという事実です。三塚の論文においては，「労働」は男性的な働き方をめざすものとして扱われています。そのため，男性を基準とした「働く身体を作り上げるためのよそおい」に近づけるような提案がなされました。より具体的に紹介すると，三塚は「幼稚園教諭に採用されていたスカートは，企業からのお仕着せであると全否定され，キュロットはまだよし，ズボンが最高に労働者にとって適したよそおいである」と述べています。さらに，短髪の推奨，締め付けのある下着の否定など，論文における記述には女性労働者が男性のようにふるまうよう求められる様子，また，それが是認されていた時代の空気を読み取ることができます。次にあげる2つの理由から三塚の理論は現代のよそおいの議論の出発点に設定することは難しいといえそうです。

第1に，三塚（1984）から30年以上経た現代では，まだ不十分ではあるものの女性の社会進出が進み，その結果として労働に関しても女性に負担の少ない働き方や，女性としての社会での活躍の仕方が新たに議論されるようになるといった状況の変化があります。女性研究者としてのホックシールドの研究は，感情労働というサービスの切り口から，女性が多く活躍する職場の新しい労働のあり方を考えるための視座を提供するものとして明示した点で評価されるべきものだと思われます。この研究の視座にもとづくことで，筆者もよそおいの構造や機能だけでなく，人と人がかかわりあうことが前提とされるサービス業に従事する個人にとってのよそおいの意味を議論する糸口を見いだすことができました。

第2に，三塚が「仕事着」とした保育のよそおいは，作業的な要素ではなく家庭的な要素を求めることであるといえます。保育者にとっての仕事着に対する認識は，現在では「普段着のような仕事着」へと変化してきているといわれます。実際に保育者が着用する仕事着のバリエーションも多様化しています。園によってユニフォームが決まっている場合や，エプロンのみの着用など一部のユニフォームのみが指定されている場合，私服などのバリエーションがあるようです。保育の現場において，よそおいがある程度自由化される中で自らのよそおいを決定していくことは，重要な課題と考えられます。

（2）よそおいと心理社会的発達

よそおいは，「状況に応じた身体の習慣」であり，私的な身体経験であると同時に公的な身体表現の表象であり，社会に向けた身体の準備過程といえます（Twigg, 2013）。保育場面でもよそおいは社会に向けた個人の準備状態をつくり出します。ただし，新しく現場に入る個人が専門家としてふるまう場合には，経験の蓄積がない状態からよそおいを始めなければなりません。これが，保育場面において実習生がより多くの不安を経験する理由につながるのかもしれません。

また，発達心理学的な観点からは，よそおいはアイデンティティの形成過程ともかかわります。アイデンティティはエリクソンが提唱した概念であり，青年期の発達課題として位置づけられます。そもそも職業人としての心理社会的発達と，自己形成のために必要なものとして理論化されたという理論的な背景もあります。アイデンティティの感覚は通常，年齢を重ねるにつれ高まる傾向があるとされます。さらに，よそおいにより職業的アイデンティティの感覚が高まるという研究事例もあります。筆者は，この点について保育者としての専門性が，内面から外面へ伝わっていくという可能性（つまり，アイデンティティがよそおいに影響する可能性）もあれば，外面から内面へと広がっていく可能性（つまり，よそおいがアイデンティティに影響する可能性）もあると考えます。よそおいについて，その仕上がりではなく，よそおう過程とよそおいに伴う対話と省察を重視する視点はアイデンティティの形成過程と社会・文化的文脈の相互作用を促進するでしょう。この場合に，よそおいは職業的アイデンティティ形成のための媒介として機能し，移行（具体的には，「学生としての私」から，「保育の専門家としての私」の移行）をより円滑につなぐための媒介として機能すると期待できるからです。

4　よそおいと対話，そして軋轢

（1）よそおいと対話

当然ながら，保育の場面では保育者は，「保育の専門家としての私」をよそおうことが求められます。これは，保育者ポジション（専門家ポジション）を築くことであり，対話的自己理論の言葉を借りれば，それまでに構築してきた自らのアイデンティティに新たなポジションをつくり出すことといえます。ここでは，自己表現としてのよそおいを「対話」という観点から考えたいと思います。対話的な考え方は，感情労働に正面からぶつかるのではなく，柔軟に対応する自己のあり方を考えるために役立つでしょう。なぜなら，対話的自己理論では，他者との関係性の中で状況依存的に構築される役割を生きる自己の多元的なあり方を前提としているからです。

専門家「らしく」見せることから得られる自己イメージが自己と他者の双方にとり，どのような役割を果たすかを見据えて行為する場合には，よそおう本人の自立性と自律性が不可欠です。それは，自分自身の判断にもとづいてよそおうことが主観的にも状況的にも自律感をもたらすと考えられるからです。よそおいによる対話はこうした主体性の発揮により可能になるのです。自らの状況と自らを取り巻く環境とのバランスをとり，それに意味づけを与えたうえでよそおいを選び取ることで，より自分がどのようなイメージを相手に与えたいかを意識することができるでしょう。

（2）価値観の反映

よそおいは，単純に服を着ることや化粧をすることではありません。よそおいには，個人や社会の価値観が反映されることがこれまでの研究から明らかになっています。もっとも有名なのは，クリークモア（Creekmore，1966）による，被服に対する価値観の８つのタイプの分類です（表18－1）。

表18－1　被服に対する価値観の8つのタイプ

①芸術的	被服について美を願望し，美を尊重し，美に関心を抱き，追求する。
②経済的	被服の使用と選択について時間を，エネルギーを，そして金をかけることを好まない。倹約・質素・実用・耐久などを重視する。
③探求的	被服を実験上の原材料として商品的に評価しようとする。変化・冒険・自由を重視する。
④政治的	被服を威厳，差別，リーダーシップのしるしとして使おうとする。権力・地位・名誉を重視する。
⑤宗教的	被服を象徴として精神的，道徳的な表現を強調する。
⑥感覚的	被服に対して暖かさ，涼しさ，滑らかさ，ぴったり身体に合うか，ゆったりしているかなどの快適性を願望する。安全・保護・清潔・着心地などを重視する。
⑦社会的	着ている被服について他人がどう思っているかと他人に対して関心を抱く。他者の被服に対する関心と同調するよう心がける。
⑧理論的	被服がなぜ使われるのか，被服はなぜ必要なのか，被服はなぜ満足を与えてくれるのかという理由を知識として明らかにし，体系化したいと願望する。

出所：Creekmore，1966

クリークモアの分類の中で，従来的に「仕事着」として保育の現場で重要視されてきたのは「感覚的価値」でした。感覚的価値とは，「被服に対して暖かさ，涼しさ，滑らかさ，ぴったり身体に合うか，ゆったりしているかなどの快適性を願望する。安全・保護・清潔・着心地などを重視する」価値観です。これに対して，本章で提案したいのは社会的価値の重視です。社会的価値は，「着ている被服について他人がどう思っているかと他人に対して関心を抱き，他者の被服に対する関心と同調するよう心がけることを重視する」価値観です。一般的な，成人のよそおいにおいて重視されている価値観は，この社会的価値観であるとされています。職業的意識は保育者の地位向上にも役立てられる価値の側面であり，この感覚が得られたときに職業的アイデンティティと「よそおい」がつながると考えらえます。

社会的価値を重視してよそおうことにより，保育者としての「私」のポジション（＝立ち位置）を納得して確立することができます。ポジションという言葉は，対話的自己理論の中で，個人が複数の自己のあり方をつくり上げていくための概念として用いられます。対話的自己理論は，それまでにもっていなかった新しい価値体系を自分のものとして取り入れる過程を扱う理論です。現代社会を生きるうえで，私たちは多元化した状況を生きることが要請されます。そのため，1つの自己にとらわれるのではなく，複数の自己ポジションを使い分けることはむしろ現実世界を円滑に生きることにつながるのです。

新しい価値体系の取り込みを考える際にもっとも留意すべきことは，保育者自身が通常無自覚的によそおっている可能性を考えることです。保育の場面は，一般には3人称的によそおいをつくり上げる場だと考えられます。私に宛てたよそおい（1人称的よそおい）でもなく，あなたと私の関係にあるよそおい（2人称的よそおい）でもなく，保育の現場で求められるのは，専門性をもつ保育者として安心・安全といったサービスの感覚を被提供者である保護者や子どもたちに認められること，そして同僚に保育者としてそのあり方を認められることで3人称的よそおいは達成されます。

ただし，よそおいと自己について考える際には，パーソナリティの表出と表現，そして表現型として現れるスタイルを分けて考える必要があります。松村ら（2013）の研究から，学生は真面目さや正直さに加えて忍耐力や意志の強さという人間性に関する印象と外見的特徴の印象を意識し，一方で，保育者は真面目さや明るさという人格的な特徴と外見的特徴に加えて自信や意志など自己表現に関する項目を服装の印象として意識することが明らかになっています。この研究が示唆するのは，学生と保育者とでは服装に対する印象の感じ方や見方が違うこと，そして，それぞれの見方にもとづきよそおいを実践している可能性があるということです。松村ら（2013）は，学生は実習に行く際に，真面目さや素直さ，明るさや自分らしさをアピールすることも考えて服装を選択していく必要があるだろうと結論づけています。しかし，実際には基礎があっての応用表現ではないでしょうか。学生は自由な服装選択から，経験にもとづく限定的な選択をし，やがて仕事着の着用をするようになるという過程を経験します。その過程は，個人のパーソナリティやアイデンティティにもかかわる過程であり，それをすでに経験している保育者たちがレトロスペクティブな視点から想像するよりもより複雑で悩ましい過程である可能性が高いのです。

5 保育者としての私をつくるために

最後に，本章の内容は，制度的につくられた身体になることを推奨しているのではないことを強調しておきたいと思います。それは，ユニフォームのようによそおいが統一されることは自身の行為や行動への無自覚さを生んでしまう可能性があるからです。ここでは，戦略的によそおいを使いこなし，自らが自律的に行為することのできる保育者としての専門性をつくり上げることを目的としました。身体を「労働」という行為になじませ，保育の専門家としてふるまうための１つの手段として，よそおいがそれを支えることに気づくきっかけをつくりたいからです。媒介の意味を理解すること，そしてそれを使いこなすことは，より効果的な媒介の使用を可能にさせるでしょう。これは，ワーチが意味の行為として述べている文化的道具の使い方と同じことです。媒介を通して，自分が向き合うべき相手にどのように向き合えるかを考えられる保育者となること，そして憧れられる保育者となることが専門性の涵養につながることを期待しています。

もちろん，よそおいはすぐに個人になじむものではありません。初めは誰もが，どこかぎこちなさや，着せられている感覚や，させられている感覚をもつでしょう。ある行為に対する違和感から，違和感解消への動きと均衡化は個人の中で必ず起こりうる発達のムーブメントだからです。

諏訪（2011）は，「現代の子育て中の親たちは結構おしゃれである。若いママたちは流行を取り入れ，ほどほどに化粧をしている。そのママたちが見たとき，「あら素敵」と思うようなセンスのよい先生でありたい」と述べています。長年保育の研究に携わってきた諏訪による言及は，保育の専門家がもつ感覚のリアリティを反映しつつも理想を求める考え方と理解してよいでしょう。

よそおいは人の行為を下支えするものです。「素敵」と感じられる，けれども，専門性を子ども・保護者・同僚に向けて示すことのできるよそおいの実現に向けて，保育者イメージとよそおいという観点から，ぜひ一度向き合ってみてほしいと思います。

異領域にころがる興味深い視座

元 成育しせい保育園 正岡里鶴子

私は2014年，東京都Ｓ区において，私立認可保育園の古参の園長先生７名に「よそおい」についてのインタビュー調査を行いました。結果は，保育者のよそおいについては，機能的で動きやすいもの，華美でないもの，安全なものを望み，それ以上に保育の方法論にまでつなげたり，期待しているものではありませんでした。むしろ「保育の質は服装から入るとは思わない」「保育の質とは関係がない。こういう質問の意図自体が理解し難い」というような否定的な意見が多く聞かれました。これらは，「よそおい」を単に表面的な「服装」として捉えていることに起因しています。それが一般的な認識だと思いますが，そこで終わっては本当にもったいない……木戸論文には，多方面にわたる「よそおい」の分析と「保育者の専門性」との関連における新しい視座がたくさんあります。

木戸論文にリンクすると思われる当園の「よそおい実践」のお話をします。当園は，０歳から就学まで一貫したモンテッソーリ教育を機軸とし，子どもの発達心理の研究と，徹底した子どもの側に立った保育の実践を追及しています。保育者は重要な人的環境として位置付けています。昨今の社会事情から，産休開け保育・延長保育など，子どもたちは一日のうちで何人もの保育者とかかわらざるを得ません。身体的にも心理的にも安心・安全・安定した環境を持続的にどう創出するかは，重要な課題です。そのためには，保育者たちは，保育観の共有，子どもの観察と共通理解，接し方の統一，チームによる保育力等を身につけることが必須事項となり，不断の研修と努力が求められます。型にはまったやり方を押しつけるのではなく，つねに「子どもにとっては何がよいのか？」を考え話し合う習慣をつけます。発想と判断の基準は，モンテッソーリ教育と子どもの発達心理欲求の観察と知見にあり，保育の価値観を共有していきます。当園では，全員が淡いサーモンピンク（男性はベージュ）のエプロンを着用していますが，その意図は，認知力の発達途上にある子どもにとって，発達心理の〈ポイント オブ リファレンス（目印）〉とするためで，アタッチメント形成上も，大きな役割を果たしていると考えています。サーモンピンクが表現しているものは，あたたかさ，やさしさ，おだやかさ，そして気品――まさに「保育の質」に直結するところです。子どもを観察し，子どものスピードに合わせ，保育の理想を語り合い，実践していくうちに，保育者たちは段々似てきます。声の大きさやことばがけ，立ち居ふるまいや気配りの仕方，かもし出す雰囲気など，保育者たちはそれらすべてをまとって保育を行っているのです。それが私たちの「よそおい」です。私たちの園では「よそおい」は，個人を強調するものではなく，チーム全体としての大きな個性を表現しています。それは私たち全員で共有している保育へのこだわりであり，保育の質ともいえます。それゆえに，保育者一人ひとりに自信と誇りがあり，全体として保育の質の均一化がなされていくのです。園内研修でもこの問題を取りあげたところ，「服装という外面的なものだけでなく，本質は心理的な作用が大きくかかわり，子どもや同僚へ大きく影響していることを再発見した」「めざしているものは同じであるという安心感があった」「（このエプロンをつけて）日々仕事ができる幸せを感じながら，明日からまた頑張りたいと思った」などの感想が寄せられました。

木戸論文は本当に示唆に富むものです。木戸氏は保育の専門家ではないわけですが，異領域には知らない宝物が当たり前のようにたくさんころがっていることは，何度も経験するところです。よそおいは，服装，化粧，アクセサリーを含む単なる「身なり」だけではなく，立ち居ふるまい，雰囲気，思いや考え，個性，さらには人格や理念等の本質的なものを統合的に表現する概念であると思います。保育界において，現在よそおいはあまり重要視されず，活用されていませんが，保育の質との関連性はきわめて高く，研究の余地が十分あると思います。その際，揺るがない一つの軸として，乳幼児の側に立った発達の心理的欲求の視点から捉えてみることを提案したいと思います。今後ますます研究者と実践者が直結し，知見が現場でどんどん生かされていくようになることを願っています。

第Ⅵ部

保育者の専門性発達をめぐる問題

第19章 保育者の専門性を支える園内研修・保育カンファレンス

掘越紀香

1　研修への誘い（いざない）

子ども理解や保育の実践等，保育の専門性を高めるためには，さまざまな方法があり，園内研修（On the Job Training）や園外研修（Off the Job Training），自ら文献を読むなどの自己研修があります。そのうち，園内研修や保育カンファレンスについては，保育者も保育研究者も保育の質の向上のために重要としながら，「どのように進めたらよいか，わからない」「時間が取れない」「発言しにくい」などの声をよく耳にします。定期的に時間を取り，研修に向けて記録等を準備して研修することは大変かもしれません。そこで，「話してよかった」「かかわり方が少しみえた」「明日試してみよう」など，研修を通して保育を前向きに捉えて考える時間にするためには，どのように進めたらよいでしょうか。また，今後は幼稚園，保育所，認定こども園の先生方，さらには保幼小連携として小学校の先生方と一緒に研修を行う機会も増えてくるでしょう。

本章では，園内研修を周りの園や小学校へ開き，公開保育・授業とカンファレンスを実施したＮ市の幼保合同研修，幼保小合同研修について取り上げ紹介します。

2　園内研修と保育カンファレンス

保育者が気になった事柄や興味深い事例などを持ち寄って，保育者の援助のしかたや，子どもの言動や行動に込められた思いなどを検討し，幼児理解を深めていく機会として，園内研修があります。園内研修は，それぞれの園でかかえている課題をテーマに掲げて，保育者間で共有しながら検討できることがメリットです（無藤，2011）。

園内研修のやり方として，森上（1996）は「保育カンファレンス」を提唱しました。保育カンファレンスとは，園長やベテラン保育者が初任や若手の保育者を指導するような従来の園内研修とは異なり，正解や意見の一致は求めず，多様な意見をつきあわせ，すりあわせることによって，それぞれが自分の考え方を再構築し，成長していくという学びあいのスタイルで進められるものです。大場（2007）は，保育カンファレンスとは「保育者が自らの実践に関する問題を協議の場に提示して，それらについて，可能な限り全同僚がそれぞれの立ち位置から発言しあい，提示された問題に関する現状や問題点などを共有し合う」こと，「協議とその結果を，以後の保育実践に反映できるように，できるだけ見通しを持って協働することが可能となるように，定期的にこのような協議の場をもつ」ことであり，これらが保育者の専門的な発達を促すと述べています。保育カンファレンスでの葛藤や揺らぎについて取り上げた若林・杉村（2005）は，「保育の知を再構築する場」としての重要性を指摘し，木全（2008）もまた保育者の認識の「枠組み」をふり返る省察の場と位置づけました。さらに，中坪（2013）は自らの一連の研究から，「知の再構成の場」としてだけでなく，チームで学び合うための「感情の共有と自己開示の場」としての意義を唱えています。全員参加型で対等性のある「創発型会議」（岡，2013）を行い，ともに育ち合う場づくり，風土づくりがめざされているのです。

その際，ファシリテーター（進行役）の役割は大きいといえます。神長（2012）は，ファシリテーションのポイントとして，①すべての意見を尊重し受け入れる，②似ている場面の経験や異なる意見を聞く，③自分の意見を長く述べすぎない，④正解・結論を出す必要はない（短期の方針を立てる）の 4 点をあげています。初任を含めた全員が参加し発言しやすくなるような工夫（たとえば，付箋に考えを書く時間を設ける，事例をみる観点を示したワークシートを使う，4～6 人の小グループにする，1 人 2 分程度で話をする）や，負担感が少なくなるような工夫（終わりの時間を決めて進める，写真や記録を事前に提示して時間を短縮する）など，事前準備やプログラムの構成や進め方での配慮や工夫が求められています（岡，2013；柴崎，2013）。

１つの園の保育者の年齢構成は，初任・若手，中堅，ベテラン，管理職というようにさまざまです。保育者は互いの発達課題を理解しあい，それぞれの立場だからこそできることを通して協力しあうことによって，よりよい保育の場を提供できます。とくに初任期は，他の保育者と比較して自分を否定しがちですが，他の保育者には真似できない若さゆえの長所や新しい視点をもっています。子どもをあるがままに受けとめ，より質の高い保育をともにめざす同僚を認めて尊重しあう人間関係，一人ひとりの子ども，一人ひとりの保育者の成長を支えあう人間関係が築けるよう，普段から心がけていくことが大切です。

3　保育カンファレンスのさまざまな記録

保育カンファレンスは，エピソード記録や写真，ビデオなどのさまざまな記録媒体やツールを用いて行われています（秋田，2009；中坪，2010；柴崎，2013）。

（1）エピソード記録

もっとも一般的なのは，エピソード記録をもとに検討する方法でしょう。子どもの姿や保育者の援助などの行動記述を主とした事例と考察を示したり，園で定めたワークシートに沿って事例とポイント（子どもの育ち，保育者の援助，環境構成など）を提示したり，保育者が感じたあるがままの主観を織り込んだ「エピソード記述」（鯨岡・鯨岡，2007）を用いたりして語り合います。その場面の写真やイラストを加えるなどして，相手にわかりやすく伝えるために工夫されたエピソード記録も見られます。

記録を取る際，ある視点を意識して事例をまとめることも多いでしょう。ニュージーランドの「学びの物語（Learning Story）」（カー，2013）では，子ども一人ひとりの育ちや学びを，①興味・関心，②熱中，③チャレンジ，④コミュニケーション，⑤責任の５つの「学びの構え（learnig dispositions）」から捉えてまとめています。このエピソードをもとに上記の学びを読みとってふり返り，具体的な次の手立てを考えます。エピソードをもとに他の保育者と話し合うことも重視されており，話し合いでの気づきなどを踏まえて記録に加筆し，ファイルに綴じて，保護者や子どもたち，他の保育者に公開していることが特徴です。写真も取り入れながら保育をふり返ったり，子どもが確認したり，保護者とともに子どもの成長記録として喜びあったりするツールとして利用されています。

（2）写　真

写真を用いた保育カンファレンスは，デジタルカメラの普及に伴い，比較的取り組みやすいものとなりました。1枚の写真から子どものつぶやきを考え，その内容をボードに整理して話し合ったり，一連の写真から子どもの変化や環境構成に着目して，付箋を用いて話し合いながら模造紙に貼って整理したりする方法です（岡，2013；柴崎，2013）。また，PEMQ（Photo Evaluation Method of Quality）という写真を用いて保育環境の質を評価する方法を活用した研修も行われています（上田，2013；秋田・あゆのこ保育園，2016）。

筆者の場合，公開保育を伴う研修の際は，当日の保育の様子を全体的に写真に収めつつ，とくに子どもたちが遊び込んでいる姿などを集中的に撮って，その経緯や遊び込む要因，そこでの子どもの学びについて研修で取り上げます。実践された保育者から，その前後の話をしてもらい，ほかの参加者にも気づきや見とった内容について話してもらうかたちで進めています。

（3）ビデオ

大豆生田ら（1996）は，ビデオ映像を取り入れた保育カンファレンスを紹介し，ビデオカンファレンスの有効性と難しさを述べています。有効性として，ビデオを見あうことによって，自分の保育の見方を自覚化したり，映像からの多様な意味を読みとれたりすることがあげられます。また，ビデオの情報は切り取られたものですが，観ている参加者には自分がその場に身を置いた気持ちで，積極的に保育カンファレンスに参加することを可能にします。一方で，当事者の保育者の語りよりもビデオの捉えた事実を「真実」としたり，「揺るぎない証拠」を突きつけたりすることもあります。当事者の保育者と話しあったうえで，どの場面を選択するかを決定し，保育の面白さや難しさを参加者全員で共有できるよう配慮することが大切です。

ビデオを使ったカンファレンスに長年取り組んでいる岸井（2013，2014）は，その難しさも踏まえたうえで，ビデオならではのメリットを強調しています。同じ子ども，同じ状況を，保育後に同僚と一緒に見て考え，共通理解を図れる点が魅力であり，「何度もビデオを見て行くうちに「見えてくる」体験が一度でもできれば，（中略）保育や子どもの世界の奥深さや面白さを感じられる」（岸井，2014，p.71）と述べ，保育者自身の見方や枠組みが揺さぶられる機会と位置づけています。また，保育の評価ではなく，子どもの言葉や行動，表情，関係などから「そこで起きていること」を丁寧に捉えることを重視しています。

＊

これらすべてに言えることですが，研修は保育の実践を批判するために行われるのではなく，より望ましい保育実践や子ども理解をめざし，現状を把握し理解を深めたり，もしうまくいかないのであればその状況を確認して理由を探りつつ，明日からの具体的な方針を考えあったり，共通理解したりする場であるべきでしょう。

ここまで３つの記録媒体について紹介しましたが，園の状況や研究課題に合わせて，さまざまな記録媒体やツールを活用することも可能です。レッジョ・エミリアの「ドキュメンテーション」（レッジョ・チルドレン，2001）は，エピソードや写真，ビデオ，IC レコーダー，作品などを使って，子どもたちの活動のプロセスと，その際のつぶやきや作品・動き・音などを，展示・掲示して，保護者や子どもたち，他の保育者などと共有するための記録となっています。まずは取り組みやすいものから実践して，保育の面白さや奥深さの一端に気づく時間を，全員で協力してつくり上げていく保育カンファレンスをめざしたいものです。

4　研修とカンファレンスの実際

（1）N市の幼保合同保育，幼保合同研修

ここでは園内研修を少し拡大して，複数の園や学校が合同で実施したN市の合同研修の取り組みについてご紹介します。まず初年度は，①幼保合同保育と保育カンファレンスの公開，②教育的意思決定への着目，③保育実践や研修をデザインするための研修の3点から取り組みました。研究協力園の幼稚園と保育園は幼保合同保育を公開し，打ち合わせと保育カンファレンスには，他園の研究部員の保育者も参加することで，実践だけでなく研修の進め方も学ぶ場としました。

「教育的意思決定」とは，保育者が幼児教育を行うにあたり共有する必要のある意思決定であり，保育者の援助や環境構成が，遊びを通して子どもの育ちや学びを促し，支えているかどうかを判断することです。それぞれの保育者が，保育内容の選択，環境構成，保育者の援助の仕方において，どのように教育的な判断を行い決定しているのかに着目し，幼保合同保育や保育カンファレンスを実施していくことになりました。もちろん普段からさまざまな場面で教育的な判断や意思決定は行われていますが，無自覚的に行われている場合が多く，幼保の保育者の共有が難しいと考えたため，「教育的意思決定」という用語を使い，意識化することを促したのです。

これは，ショーンの「行為の中の省察（reflection-in-action）」（ショーン，2007）や，ヴァンマネンの「教育的瞬間（pedagogical moment）」（ヴァンマネン，1991）に行われている判断とつながるものと捉えられます。ショーンによれば「有能な実践者は暗黙の認識や判断，また熟練したふるまいに頼っている」が，「行為の最中に驚き，それが刺激となって行為についてふり返り，行為の中で暗黙のうちに知っていることをふり返る」と述べています。その結果「暗黙のままではなく表に出してそれを批判し，再設定し直し，将来の行為の中で具体化する理解についても省察するようになる」のです。また，鹿毛（2007）は「子ど

ものために何らかの働きかけが期待されるような状況に埋め込まれた瞬間」である教育的瞬間を取り上げて，「教育実践の場は，教育的瞬間の連続」であり，「教師の「見える力」はこの教育的瞬間を捉える力でもある」と述べています。教育的瞬間の把握と判断，それらにもとづいた即興的な実践に教師の力量が反映され，それらの実践を協同的にふり返ることによって教育的瞬間が再発見されるとしているのです。そこで，暗黙のうちに行われている教育的意思決定の自覚化を促すためにも，実践をふり返る機会として，保育カンファレンスの場を位置づけました。

研究協力園のＡ幼稚園とＡ保育園（2015年4月に統合してＡ認定こども園）は，これまでも年3回程度の幼保交流を行っていましたが，今回は子どもの姿の見とりや保育者の援助の方針，教材研究や環境構成の工夫について話し合って，幼保合同保育の指導案を一緒に作成しました。園外保育で近所の神社へどんぐりや落ち葉を拾いに行き（11月9日），その5日後に幼稚園で自然物を使って作ったり遊んだりする活動を合同で実践した後の保育カンファレンスで話題になったのが，事例1でした。

〈事例1〉　幼保合同保育「どんぐり転がし」（5歳児11月14日）

男児2人が，紙筒を使ってどんぐりを転がすコースを作りはじめる。エイタはどんぐりが筒を通り抜けてくることを喜ぶ。しかし，2つの筒のつなぎ目がずれてしまうため，その箇所を手で押さえている。フミヤはその筒の下に短い筒を支えるように置いて固定しようとするがずれてしまう。エイタも2つの筒を何とかつなげて置こうとするがずれてしまうため，「これ難しいな」と話す。

2人は道具カゴから板を見つける。エイタは2枚の板で筒を支えて固定しようとするが，その次につながる筒がずれてしまう。それを見たフミヤも板を足して支えようとする。再びどんぐりを転がすが，風が吹くと筒がずれてしまう。エイタは慌てて直す。

フミヤは筒に傾斜がつくように，道具カゴに立て掛けて筒を置く。エイタもその続きのつなぎ目に板を置いて高さを調整し筒を置く。しかし，すぐに筒がずれ，そのたびにつなぎ目を揃えることをくり返す。次に，エイタは牛乳パックで筒の両側を挟むことを考えて試す。30分近く筒がずれないように工夫していたが，とうとう強い風が吹いて筒がコースごと崩れてしまう。エイタは「あー！　風どうにかして！」と不満そうに地団太を踏むが，再び作り直しはじめる。

その後，様子を見ていた保育者は粘着テープで筒を接着する方法を提案し，一緒に取りに行く。途中で遊びから離れたフミヤも戻ってきて筒のつなぎ目はりを手伝う。

事例1でのエイタの学びとしては，どんぐりコースの筒が何度も転がって崩れてしまう困りによって，どうしたら筒が転がらないかを考えてくり返し取り組んだり，フミヤと協力したりする姿が引き出されています。園にある素材，たとえば小さい板を数枚置いて高さを調整したり，牛乳パックで筒を挟んで転がらないようにしたりする工夫が見られます。風の影響によって難易度が高まりましたが，それでも諦めずに粘り強く取り組んでいました。

保育者としては，どのタイミングで，どのように援助すればよいのかを，実践した保育者も参観者も揺さぶられた場面でした。実践した幼保の保育者は，「子ども自ら遊びをつくる」ためにまずは見守り，声をかけすぎないようにするという共通認識がありました。しかし，取り組む意欲が萎えそうになる少し前の段階で，何か良い方法がないか一緒に考える機会をもつ方法もあるのではないかという意見もあがりました。強風でコースが全壊して「風どうにかして！」と叫んだエイタの姿に，自分ならどのような声かけや援助をしていたかを考えずにはいられませんでした。目の前の子どもの姿によって，自らの教育的意思決定を自覚し，声かけのタイミングや援助を判断する迷いや難しさを再確認する機会となったのです。実践した保育者は，保育カンファレンスの後，「子どもの学びを大切にしながらも適切な援助について考えていかないと，子どものやりたいことに取り組む意欲や実現できた達成感を味わう機会を逃してしまうかもしれないことに気づいた」と述べています。

（2）N市の幼保小合同研修

次年度は，これらの幼稚園と保育園の取り組みに小学校を組み込み，子ども自ら育ち合う幼保小連携の実践開発をめざして，幼保小合同研修と保育・授業カンファレンスを実施しました。研究協力校園のB小学校・B幼稚園・B保育園は，この研究以前から幼保小の交流活動での体験を重視した実践に取り組んできましたが，今回あらためて交流活動を見直し，幼保小合同研修と保育・授業カンファレンスの場として公開し検討しました。その際，前述の「教育的意思決定」とともに，「非指示的指導」を意識して進めていくことになりました。「非指示的指導」とは，幼児期の教育における指導方法であり，いわゆる「見守り」「待ち」「促し」などの援助をさします。子どもたちが主体的に活動へ取り組み育ち合うことをめざし，あえて非指示的指導という用語を用いて，保育者と教師が共有し意識化するように促しながら，幼保小合同研修を行いました。

事例2は幼保小交流活動における小学校教師による実践記録です。幼保小交流活動「みらいのまちづくり」を通して，幼保小の子どもたちはどのようなことを学んでいるのでしょうか。

〈事例2〉　幼保小交流活動「みらいのまちづくり」（1年生・5歳児11月6日）

〈記録：小学校教員〉

「音の鳴るロボット」を作っているグループがある。ラップの芯を足にして，その中に発泡スチロールを入れ，手でふさぎながら振り，音を確かめている。しばらく見ていると，少しずつ数を増やして音を確かめている。教師が「何しているの？」と尋ねると「あまり音がしないから量を増やしてる」という。もっとはっきりした音にしたいようだ。ビールの王冠の方がいい音が出ると思い，普段ならそれを伝えるが，子どもたちの選択肢がなくなるので「ほかのもので試してみたら」とアドバイスした。

> 子どもたちはいろいろな材料を取ってきて入れては振ることをくり返し，音を確かめている。そのたびに「なんか違う」「もう少し明るい感じ」と相談する声が聞こえる。王冠を持ってきたとき「それがいいんじゃない」と言いかけたが見守っていると，子どもたちは納得できずに戻した。音がキンキンしすぎたようだ。牛乳キャップを持ってきて音を確かめていたが，何か思いついたように牛乳キャップを半分に切り出した。それを入れて振ってしばらく試している。1人が「これにする？」というと，みんな賛成した。最終的に子どもたちが決めたのは牛乳キャップであり，とても満足そうだった。

事例2のグループの子どもたちは，ロボットの足の筒の中にいろいろな素材を探してきて入れては試すことをくり返しています。みんなのイメージによりピッタリな良い音を探そうと，こだわりながら試行錯誤しているのです。また，1年生は1人で決めてしまわずに，グループの仲間である5歳児や他の1年生と話し合って確認したり，一緒に素材を選びに行ったりしながら，協力していました。その結果，牛乳キャップを半分に切って折ったものがピッタリの音を出すと発見し，みんなで納得して満足感を味わっています。

では，教師や保育者は，この活動から何を学んでいるでしょうか。まず，非指示的指導を心がけたことで，普段ならビールの王冠がよいと提案するところを「他のもので試してみたら」とアドバイスしたことを述べています。この小学校教師は，子どもたちをまず見守ることで，その子が何をしたいのかを読み取っており，さらには，子ども自らその方法を見いだすための声かけを考えたり，子どもたちの試行錯誤を尊重するために声かけをやめたりしたのです。また，保育者からも，子どもたちが自ら選択する場を設けるために，多くの種類の教材や素材を用意して，豊かな環境を整えることの重要性をあらためて感じたという意見も寄せられました。それぞれの教育方法や文化の違いはありますが，互いに尊重して理解しようと努めつつ，「子どものためにはどうすればよいか」という信念を共有して，幼保小合同研修を進めることの強みを感じました。

事例3は，幼保小交流活動に向けた事前の話し合いと当日の記録です。

〈事例 3〉　幼保小交流活動「みらいのまちづくり」の打合せと当日のふり返り（幼保小教師・保育者 10 月 18 日，11 月 6 日）

〔10 月 18 日〕 6 日のまちづくりの後のふり返りについて，小学校の山田先生は「6 日の活動の終わりに「明日はみんなで作ったものを 1 つにまとめていきますよ」と言ってよいか」と聞く。幼稚園の永野先生は「「1 つにまとめる」ではなく「すごいのがみんなでできてきたね」「集まったらすごいのができそうだね」という感じがよいのでは」と話す。保育園の加藤先生も同じイメージを持っているようである。小学校の山田先生が「「1 つにするね」みたいなことをチラッと言っておく」と話すと，幼保側は「「1 つにする」ではなく「みんなのを集めたらどうなるかな」「できたら楽しみだね」など，もっとぼやっとした感じ」と話す。

〔11 月 6 日〕「みらいのまちづくり」の幼保小交流活動のふり返りの最後に，小学校の山田先生は，明日 11 月 7 日の「みらいのまちづくり」活動について，子どもたちに話をする。山田先生は，子どもたちから「もっと広くしたい」という声があがったことを紹介し，「みんなのをつなげていったら，どんな街になるかな」「もっと広げていきたいと思います」と話す。

「みらいのまちづくり」後のふり返りについて話し合った際，小学校教師の提案した「明日はみんなで作ったものを 1 つにまとめていく」に対して，保育者は「1 つにまとめる」ではなく，「集まったらすごいのができそう」という声かけがよいのではと伝えています。「1 つにまとめる」という指示ではなく，集まったらどうなるか，子どもたちに考えさせながら，集めたい気持ちを高める促しの非指示的指導といえるでしょう。実際には，子どもたちから「もっと広くしたい」という声があがり，子どものことばを生かしながら「つなげていったら，どんな街になるかな」「もっと広げていきたいと思います」と話していました。カンファレンスでも，この小学校教師の声かけによって，子どもたちは一つひとつの作品がつながって広がっていく街について想像し，次の活動への期待を膨らませていったのではないかと話題になりました。

5　園内研修・保育カンファレンスの意義
――実践を意識化・言語化して共有し，学びと育ちを捉える機会

幼保小合同研修では，幼保小交流活動の話し合いや保育・授業カンファレンスを通して，活動内容について丁寧に共通理解を図りつつ，実際の子どもの姿に応じて，活動の内容や方法を変更して実践していました。また，話し合いでは，事前に検討事項を明確にして，短時間で有意義に行えるよう工夫していました。そして，多くの教師や保育者が，校園長のリーダーシップと校園内の教職員の協力体制に助けられたと話していたことが印象的でした。

最後に，保育者の専門性と関連づけて考えてみましょう。教育的意思決定を意識し，揺れを経験することは，保育者が自分の実践をふり返り，他の保育を見て考え語り合う際の視点をもつことにつながっていました。また，非指示的指導を意識的に行うことによって，子どもの行動への理解が深まったことや，子どもも主体性を発揮する機会が生まれ，自己肯定感が高まったことに手ごたえを感じていました。以上を踏まえて，園内研修や合同研修，保育カンファレンスの意義を考えれば，自分の実践を意識化し言語化する機会が定期的に得られるのではないでしょうか。記録や写真，映像，公開保育の実践等をもとに語り合い共有することで，無意識のうちに行っていた実践を意識にあげ，多様な視点から捉えていく営みの積み重ねこそが，さらに理解を深めることへつながります。また，子どもの思いや育ち，学びを丁寧に捉え直しながら，同時に保育者自身の思いや願い，援助や指導を確認したりふり返ったりするのです。困難さや悩みを抱えている場合も，同僚の保育者等に支えられながら少しずつ解決に向けた方針を立てて見通しをもち，自らの学びや枠組みの再構築を自覚して成長を感じるようになるのでしょう。子どもの姿や事例をもとに語り合う面白さを味わい，成長の実感が得られるような研修の場を保障し，気軽に語り合える風土づくりに向けて全員が協力して参画していただきたいと願っています。

保育の場からみる「保育者の専門性を支える園内研修・保育カンファレンス」

認定こども園あかみ幼稚園　中山昌樹

本章のＮ市の取組みを見て私が率直に感じたのは，これらに取組むための前提が必要だろうということです。私が一昨年まで園長を務めた（現在は理事長）認定こども園あかみ幼稚園（以下，本園）で実感するのは，まず保育の基礎基本に関する研修が必要だということです。ここでは掘越氏が提起する保育カンファレンスの重要性を踏まえながら，本園で実践されている取組みについて紹介します。

保育の基礎基本に関する園内研修

本園では，新卒採用を含めた全保育者が参加する「遊び保育」実践のための園内研修を長年行っています。「遊び保育」とは園内研修の講師である小川博久氏が提唱するもので，①「環境を通して行う教育」のための「製作コーナー（物とかかわる場）」を中心にした環境と，②園児が小集団で群れて遊ぶことを前提とした個の見とりとクラス集団への同時並行的なかかわりのあり方，の２つのテーマにより構成されています。

ここでは「遊び保育」を強制でも放ったらかしでもないものにするため，園児が群れて，ごっこ遊びなどの遊びが継続することを願っています。園児が小集団で群れて遊ぶことは，保育者が，援助を必要とする時差を利用して同時並行的にクラス全体にかかわることを可能にします。一方遊びの継続は，保育者の翌日の援助の予測（明日○○はこの遊びの続きをするだろう。そうであるならば……）を可能にします。そしてこれらのためには，物を作ったり物にかかわるプロセスが必要不可欠であり，そのための環境が「製作コーナー（物とかかわる場）」となります。保育者たちは，きわめて初歩的なしかし奥の深い，保育の基礎基本を学び続けています。

「まとめの会」（実践検討会）について

このような保育の基礎基本を土台に，本園では掘越氏が重視する保育カンファレンスの手法を用いて，学びの場を活性化してきました。その1つが，「まとめの会」（実践検討会）です。この会は0〜2歳保育の部，3〜5歳保育の部，午後の異年齢保育の部からなり，それぞれに隣接する学年の保育者が相互に出席したり，各学年主任がすべての会に出るなどの工夫をしています。つねに保育が行われている認定こども園ですが，この工夫により，取組みを勤務時間内に実施することができ，かつ0〜5歳までの一貫性と一日の生活の一体性を担保することも可能になってきました。この会は学期に一度一日かけて，前半は全体的な計画の核となる保育・教育課程の見直し（カリキュラム・マネジメント）を行い，後半には毎回テーマを決めて，グループに分かれて付箋を使うなどし，見た映像やスライドをもとに自由な話し合いをします。

小学校と協働した「接続」に関する取組み

複数回の保育・授業相互参観を重視し，そこでとくに大切にしたのは，保育について午前中の遊びを中心に見てもらうことと，それをもとにした研究会では，接続の前にまず，相互の違いを確認しようということでした。県・幼児教育センターと市・教育委員会のサポートを受けながら，それぞれの目標の概念の違い（保育では，到達目標ではなく方向目標）や「環境を通して行う教育」の意味などについて話し合ったことは，必要感から係活動（黒板係など）を展開するよう小学校生活のスタートを見直すなど，卒園児たちにとっても大きな収穫となりました。

現場で感じるのは，これらの取組みを継続することの大切さと難しさです。そこでは学び続けたいという保育者たちの思い・願いが重要と考えますが，その際，保育の基礎基本に関する研修と，1つの答えを求めずに自由にやりとりするカンファレンスとのバランスが課題だと感じています。つねに子ども集団（クラス）にかかわりながら，一人ひとりの子どもの個に向き合いそこから物語を紡ぎだす。そしてそれらの物語を保育者仲間とカンファレンスで思う存分語り合うことは，保育という営みの醍醐味でしょう。

第20章 保育者の専門性としての保育行為スタイルの形成と維持

上田敏文

1　保育行為スタイルとは何だろうか？

（1）保育行為スタイルとは何か？

まずはじめに，保育者の専門性を考えるうえで，筆者がなぜ保育行為スタイルに着目したのかということからお話ししたいと思います。大学院生の頃，ある幼稚園を見学する機会がありました。そのとき，同じ園でも，ある先生は幼児に対してはっきりと「こうしたらいい」「こうしよう」と幼児の活動を率先していくようなかかわりを行っていたのに対して，隣のクラスの先生は，「ん～，どうかなぁ～」「どうしたらいいんだろうね～」と幼児の提案を受けとめるようなかかわりを行っていました。この２人の先生は，同じ園で同じ年齢を担当していましたが，端から見ている筆者からは，そのかかわり方が大きく違っているように見えたのです。それは単に幼児へのかかわり方だけではなく，先生自身がもっている雰囲気も含めて感じられました。

この違いはいったいなんだろうか。筆者が素朴に感じたこの違いは，いろいろな先行研究を調べていくと，「ティーチング・スタイル」と呼ばれるものであることがわかりました。

ティーチング・スタイルに関する研究は，日本では主に1960年代から80年代にかけて盛んに行われていました。具体的には教育者（保育者から大学教員まで）が教育場面において行いやすい教育行為にはどのようなものがあるのか，また，それが学習者である児童・生徒にどのような影響を与えるのかなどの研究がなされていました。

それらの研究では，ティーチング・スタイルを単純に指導方法と定義している研究から「指導における個々人のアプローチの特性」(Hayers, 1989) や「学習世界を開く教師の一連の態度や行動であり（略）教師によって使用される教授活動の強い力」のこと (Mohannna et al., 2008) などのように，少しずつ異なったものとして扱われています。ざっくりとまとめるならば，教師がもっている意識的・無意識的な教授行動のパターンと言えると思います。

このような定義は，筆者自身も大学で教えるようになってから，実践者として感覚的に理解することはできます。しかし，厳密につきつめると非常に捉えがたい面もあります。教育者の教育行為のパターンが，たしかに存在する一方で，どの教育者もつねに同じ教育行為を用いるわけではありません。小学校の先生は子どものけんかに対してどう対処するでしょうか。怒る，諭す，しかる，任せるなどの選択肢があり，だいたいはそのどれかを選択することが多いでしょうが，しかし，すべてのけんかに同じようにかかわるわけではありません。その児童や状況に合わせて最終的には対応するでしょう。

つまり，ティーチング・スタイルとは，教育者が行いやすい教育行為の偏りやパターン，状況に合わせて適切に対応できる，という曖昧なものに思えるのです。

このようなティーチング・スタイル研究は，同じように保育者にも当てはまるといえます。ある保育者が，ある保育場面でとりやすい行為があり，それはスタイルとして捉えることができるかと思います。一方で，ベテラン保育者は，自身のスタイルをもっていると思えるものの，子どもの状況に応じて適切にかかわっていくことができます。これは一体どのように解釈すればよいのでしょうか。以下にみていきます。

なお，このとき，保育者のスタイルを「ティーチング」と呼ぶことに違和感がありました。そこで，筆者は，保育者がもっているティーチング・スタイルを保育行為スタイルと呼んでいます。

（2）保育行為スタイルをどのように捉えるか？

前述したように，保育行為スタイルとはこれまでの研究において，どのように捉えるべきか曖昧さを残したまま使用されてきています。その結果，先行研究では，教師の行う指導や保育行為を観察評定し，どのようなティーチング・スタイルや保育行為スタイルがあるのかという分類した研究はあるものの，そこからなかなか発展していかず，90年代以後，これらのティーチング・スタイル，保育行為スタイル研究は下火になっていきました。

なぜなら，単に保育行為スタイルの種類を明らかにするだけでは，あるけんかの場面では，しかるが，ある場面では別の対応をするという柔軟な対応をどのようにして行っているのかを説明することができなかったのです。

そこで筆者は，2つの新しい視点から考えることにしました。1つは，これまでのように行動評定にもとづき保育行為スタイルを分類していくのではなく，「なぜそのような行為を選択するにいたったのか」という「保育行為を選択していくプロセス」として捉えていくことにしました。そうすることで，目に見える行為ではなく，その時々の状況や判断基準，保育者の価値観までも含めて，保育行為スタイルとして捉えていくことが可能になるからです。

もう1つは，ヤーン・ヴァルシナー（2013）の発生の三層モデルを用いることです。発生の三層モデルとは，最上層の価値観，中間層の記号発生，最下層の行為・社会的文脈を三層として，人が生きていることを説明しようとするものです。簡単に説明することは難しいのですが，たとえば，朝の洗顔の場面を想像してください。行為としては昨日の洗顔，今日の洗顔，明日の洗顔の行為はそれぞれ異なり，同じものはありません。ですが，その一回一回をどう洗顔するかをいちいち考えたりはしませんね。ほとんど無意識的に行っていると思います。この行為の部分が最下層になります。でも冬になり，水が冷たくなると，「顔を洗いたい」という思いと「冷たくて嫌だ」，という葛藤が出てきます。これが中間層の記号発生の層になります。そして，この葛藤から，たとえば「お湯を出して顔を洗う」「ちょっとだけぬらして洗う」というこれまでとは異なる対処が生み出されてきます。ですが，どのような方法で洗顔したとしても（その日はしないことも含めて），「朝起きた後，顔を洗わねばならない」という価値観自体は変わることはありません。この価値観が最上層になります。このように，人は一定の価値観をもちつつも，多様な状況に応じて行動を選択することができることは，この中間層の働きが重要になるのです。行為―記号―価値観の結び付きが体系化されることで，人は安定して日々の生活を送れるようになるのです。

保育者の保育行為も同じではないでしょうか。日常の保育は確かに同じものはありません。しかしベテラン保育者は，どのような場面で，どう対応するかが体系化されており，さまざまな状況に対して適切にかかわることができるでしょう。そこには，ある種の保育者としての価値観があり，何らかの中間層の働きを通して，保育行為を選択していると考えられます。そして，その中間層の働きのありようこそが，保育者の保育行為スタイルを決定づけているのではないか，と考えたわけです。

（3）本章の目的

以上のことを踏まえて，本章では次のことを考えていきたいと思います。

①保育者の保育行為スタイルには，どのようなものがあるのだろうか

②保育行為スタイルは，どのようにして分岐し形成されていくのか

③保育行為スタイルが維持される理由とは何か

これらの問いを明らかにしていくことで，保育者の専門性の一端が解明されるのではないかと考えています。

2　保育行為スタイルの形成と維持

（1）保育者の保育行為スタイル

では，保育者の保育行為スタイルにはどのようなものがあると考えられるでしょうか。この点については，これまでの先行研究からある程度明らかになってきています。1つの軸は，指導的と応答的というかかわり方の違いです。指導的とは，幼児の行動を変えるようなかかわりであり，命令や禁止，指示など，保育者の行為によって，幼児の行動に直接影響を及ぼすようなかかわり群とな

ります。一方，応答的とは，幼児の行動の選択肢を増やすようなかかわりであり，活動を広げる，問いかける，考えさせるなどが含まれてきます。

多くの研究にこの両者は含まれ，研究によってスタイルの分類数などは変わってきます。筆者もこれらの先行研究を踏まえながら，51 名の保育者を対象として，保育行為を評定し，保育行為スタイルを分類しました。この研究では，「指導的保育行為スタイル」，「応答的保育行為スタイル」のほかに，「教授的保育行為スタイル」（教えることを中心に行う），「反応的保育行為スタイル」（幼児の行動に対して応答する）を加えた，計 4 つとして分類することができました（上田，2008）。

しかし，この研究ではあくまで行為のみからしか分類していないため，さらに行為の意味を踏まえて検討するために，保育経験年数が 10 年以上の 7 名の保育者を対象に保育場面の観察とともにインタビューを行っていきました。

その結果，保育行為スタイルを 3 つに分類しました。ここではそれぞれ簡単に説明したいと思います。

①　指導的保育行為スタイル

指導的保育行為スタイルは，ことば通り「確認する」「ルールを守るよう言う」「制止する」などのように，指導的・介入的なかかわりが多くなります。たとえば，幼児のいざこざがはじまったときに，すぐにその場に行き，介入し解決していったり，集団活動の場面でルールを守ることを伝えていったりします。

ここでの指導的保育行為スタイルの保育者は，自らの教育意図が明確にあり，それをしっかりと伝えていくことやいざこざの長期化による幼児の気持ちの荒れに対してのフォローを大事にするために，介入していくことを大切に考えていました。

②　集団的保育行為スタイル

集団的保育行為スタイルは，「子どもたち自身が自分の意見を言うように伝える」「代理で謝る」「教える」「相談して決める」などのように，幼児自身の行動や問題解決を友だちやクラス集団のものとして考えていくことを大事にしているスタイルです。したがって，集団活動場面やいざこざ場面においても，友だち同士で相談することや「○○ちゃんに聞いてみよう」などのように，幼児間の人間関係に着目したかかわりを大事にしていると考えています。

③　応答的保育行為スタイル

応答的保育行為スタイルは，「受けとめる」「子どもが考えるような言い方をする」「待つ」などのように，活動や問題解決を幼児自身の考えや選択に委ねることを大事にしているスタイルです。そのために，保育行為としては非介入的なものが多く，幼児の選択に一任していきます。

このように本研究では大きく 3 つに分類しましたが，ある保育行為スタイルの保育者は必ずそうするというわけではありません。応答的保育行為スタイルの保育者であっても，幼児の大けがが見込まれるような場面では，制止するでしょう。あるいは，指導的・集団的保育行為スタイルの保育者も，場面によっては「待つ」「見守る」ことを行っていくでしょう。このように状況に合わせる柔軟性が保育行為スタイルのポイントになります。したがってここからは，いざこざ場面を対象に，それぞれの保育行為スタイルの保育者がどのように考え，かかわっているのかをみていくことで，それがどう保育行為スタイルの差異を形成しているのかを明らかにしていきます。

(2) 保育行為スタイルの形成——いざこざ場面を対象として

いざこざ場面に保育者はどのようにかかわるのでしょうか。そこにはさまざまなかかわり方があります。保育者へのインタビューから，いざこざ場面へのかかわりの意味を尋ねてまとめたものが図 20－1 になります。この図を参照しながら，それぞれの保育行為スタイルの保育者のプロセスを見ていきましょう。

まず，いざこざが起こった際（図 20－1 の必須通過点），保育者はそのいざこ

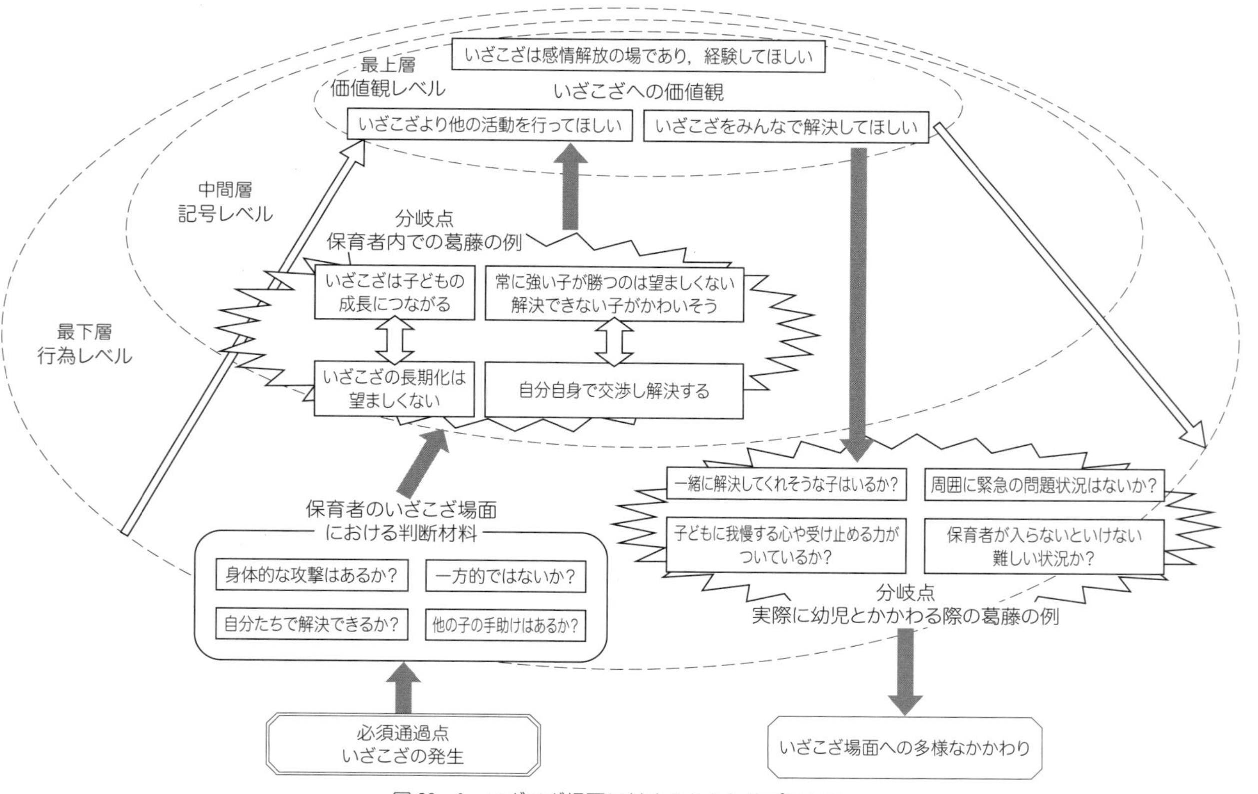

図 20-1　いざこざ場面に対するかかわりプロセス

ざがどのような場面か判断します。それは，身体的な攻撃があったのかや一方的かどうか，他の子は助けてくれそうか，自分たちで解決できそうかという 4 つのポイントに分かれていました。ここはすべてのスタイルに共通しています。

次の中間層では保育者にとっていざこざに対する葛藤状況が生まれます。それは，いざこざを自分たちで解決することで，幼児の成長を促したいという思いと，けがやけんかが長期化することによる悪影響，人間関係の固定化してしまうなどの懸念があることです（分岐点）。この分岐点での葛藤と結びついているのは保育者自身の価値観となります。ここでの保育者の価値観は，「いざこざよりももっと遊びや他の活動に打ち込んでほしい」「いざこざは感情解放の場であり，経験してほしい」「いざこざは社会性発達の機会であるからみんなで解決してほしい」というものです。

したがって，指導的保育行為スタイルの保育者は，いざこざが起こった際，比較的早く介入していきます。いざこざが長引くよりも，そこはさっと解決し，もっと遊んでほしいと考えていたからです。また，応答的な保育者は，いざこざ場面で少し離れて見ています。いざこざで，負の感情も含めて発露し，経験することが大事だと考えているからです。集団的保育行為スタイルの保育者は，周囲の友だちに声かけをし，集まってみんなで話し合うでしょう。問題解決場面を一緒に考えることが大事だと考えているからです。

このように，とくにベテラン保育者は保育に対する自分なりの考え方をもっており，それが同じような場面を見たときに，場面への価値づけが異なっているのです。このことが最終的に保育行為を選択する際のよりどころとなるため，同じようないざこざ場面であっても，かかわり方は異なってきます。これが保育行為スタイルが分岐していく理由といえるでしょう。

保育行為スタイルは最終的に保育者の価値観によって規定されています。ですが，実際に幼児とかかわるときには幼児の様子やその子の特性がかかわってくるため，自身の価値観に準拠したようにふるまえるかというとそうではないのです。

（3）保育行為スタイルの維持

保育者は自身の価値観のもと，いざこざにこうかかわるべきであるという理想的な状況を想定しているでしょう。しかし，日々の保育の中では必ずしも理想的なかかわり方ができるわけではありません。実際に幼児とかかわる際の葛藤にもあるように（図 20－1 の右側），その時々の状況に応じて，適切なかかわり方を選択する必要があります。いざこざをしている 2 人の状況によっては，すぐさま介入した方がいいかもしれません。どのようなときにどのような判断で保育行為を行うかは，その時々の状況によって異なっているからです。

前述したように，保育行為スタイルを決定づけるのは，図 20－1 の左の分岐点であることを示しました。一方，実際の行為選択の際には右の分岐点で対応をせまられることになります。つまり，実際に自身のもっている価値観がどうであれ，ベテラン保育者がその時に適切なかかわりを行うことができるのは，行為レベルにおいて適切な判断ができているからなのです。そして，その行為（社会的文脈）での葛藤は，保育者自身の価値観に対しては影響を与えないと考えられます。

ベテラン保育者が自らの保育行為スタイルをもちつつも，状況に応じて適切なかかわりができることは，このようにして説明することができます。これが保育者の保育行為スタイルが維持されているプロセスになります（より詳しくは上田，2013；2014 を参照のこと）。

3　保育者の専門性としての保育行為スタイル

保育者の専門性について考えるとき，保育行為スタイルとは何を意味しているのでしょうか。保育行為スタイルはベテラン保育者であれば，多少の違いはあれど，形成されているものだろうと思います。ベテラン保育者は，日常保育の場面で，初任保育者のように，慌てたり，判断に困ることは少ないでしょう。それは，これまでの経験則から，どのような場面でどのようにかかわるべきかを自身の価値観にもとづき，行うことができるからです。

図 20－1 の中間層にある保育者内の葛藤は，保育者が経験したものだけではなく，他の保育者の様子や本を読んで学んだことなど知識として獲得したものも含まれています。しかし，それが保育行為スタイルとして形成されるためには，自身の価値観と結びつく必要があります。そうでなければ，「そういう方法もあることは知っているけれど，私にはできない」ということになります。保育の状況を読みとり，自身の価値観と結びつけつつも，社会的文脈に応じて適切なかかわりができることが保育行為スタイルの形成であり，それが形成され維持されること自体が保育者の専門性の一端であるといえるでしょう。

自分なりの保育行為スタイルを形成するという意味で，これは，野球やサッカーのフォーメーションに似ているかもしれません。自分のチームの基本的な試合でのスタイルはあるものの，状況や場面に応じて臨機応変に対応していきます。さまざまなスポーツで，自分なりのスタイルをもったチームや選手が強いように，保育者もまた自分なりの保育行為スタイルをもち，活用していくことで，自分なりの保育を行うことができるようになり，これが保育者としての専門性の高さとなるのではないでしょうか。

このように考えると，保育行為スタイルが形成され維持されているのは，決して保育者としての成長が停滞しているとはいえません。保育行為スタイルが形成されることは，そこで固定化され，変わらないものではなく，保育者が主体的に「変わらないことを選択し続けている変化」であるといえるからです。「変われない」ではなく，「変わらない」でいることの背後には，保育者のさまざまな試行錯誤や葛藤といったゆらぎがあり，これを踏まえたうえで変わらないことにも意味があるといえるのです。

最後に，そういった保育者の専門性をさらに高めていくためには，自らの保育行為スタイルがどのようなものであり，どのような意味づけと価値観が結びついているのかを理解したうえで，変えるべき部分と変えなくてもよい部分とをクリアにして日々の保育を行っていくことが肝要ではないでしょうか。

保育実践者からみた保育行為スタイル

しぜんの国保育園　青山　誠

ベテランの「変わらなさ」をどう見るか

本章（以降「上田論文」）を興味深く読みました。ただ，この論において，ベテランの保育行為スタイルを「主体的に「変わらないことを選択し続けている変化」である」としている点について，実践者としては必ずしもベテランの「変わらなさ」がそれほど主体的でもなく，また肯定的に捉えられないようにも感じています。

主体的についての疑問は，保育の身体性の問題があるからです。肯定的になれないのは，ベテランの変わらなさがしばしば保育の場を暗黙のうちに支配してしまうことに危惧を感じるからです。

保育の中の身体性の波

上田論文では意識レベルでのスタイル形成が紐解かれましたが，保育の現場では身体性も大きな影響をもちます。座る，つなぐ，声のやりとりをする，食べる，笑いあう，など身体でのかかわりが多い保育行為において，保育者自身の体調や，心情の波といった要因が，行為の質に大きく影響してきます。くわえて子どもたち一人ひとりの身体性の波，同僚たちの身体性の波もあり，そうした多様な波が反響しあい，一つの場を形成しているのが保育の「場」なのです。

保育行為スタイルの「意識」部分は主体的に選択できますが，身体性は受動的にならざるを得ません。20代の頃のような遊び方，かかわり方ができなくなってくるなど，ベテランだからこそかかえる身体的要件も出てきます。また日々の現場から受けとるものは，澱のように溜まっていきます。ベテランが若手より，より主体的であり得るとしたら，その身体性の波や経験の澱に主体的に向き合えるということです。

ベテラン保育者の危険

ただ，それにはよほど研ぎすまされた自省が必要になります。常に自分の経験を意識化し，成功体験に懐疑をもち，心情をビビッドにしておくこと。上田論文で言えば，「ゆらぎ」の鮮度を常にもっているのが私から見た，魅力的なベテランです。

私も，ベテランの変わらなさの主体性はあり得るとは思います。ただそれは研ぎすまされた自省があってはじめて成り立つものであり，一歩間違えれば，澱を身体化しただけの怠惰だけが残る危険があるのです。

そしてその怠惰な澱は，しばしば保育の場において支配的にふるまうということも指摘しておかなければいけません。私が，ベテランの保育行為スタイルに必ずしも肯定的になれないのは，この点です。

保育行為スタイルは保育者が個々に独立して機能するのではなく，場を共有する中で，お互いに反響しあい，影響を与えます。身体性が重要な要素を占める保育の場において，ある保育行為スタイルが影響力をもつとき，しばしばそれは暗黙知となり，絶対化します。ことばで表されたとしても標語的なものとなり，対話的な関係を育まず，場の空気感として流通していきます。

ゆらぎを開く

私は暗い面ばかり見すぎているでしょうか。いやむしろ，保育行為というものを高みに引き上げたいのです。鋭敏な自省を常にくり返し，一日一日の保育から受け取ったものを，ふくよかな経験として身にまとい，ゆらぎをもつこと。初めて子どもと出会うような鮮度を内に保つこと。

ベテランになるほど困難さはむしろ増していくのであって，登れば登るほど，墜落の危険もまた大きいのです。この点を考えると，モデルとなる保育行為スタイルを，保育の場において提示することだけがベテランの役割ではないように思えます。上田論文でいえば「ゆらぎ」を開示していくことも，対話のある同僚性を育むことにつながると感じます。

第21章 保育者の専門性の基盤となるアイデンティティと効力感

西山　修

1　今の自分と向き合うとき

（1）保育者の経験と専門性

初めて子どもたちの前に立ち，向き合うとき。それは，「今の自分」と向き合うときでもあります。子どもたちの澄んだ目が，真っ直ぐに向けられ，保育者としての自分に求められるものの大きさを実感することでしょう。「子どもが好き」との一途な思いから，保育者をめざしてきた自分。ふと「これから，やっていけるのだろうか」と，不安や戸惑いを抱くこともあるでしょう。

このような自分と向き合い揺らぐ経験は，初任保育者のみならず，中堅，熟練保育者も同様です（足立・柴崎，2010）。今日，子どもと親を取り巻く環境は大きく変化しています。それに伴い，子ども一人ひとりに応じた発達支援，保育内容，保護者支援など，保育者に求められる専門性は多様化しています。保育への社会的要求はつねに加算的であり，保育者に期待される専門性は増すばかりといえます。子育て支援の充実に向けた制度改革も急速に進められる中，保育者はみな，「今の自分」と向き合いつつ，経験知を駆使して，同僚とともに奮闘しています。

香曽我部（2011）は，保育者のアイデンティティや効力感の形成など，保育者が熟達していく過程をその社会的，文化的な背景や文脈も含めて明らかにすることで，保育者の専門性を新たな視点で捉える必要性を指摘しています。また足立・柴崎（2010）は，生涯発達の視点で保育者の成長過程を理解したうえで，保育者の育成や研修などを行うことが重要としています。

そこで本章では，まず，保育者の熟達と時間的展望について触れます。次に，保育者の人格的変数であるアイデンティティについて述べます。とくに，自伝的記憶に焦点を当てます。さらに，保育者の認知的変数である効力感について述べ，保育者の専門性の基盤となるアイデンティティや効力感を望ましい方向へと導く手立てについて提案します。

（2）保育者の熟達と時間的展望

保育者が専門性を身につけ，熟達していく過程について，さまざまな研究者がモデルを提示しています。たとえば足立・柴崎（2010）は，先行研究を踏まえ，次の 6 つの過程を示しています。すなわち，①新人期（満 0 年：保育を行うことの初年者であり，まだ保育者としての地位が自分自身も周囲からも認められていない状態），②新任期（満 1 年から満 2 年：保育を行うことにまだ不慣れで，時に自分の個人的な価値判断で保育を行うことがあり，園の中でまだ確固とした「自分の拠り所」が確定されていない状態），③中堅前期（満 3 年から満 5 年：周囲から「保育者」として認知されはじめ，自分自身も保育実践に誇りをもつようになる。しかし，まだ客観的な価値判断ができないことがある状態），④中堅後期（満 6 年から満 15 年：保育者としての専門性を高く意識する。しかし，日常的に生じる以外の複雑な問題に対しては，対応できないこともある状態），⑤熟練前期（満 16 年から満 25 年：より複雑な問題や状況に対処できるようになる。また子どもだけでなく，保護者や地域，行政制度などにも深くかかわることができる状態），および⑥熟練後期（満 26 年以上：高い保育技術・知識をもち，周囲に自分の実践の作り手として主張できる。しかし，中年期以降に入り身体的な低下を自覚する状態）です。

このような過程は一般的な目安であり，すべての保育者が直線的にこの道を歩むわけではありません。またこうした保育者としての変容過程に，結婚や出産などのさまざまなライフイベントが重なります。病気や事故のような突発的な出来事，それらに伴う一時的な離職なども起こり得ます。さらに，家族等との人生周期とも重なりながら，保育者は，それぞれ固有の人生を歩んでいきます。

ある一定の時点における，個人の心理的な未来と過去についての見解の総体を時間的展望（time perspective）と呼びます（Lewin, 1951）。保育者はそれぞれの歩みの過程で，意識的無意識的に，これまでの自分の捉え直しや，これからの自分の描き直しを行い，時間的展望を繰り返すものと考えられます。次に，この時間的展望の視点等から，アイデンティティを取り上げます。

2　これまでの自分とアイデンティティ

（1）アイデンティティの意味

アイデンティティは，「真の自分であること」「正真正銘の自分」「自己の存在証明」などと換言されます。エリクソン（Erikson, E. H.）は，このアイデンティティの形成が，人の自我発達にとってもっとも重要なテーマと位置づけています（Erikson, 1950）。人は誕生以来，自我の発達の途上で，親，きょうだい，友人，教師等との対人関係の中で社会化されながら，自分にとって重要な他者や自分の所属する集団に自分を同一化させる試みをくり返し行っています。そして青年期後期になると，それ以前のすべての同一化や自己像を捉え直し，新たに社会との関連で選択し統合して，独特で首尾一貫した全体として作り上げ，アイデンティティが形成されていきます（無藤，1979）。

エリクソンは，青年期における心理社会的危機として，「アイデンティティ達成 対 拡散」をあげます。アイデンティティ達成（identity achievement）とは，過去の自分についての葛藤を伴いながらも統合し，それにもとづいて一定の価値観を自分の意思で選択し，それに積極的に関与している状態です。身分，所属などの客観的な情報以外のことで，「私は誰で，どんな人間か」という自らの問いに答えを出すことができ，その答えに納得し，周囲からも是認されているようであれば，アイデンティティ達成といえます。

これに対して，アイデンティティ拡散（identity diffusion）とは，「自分は何者か」「何をしたいのか」が漠としていて，自分が傾倒すべき方向や価値が定まらず，拡散し，混乱した心理社会的状態をさします。具体的な姿としては，対人的距離の失調，自意識の過剰，注意集中の困難，決定の回避，時間的意識の喪失などをあげることができます。

エリクソンの提示したアイデンティティの概念は，人の発達を理解するうえで有用とされてきました。なぜなら，アイデンティティの視点から人生周期を読み解くことによって，人の発達の連続性と不連続性，発達的危機の現れ方，発達の岐路に立ったとき成長・発達の方向へ進むための手がかり，さらに成人としての成熟性など，人の一生を理解するうえで有益な数多くの視点と知見を得ることができるからです（岡本，2002)。近年，この概念は，中年期以降をも含め展開し，生涯発達の観点からあらためて重要視されています。

（2）保育者のアイデンティティ形成と再構築

エリクソンは就労をアイデンティティ形成の重要な要因と考えています。職業を選択し，その職業にかかわることは，個人のアイデンティティ形成にとって大きな意味を投げかけ，生涯にわたる生き方を方向づけるといえます。保育職として多様な人間関係の中に置かれたとき，安定した個（アイデンティティ）を自覚できるか否かは重要です。近年，保育者の専門性とは何か，保育者養成に求められるものは何かという議論において，保育者のアイデンティティの重要性が指摘されています（たとえば，秋田，2001)。

就職と同時に，育てられる者から育てる者へと変容することが求められる保育職は，アイデンティティを強く反映する職種といえます。また，対人援助にかかわる保育職では，自我の形成や自己理解は，指導援助の基盤となります。他方，子どもや保護者，あるいは同僚との関係の中で，アイデンティティは形成されたり，揺らいだりもします。保育者はさまざまな課題に遭遇し，経験を重ねていく中で，アイデンティティを形成あるいは再構築し，自我を発達させていきます。

足立・柴崎（2010）は，保育者がどのような問題や揺らぎの中で，保育者としてのアイデンティティを形成していくのかを明らかにしています。表 21－1 には，中堅保育者に対するインタビュー結果を抜粋しました。中堅期は，人生としての転換期（結婚や出産）と重なることが多く，業務の多忙さ，プライ

表21－1　中堅保育者のアイデンティティ形成と揺らぎにかかわる語り

保育歴5年4か月 「今の保育者に求められているのは，動けて，明るくて，その，なんていうか，人間的な明るさが一番。それからコミュニケーション能力。あとはカウンセリング能力かな。（中略）その相談に答えるために，実際の遊びの内容や実態を読み取るようにしなくちゃいけないし，専門的知識も。努力してます。自分の時間はなくなっちゃいますけど」 保育歴9年4か月 「保育士をしてるって言うと，外からは「じゃあ優しいんだね」とか，「子どもと遊んでるんだ」とか，言われて。結構，保育士って，いろいろな他の仕事もあるんですけど。なんか気が楽でいいよねって感じで見られているな，って感じます。やはり小学校のようになんかこう，お勉強を教えるとか，そういう感じではないので。低くみている感じはないのかもしれませんけど」 保育歴11年3か月 「保育者っていうのは，つねに研鑽しなければいけないって思うし，そのために休みでも自主的に研修にいったり，調べたりとか，計画したりとか。で，園でやれないこともたくさんあります。そういうものを家庭に持って帰って子どもが寝た後とかっていうふうに，やらなければいけないことがたくさんあります」

出所：足立・柴崎，2010のインタビューより抜粋

ベートとの両立の難しさ，社会や園が求める保育と理想の保育とのギャップなど，さまざまな事柄が保育者のアイデンティティを揺るがす契機となり得ます。

足立・柴崎（2009）は，保育者の成長について，危機を乗り越える経験の重要性を指摘し，近年の急激な社会変化の中で経験してきた危機体験が，保育者の専門性や意識変容を促し，保育者としてのアイデンティティの再構築につながると示唆しています。発達に伴って個人の心理社会的な現実は変化します。保育者は生涯を通じて，アイデンティティを問い直していくといえます。

（3）保育者の自伝的記憶とアイデンティティ

保育者はみな，さまざまな思い出をもっていることでしょう。子どもたちと笑いあった，輝くような思い出も，涙が出るようなつらい思い出もきっとあるはずです。これまでの数多くの思い出が，心の支えにもなっていることでしょう。

自伝的記憶（autobiographical memory）とは，個人が過去に経験した出来事に関する記憶のことで，自らの人生をふり返って想起・再現されるものです（清

水，2011）。自伝的記憶は，ある程度の確信をもって自分自身が経験したことを自覚しているものをさし，過去に経験した出来事についての個人的な意味や意義，何らかの感情が含まれ，これまでの人生や生き方をどのように捉えているかといった認識が少なからず反映されます（清水，2011）。ブラック（Bluck, 2003）によれば，自伝的記憶は，自己やアイデンティティの基盤であり，自伝的記憶によって自己の連続性が保証されると考えられます。

この自伝的記憶には，主に自己機能（self function），社会機能（social function），および方向づけ機能（directive function）の3種類の機能があるとされます（Bluck，2003；佐藤，2008）。自己機能は，自己の連続性や一貫性を支えたり，望ましい自己像を維持したりします。社会機能は，自伝的記憶が対人関係やコミュニケーションにプラスの影響を及ぼすという機能です。そして方向づけ機能は，自伝的記憶がさまざまな判断や行動を方向づけるのに役立つという機能です。保育者は，実践の中で経験した出来事を具に記銘し，これまでの経験と結びつけながら保持し，経験知として次の実践につなげたり，同僚と共有したりします。またときに，自らのつらい経験を想起することで成長している自分を確認したり，さまざまな経験の記憶が望ましい自己像（保育者像）を維持したりすると考えられます。

吉田・髙橋・西山（2016）は，これまでの保育の中で，何かに気付き，記憶された体験を「気付き体験（noticing）」と捉え，保育者の内的な気付きの変容と，それに伴う保育実践の変容の過程を探っています。具体的には，実践の中核となる中堅保育者を対象に，自伝的記憶としての気付き体験の語りを収集し，質的分析を行いました。保育者は，子どもの表情や様子，上司・同僚からの忠言，保護者からの評価などを契機として，子どもの心的状態や行動，保育者の姿勢などに関するさまざまな気付きを得ています。

注目すべきは，気付きを得たとき，保育者自身が「いけない，どうしよう」「こうしたい」「うれしい，良かった」「こうあらねば」などの思いや意識をもった場合に，それがさらなる契機となり，連鎖的に気付きが広がり深まるという点です。この内的な気付きの変容により，行動としての保育実践の変容が促されることも見いだされました。このことから，自伝的記憶としての気付き体験の想起を意図的に促し，それに伴う保育者の思いに焦点化した働きかけを行うことにより，保育者の成長を支援できる可能性が示唆されています。

3　これからの自分と効力感

（1）保育実践の原動力としての効力感

バンデューラ（Bandura, A.）によれば，効力感とは，ある行動が自分にうまくできるかという未来に対する予期の認知されたものであり，実際の行動と直接的な関連があります（Bandura, 1977)。効力感の高い者は，実践を活発に行い努力し，自分の能力をうまく活かすことができます。他方，効力感の低い者は，積極的な実践ができなかったり，取り組み自体を避けたりします。

バンデューラは，人の未来に対する予期機能には２つの型があるとします。第１の型は，ある行動がどのような結果を生み出すかという予期であり，結果予期（outcome expectancy）と呼びます。第２の型は，ある結果を生み出すために必要な行動をどの程度うまくできるかという予期であり，効力予期（efficacy expectancy）と呼びます。このとき個人によって知覚された，後者の効力予期が「効力感」です。人は，一連の行動がある結果を生じさせるとたとえ十分にわかっていても（結果予期が高い），自分がその行動を遂行できるかどうか，見通しがもてず，疑っていれば（効力感が低い），行動は生起しません。このように，これから実行しようとする行動に対して，どの程度の効力感をもっているかは，その人の行動の活性化や改善に大きく関与します。また効力感は，困難に直面したとき，どの程度克服しようとするかという耐性の側面をも規定することが知られています（三宅, 2005)。

保育の専門性の向上を図るには，外部から評価を受けることや，子どもや保護者の思いを受け止め，改善していくことが大切です。しかしいずれの場合も，保育者自身が「どうにかやれそうだ」という意思をもたずして変化はありえません。表面的に実践が変わったとしても，保育者自身の確かな信念が根底になければ，それは表層的で断片的な保育にすぎず，本質的な専門性の維持・向上とはなり得ません。効力感は，実践に向かい，自らの専門性を高め，保育者としての成長を図っていくための原動力ともいえます。

(2) アイデンティティ，効力感，および保育実践の関係

西山（2008, 2009）は，アイデンティティ，効力感，および保育実践の三者の関係について，現職保育者を対象に検証しました。具体的には，多次元自我同一性尺度（谷，2001）を用いて「同一性の感覚」を測定し，その他の測定結果と合わせて，初任，中堅，熟練保育者の多母集団同時分析を行いました。効力感および保育実践は，とくに保育者の自我のあり方が反映すると考えられる，領域「人間関係」に焦点を当てました。その結果，初任から熟練に至るすべての保育者集団に当てはまる基本的な因果モデルが提示されました。主な結果をあげます。

まず，同一性の感覚から現在の保育実践への影響が有意でした。保育者の同一性の感覚が高いほど，現在の保育実践が活性化していました。また，効力感から現在の保育実践への影響も有意でした。「どうにかやれそうだ」という未来への見通しや自信をもつことは，保育実践を活性化するといえます。このように，保育実践には，同一性の感覚と効力感の両者から正の影響があることが明示されましたが，その影響の強さは，初任から熟練に至るまで，効力感の方が相対的に強いことも明らかになりました。この結果から，保育実践の向上のために効力感に働きかけることの有効性が示唆されました。さらに，同一性の感覚と効力感との有意な正の相関関係が見出されたことから，効力感を高め，制御する力を保育者自身がもつことで，アイデンティティの形成や再構築によい影響をもたらすことが示唆されたといえます。

このように効力感はたしかに保育実践の原動力といえます。よって保育者の効力感を的確に捉え強化することで，根本的なところから保育実践の変容が期待できると考えられます。しかし，効力感のような保育者自身の内的な要因は，日々の保育の中では意識されがたく，また課題も明らかになりがたいのがつね

です。そこで次では，これらの点を克服し効力感の向上を導く，支援の一例を紹介します。

（3）新しい保育者支援の可能性

西山（2009）は，保育者の効力感向上をめざす支援プログラムを開発しました。この支援プログラムは，主体的な学びの要素を含むアクティブ・ラーニング型の研修パッケージです。具体的には，実践上の課題を自ら整理する診断的評価，具体的で適切な行動目標の設定，自信を高めるための自己観察などから構成され，実証性を重視する認知行動療法（cognitive behavioral therapy）のアプローチを随所に採り入れています。開発に当たっては，参加保育者の主体性を重視し，介入は最小限となるよう工夫されています。楽しく実行しやすい，という点にはとくに配慮し，必要な知識や内容はわかりやすく，支援プログラム用の冊子に統合されました。

本支援プログラムの中で，「具体的で適切な行動目標の設定」はとくに重視されます。参加保育者は，「人間関係」保育者効力感尺度（西山，2009）等を用いた診断的評価から，取り組むべき実践上の課題を明らかにしていきます。そして，実践上の課題をより具体的な行動目標として設定するまでを，集団によるワークや冊子への記入を通して丁寧に行っていきます。参加保育者の実態に合わせて，取り組むべき課題を主体的に選択できることから，課題達成の見通しがもて，効力感が高まることが期待できます。

集団による1時間半ほどの研修で介入のほとんどを終え，その後の1か月間は，個人による1日3～5分程度のふり返りと簡単な記録を行います。1か月後の効果の検討から，本支援プログラムが効力感の向上にきわめて有効であることが実証されました。また，その効果は，その1か月後の追跡調査まで維持されていました。さらに，プログラムを簡略化し，実施を容易にした場合も（西山，2013），効力感の顕著な向上が確認されています。

日々の保育の中で，保育者が省察するとき，自分の失敗や課題ばかりにとらわれず，たとえわずかであってもうまくいっている部分を認めるという習慣が大切です。本支援プログラムでは，この点を重視し，具体的で適切な目標を設定することで成功経験を増やし，肯定的な自己観察を促し，効力感の変化を導きます。これにより持続的な実践の活性化が図られ，結果として専門性の維持・向上が期待できます。

榎本（2011）によれば，かのアウグスティヌス（Augustinus, A.）は，過去，現在，未来という 3 つの時があるのではなく，過去についての現在，現在についての現在，未来についての現在があるのだとします。そして，過去についての現在とは記憶（memoria），現在についての現在とは直視（contuitus），そして未来についての現在とは期待（expectatio）であるとします。保育者としての専門性は一朝一夕に獲得できるものではありません。日々繰り広げられる保育の中にあって，今の自分を直視し，今を生きるという実存的なあり方とともに，たくましく，これまでの自分を受け止め，これからの自分を描きながら，じっくりと自らの専門性を高めていくことが肝要です。

保育者としてのアイデンティティ形成の支えとなった職員集団

札幌トモエ幼稚園　宮武大和

私が勤務している園は,「子どもの健やかな成長のためには子どもとともに保護者も精神的に安定した状態で生活していることが大切」という考えのもと，家庭全体を支えられるよう親子一緒に登園することが可能になっています。毎日が参観日のように園を開放して保育を行うという実践を積み重ねてきた園で，現在保育者として 20 年目を迎えました。私が今日まで保育者を続けてこられたのは，子どもたちとの充実した生活や保護者からの信頼に支えられたことに加えて，保育者として子どもや保護者そして自分自身との向き合い方を，指導的ではなく，私に伴走しながら模範となる背中を示すことで支え育ててくれた先輩たち職員集団の存在があったからです。

保育者１年目は，楽しさ・充実感をもちながらも，経験が浅いことから，子どもの気持ちをうまくくみ取れなかったり，保護者からの相談に適切に対応できないなど，うまくいかず戸惑いを感じることもたびたびありました。そんな新人だった頃に，保育者としての自分のあり方を強く意識させられる出来事がありました。

誕生会のあったある日，一人の保護者がわが子に，誕生会でのふるまいに失望したという内容できつく叱責している場面に出くわしました。子どもは，次々と浴びせられる厳しいことばに，じっと耐えながら目に涙を浮かべています。その時の私の気持ちは，子どもの側だけに向いていて，保護者に対して強い憤りを感じていました。職員会議でその出来事と自分の気持ちを率直に報告すると，先輩保育者たちからは,「あなたの心情はわかるけれども，その背景には必ず理由があるはずだから，その保護者をしっかりサポートしていくことが子どもにとってプラスになることだよ」ということばをかけられました。それから数日後，ベテランの保育者がその保護者に何か困っていることがないか尋ねてみると，苦しかった胸のうちを相談してくれたそうです。その内容は，気持ちが不安定になり，子どもにイライラをぶつけてしまっても仕方がない状況に追い込まれていることが容易に想像できるものでした。

この一件で私は保護者の精神衛生の大切さ，そして，目の前にある現象だけではなく，その背景には何があるのかというところまでを含めて多角的に捉える視点をもって親子の育ちを支えるのが保育者の役割なのだということに気づかされました。また，日々の職員会議や園内研修では，どんな自分でありたいか，何のために自分は保育者としてこの場に立っているのかということをつねにふり返って意識し続けられる内容の事例研究やディスカッションを重ねていることが保育者としての成長を支えてくれました。

そんな日々を積み重ねてきたことは，保育者間での意思の疎通をスムーズにして，チームとして共通認識をもって課題解決にあたることにつながり，一人ですべてかかえ込まなくてよいという安心感のもとに，新たな挑戦や自分に自信をもった言動ができるようになってきました。そして，自分自身が先輩たちから肯定的に受け入れられ，成長を待ってもらっているという実感があるからこそ，子どもや保護者に対しても受容的な気持ちでかかわることができました。その結果，子どもや保護者の気持ちに，より近づいて共感し理解できるようになるというよいサイクルが生み出されていると思います。

そのような職員集団がつくる保育環境を通して，入園したときには親子ともに笑顔がなく心配な状況だった家族が，卒園するときには別人のように明るくいきいきと変化・成長している姿をみるのは，保育者として最高の喜びで，微力ながら，親子の健やかな成長のお手伝いができているという効力感も感じられます。

このように，園の職員集団が互いに信頼し，支え合う関係をつくっていくことは，保育者としてのアイデンティティ形成を支え，効力感をもって子どもや保護者と意欲的に接することで，子どもと保護者にとってよりよい保育実践へと質を高めていくことに深くかかわっているのだと思います。

終章 その場の状況を見きわめながら子どもとかかわる保育者の見識と洞察

中坪史典

1 本書によって見いだされた保育者の専門性

（1）子どもの生活を支える保育者の専門性

日々の生活を営む保育所，幼稚園，認定こども園は，子どもにとって家庭にいるのと同じようにリラックスできて，居心地のよさを感じ，気兼ねなく自分を出すことのできる場であることが大切です。第Ⅰ部（第1章～第4章）では，そうした子どもの情緒の安定を図る保育者の専門性が描かれています。恐怖に怯えながら入園してくる子どもたちを受容し，あたかも自らが吸い取り紙のようになって彼（女）らの不安を取り除き，絆を結ぶ保育者の姿（第1章）や，食事場面で対話を楽しみ，食べたいという気持ちを引き出すなど，子どもたちが「能動的に食べる」ための配慮や工夫を行う保育者の姿（第4章）など，何気ない日常における重要な役割が描かれています。また，登園する子どもたちを温かく迎えながら，同伴する保護者にも同時に対応する保育者の姿は，恒例の朝の風景ですが，子どもたちにとってはそうした先生の存在があるからこそ，安心して保護者のもとを離れ，園生活に切り換えられるのでしょう（第3章）。

他方，多くの日本の保育者が自明のように行う「子どもが泣いたらすぐ抱っこ」という行為は，歴史的・文化的につくられた特徴であって，海外の保育者は必ずしもそうするわけではないという指摘は，目から鱗だったのではないでしょうか（第2章）。「泣かせない」方法や「泣きやませる」コツなど，多様な保育技術や方略を駆使する保育者の前だと子どもたちは，泣くことで自分の感情を表現することさえ難しいのかもしれません。この点を踏まえるとき，子どもの生活を支える保育者の専門性とは，彼（女）らが自分らしくのびのびと，泣いたり笑ったりしながら，心地よく生活するための重要な要素といえるでしょう。

（2）子どもの遊びを支える保育者の専門性

安心して園生活を送れるようになると子どもは，自発的に遊びはじめます。乳幼児期の子どもにとって遊びは，心身の発達を促す大切な行為であり，生きることそのものであると言っても過言ではありません。したがって子どもの遊びを支える保育者の役割は重要です。第Ⅱ部（第5章～第8章）では，子どもが自ら創意工夫したり，挑戦したりしたくなるような環境を創り出し，遊びを支え発展させる保育者の姿を見ることができます。

乳児（0歳児）の遊びの充実を図るために保育室の空間構成を再考する保育者の根底には，自分の意思をもち，環境さえ整っていれば自分で行動できる力強い存在としての乳児観がありました（第5章）。子どもたちがイメージを共有できるように手助けしたり，よりリアルな遊びを通して子どもたちが社会に目を向けるきっかけを与えたりすることで，ごっこ遊びにかかわる保育者や（第6章），砂場と子どもたちをつなぎ，ときに自らモデルになることで彼（女）らの「おもしろそう」「すごい」「やってみたい」を引き出しながら砂遊びにかかわる保育者（第7章）の背後には，そのときの状況や子どもたちの気持ちを推察しながら自らがどうかかわるのかを瞬時に判断していることが見て取れます。また，エスカレーターやエレベーター，自動の水道やドア，洋式トイレなどの普及に見られる環境の変化に伴い，運動能力の低下が懸念される現代の子どもたちに対して，自発的な遊びを通して運動発達を促すことも今後保育者に求められる重要な役割となるでしょう（第8章）。

小学校以降の教育ではアクティブ・ラーニングということばが広がっていますが，そうした動向を背景に，保育においても，乳幼児期の子どもの遊びの質を見つめ直し，主体的な遊びを重視する動きが高まっています。子どもの主体的な遊びが発揮されるか否かは，保育者に依存することが大きいようです（中坪，2017）。子どもの主体的な遊びを引き出す保育者の専門性の背後には，彼

(女) らの興味・関心，気持ち，言動などに耳を傾け，それらをいかにして眼前の遊びの発展や充実につなげようかと模索する姿があるのです。

（3）子どもの葛藤場面と向き合う保育者の専門性

保育実践という場は，潜在的にも顕在的にも，さまざまな葛藤が生起する場でもあります。第Ⅲ部（第9章～第11章）では，子ども同士のいざこざ場面，片付けない子どもと向き合う場面，子どもの問題解決を促す場面など，葛藤場面における保育者の姿を見ることができます。たとえば，それぞれの園では同年代の子どもが生活し，互いの思いや願いを表現し合うわけですから，自ずとそこには行き違いが生じ，いざこざが起こります。その際の保育者は，即座に介入して制止することが重要というわけでは必ずしもありません。いざこざ体験を通して子どもたちの何が育つのかを見きわめ，そうした発達の体験を積み重ねられるようなかかわりが求められるのです（第9章)。

もっと遊び続けたい子どもたちに片付けるように促すこともまた，保育者にとって難しい局面の1つです。事例中の保育者は，片付けないケイに対して彼の気持ちを探り，理解しようとしていました（第10章)。片付けさせるためのコツや方略など，多様な保育技術を駆使することが決して保育者の専門性ではないことがここでもわかります。また，子どもの自律的問題解決を期待して保育者が「見守る」「待つ」行為は，既述した「子どもが泣いたらすぐ抱っこ」と同様，歴史的・文化的につくられた特徴であり，世界に誇れる高度な専門性として捉えることができます。保育者が介入すれば簡単に解決できるにもかかわらず，子どもが自分で考えて問題解決するためにあえて介入しないのですから，決して「傍観」「放任」のような行動不在の消極的行為ではありません（第11章)。

園の中で子どもが経験する多様な葛藤体験は，むしろ発達を促すための重要な機会でもあることから保育者は，必ずしも即時的解決や葛藤回避を求めるわけではありません。その場の状況や子どもの特性などを見きわめ，彼（女）らを信頼しながら，見て見ないふりをしたり，消極的あるいは間接的にかかわったり，膠着状態に陥ったときには一時的に介入するものの必要最小限にとどめたりするのです。

（4）子どもの表現世界をひらく保育者の専門性

「子どもは100の言葉をもっている。100の考え，話し方，発見し，発明し，夢見るのに100の世界がある」。これは世界で最も革新的な幼児教育と言われる伊国レッジョ・エミリア・アプローチ（Reggio Emilia Approach）の創始者ローリス・マラグッツィ（Loris Malaguzzi）の有名な詩のフレーズを断片的に取りあげたものです。子どもたちは，自らが考え，理解し，発見したことを多様な媒体を用いて表現できる有能な存在であると解釈できます。他方，この詩は「けれど99は奪われる。学校や文化が頭とからだをバラバラにする」とも述べています。1つの正答に基づいて子どもの表現を促してしまったら，彼（女）らが有する100の言葉のうちの99は誤答として葬り去られてしまいます。この意味において，子どもの表現世界をひらく保育者の専門性は重要であるといえるでしょう。

第Ⅳ部（第12章～第14章）では，絵本や音の世界に浸り表現する子どもや，発表会で演じる子どもを支える保育者の姿を見ることができます。たとえば，子どもたちにとって絵本は，表現世界をひらく重要なリソースの1つとなるのではないでしょうか。そのために保育者は，子どもたちが絵本と出会う機会を広げ，その出会いを通して子ども同士がつながり，経験し，育つことを支えます（第12章）。また，子どもの音楽表現と一口に言っても「歌う」「楽器を演奏する」「音楽をつくる」などにとどまらず，「音への興味」「音を楽しむ」「音を生み出す」「音を聴く」「身体で表現する」など多様な世界が存在します。ここでも保育者は，1つの正解にもとづいて表現するのではなく，子どもたちの自発性や自主性に依拠したの表現を支えることが重要であると述べられています（第13章）。さらに，保育者が子どもの表現世界，特に「演じる」ことを支える行為は，親子関係の成熟にもつながることが示されています。子どもたちが劇を演じ表現すること，それを保護者によりよく観てもらうことが保護者の子ども理解を促し，親子関係の成熟に貢献するというのです（第14章）。これらの背後にも，保育者の専門性が埋め込まれているのがわかります。

（5）多様化する保育実践における専門性

第Ⅴ部（第15章～第18章）では，保育を取り巻く状況の変化とともに多様化する保育実践と保育者の専門性について論じます。たとえば，核家族化や子育ての孤立などを背景にそれぞれの園では，子育てに不安を感じる保護者を支援することが求められますが，そこでは単に，子育てがうまくいくようなスキルを伝えたところで，保護者が保育者に耳を傾けてくれるわけではありません。保護者を「親として」だけでなく「子として」「妻（夫）として」「働く人として」など多面的に捉えながら，子育てに不安を感じている要因を洞察することが保育者の専門性となるのです（第16章）。また，保育者は今日，障害のある子どもやその家族に対する適切な対応も求められています。本書では，①普段の保育の質的水準を向上する，②保育内容の変更や調整を入念に行う，③園環境の中に存在する人や物などの資源を活用して障害のある子どもも生活しやすくするなどの手立てを丁寧に行うことの重要性が述べられています（第15章）。さらに，グローバル化の進展とともに外国籍の子どもや保護者に対する援助も求められています。日本語を話すことができない子どもに対してことばによらない気持ちを読み取ったり，日本人の子どもとの関係をつないだりすることも，これからの重要な保育者の専門性となるでしょう（第17章）。

保育者の仕事は，子どもを支援し，保護者を支援し，子育ての拠点として地域の人々を支援することが求められるため，ヒューマンサービス職として捉えることができます。つねに人と向き合い，ふるまうことが求められる保育者は，表情をよそおい，感情をよそおうことで，非言語コミュニケーションを促進し，人と人との関係性における環境をつくり出す機能を高めることも専門性の重要な要素となるのです（第18章）。

（6）保育者の専門性発達をめぐる問題

序章で述べたように，保育者の専門性は保育の質を規定する重要な要因となることから，専門性発達をめぐる問題について議論することが求められています。第Ⅵ部（第19章～第21章）では，園内研修や保育カンファレンスにおいて同僚と語り合うことが保育者の専門性を支える機会となること，保育経験の蓄積とともに保育者は自らの保育行為スタイルを形成し維持していること，保育者の専門性発達をめぐってはアイデンティティ形成と再構築が鍵となるとともに，効力感が保育実践の原動力となることなどが示されました。

保育者が自らの専門性を高めることの重要性が叫ばれるとき，ともすると私たちは，日々の保育を反省し，課題を見きわめ，克服に向けてたゆまぬ努力をするというイメージを抱いてしまいます。もちろん，そうした努力も必要ですが，他方で，自分の失敗や課題ばかりにとらわれず，うまくいっている部分を認める習慣が大切です（第21章）。また，同僚と気軽に語らえる風土をつくり，子どもの姿について語り合う楽しさを味わい，困難や悩みを抱えても同僚に支えられながら対応することが大切です（第19章）。これらを積み重ねながら自らの保育行為スタイルを形成することで，自分なりの保育を行うことができるようになり，保育者の専門性発達につながるのです（第20章）。

企業経営の分野では，社員一人ひとりの価値を見いだし，学習する組織を創り出すことが求められています（渡辺，2016）。今日のように多様性や複雑性が増大する状況おいては，「もっと努力しろ」「もっと足りない部分を補え」とばかり言って社員の自助努力を促すよりも，「今もっているものを肯定して伸ばす」ことに解決の糸口を探ろうとする動きが盛んになってきています。保育の世界も同様でしょう。ただでさえ多くの困難やストレスをかかえながら職務に従事する保育者の現況を踏まえるとき，個々の強みや持ち味を相互に認め合い発揮し合うことが専門性発達につながることは想像に難くありません。

2　保育者の専門性を可視化することの大切さ

（1）保育技術や方略を駆使する保育から脱却する

以上のように本書は，各分野の研究者が培ってきた研究成果にもとづいて保育者の専門性を論じたものです。また，第1章は，ベテラン保育者の豊かな経験知にもとづいて専門性を言語化しました。加えて各章では，実践の視座から保育者がコメントし，研究者の知見を複眼的に補完することを企図しました。

各章の知見から見いだされる保育者の専門性を総括して捉えると，決して保育技術や方略，スキルやノウハウを兼ね備え，それらを駆使して子どもとかかわることを意味しないという点が見えてきました。もちろん，大学，短期大学，専門学校などの保育者養成校では，ピアノ，手遊び，絵本，紙芝居など，保育を行うためのスキルやノウハウを数多く学びます。指導案の書き方，指導計画の立て方，クラス便りの書き方なども，実践の場で必要なことは言うまでもありません。とはいえ，これらを駆使して子どもとかかわることに心血を注いでいたら，保育の営みから創造的性格が奪われ，画一化や形骸化が助長されることにもつながりかねないのです。「この方略は4歳児のごっこ遊びに最適だ」「このスキルは3歳児の運動遊びに使える」……などの考えに陥ってしまうと，保育者は眼前の子どもを注意深く観察し，内面を読み取ることからかけ離れ，子どもを効率よく動かすことへと傾倒してしまいそうです。その結果，子どもの個性や興味にもとづく保育は軽視されてしまい，個々の子どもやその場の状況に応じたオーダーメイドの実践とは乖離することになってしまうのではないでしょうか。

（2）エビデンスとしての事例研究を蓄積する

冒頭で述べた通り，本書は，保育者の専門性について理論的に可視化し，ケーススタディ（事例研究）にもとづく成果をエビデンス（科学的根拠）として示すことをめざしました。これまで述べてきたように保育者の専門性は，保育実践の中に埋め込まれて不可視的であるため，その性質や特徴を数値に置き換えて示すことは困難です。既述した保育技術や方略であれば可視化が可能であることから，介入効果を検討しその普遍性を論じることもできるでしょう。しかし，保育技術や方略の駆使でもって保育者の専門性を捉えられない以上，個別・具体的なケース（事例）を収集し，その背後に潜在する本質的な意味，保育者の洞察や見識などを一つひとつ言語化し，丹念に蓄積することが肝要です。たとえば，ある場面における保育者と子どもの相互作用について，「なぜ保育者は，その子に対してそのようにかかわったのか？」「その保育者の判断の背後には，どのような意図や理由があったのか？」など，唯一無二のケース（事例）について，それを取り巻く状況とともに詳述することが求められるのです。

そのうえで，こうしたケース（事例）を蓄積し，しかもそれらをエビデンス（科学的根拠）として発進するためには，ケース（事例）を通して研究者が読み取ったことを保育者に開示し，研究者と保育者が対話し複眼的に補完することで，その成果を一層説得力のあるものへと練り上げることが重要なのではないでしょうか。つまりこのことは，自分の主観や第三者の主観を認識することによって客観に近づく作業を意味しているのです。質的研究では“互いに認識し合う主観”として，調査者自身や第三者，場合によっては参加者自身の主観を利用する方法論があります。

保健医療の分野では，「科学的根拠に基づく医療（Evidence Based Medicine）」とともに「語りや対話にもとづく医療（Narrative Based Medicine）」の重要性が提唱され（Greenhalgh, 1998），患者の思いやそれを取り巻く状況など，必ずしも数値に置き換えられない不可視的な性質や特徴を考慮する試みが模索されています。保育者の専門性もまた，すべてを数値に置き換え，量的研究でもって客観的に提示できるものばかりではありません。むしろその場の状況に依存した判断が求められることの方が少なくありません。この点を考慮するとき，これからの研究者に求められることの１つは，質的研究やケーススタディ（事例研究）にもとづいて保育者の専門性を捉え，記述し，可視化することでエビデンスを蓄積することではないでしょうか。本書がその役割の一端を担うことに貢献したとすれば，このうえなく幸せです。

文　献

序　章

秋田喜代美（2009）国際的に高まる「保育の質」への関心――長期的な縦断研究の成果を背景に，Benesse 教育研究開発センター，BERD No. 16，13-17.

秋田喜代美・佐川早季子（2011）保育の質に関する縦断研究の展望．東京大学大学院教育学研究科紀要，**51**，217-234.

Harms, T., Clifford, R. M. & Cryer, D. (1998) *Early Childhood Environment Rating Scale Revised Edition*, New York: Teachers College Press.

Heckman, J. J. (2013) *Giving Kids a Fair Chance*, Massachusetts Institute of Technology.（ジェームズ・J・ヘックマン（著）大竹文雄（解説）古草秀子（訳）（2015）幼児教育の経済学．東洋経済新報社．）

Siraj-Blatchford, I., & Sylva, K. (2004) Researching Pedagogy in English Pre-schools. *British Educational Research Journal*, **30**(5), 713-730.

Sylva, K, Siraj-Blatchford, I. & Taggart, B. (2003) *The Four Curricular Subscales Extension to the Early Childhood Environment Rating Scale (ECERS-R) 4th edition with Planning Notes*, Teachers College Press; New York.

Sylva, K., Melhuish, E., Sammons, P., Siraj-Blatchford, I., & Taggart, B. (2004) *The Effective Provision of Pre-school Education (EPPE) Project: Final Report*. DfEC Publications.

Siraj, I., Kingston, D., & Melhuish, E. (2015) *Assessing Quality in Early Childhood Education and care: Sustained Shared Thinking and Emotional Well-being (SSTEW) Scale for 2-5 Year-olds Provision.*（秋田喜代美・淀川裕美（訳）（2015）乳幼児期の「思考を共有し，つなげること」と「情緒的な安定・安心」を捉えるために．明石書店．）

第1章

Bowlby, J. (1969/1982) *Attachment and loss: vol. 1.* Attachment. Basic Books.

Bowlby, J. (1973) *Attachment and loss: vol. 2.* Separation. Basic Books.

間瀬なおたか（作絵）(2012)．でんしゃでいこう　でんしゃでかえろう．ひさかたチャイルド，pp. 16-23.

第1章　保育現場からのコメント

ヴァスデヴィ・レディ　佐伯胖（訳）(2015) 驚くべき乳幼児の心の世界．ミネルヴァ書房.

遠藤利彦（1990）移行対象に関する理論的考察——特にその発現の機序をめぐって．東京大学教育学部紀要，**29**，229-241.

第2章

橋本宏子（2006）戦後保育所づくり運動史．ひとなる書房，p. 327.

星三和子（2004）子どもの力を後押しするフランス，手取り足取り関わる日本．National Longitudinal Survey of Youth (1999)

星三和子・塩崎美穂・勝間田万喜・大川理香（2009）保育士はゼロ歳児の〈泣き〉をどうみているか——インタヴュー調査から乳児保育理論の検討へ．保育学研究，**47** (2)，49-59.

牧野カツコ（1989）母親の就労化と家族関係．教育社会学研究，**44**，50-70．乳児保育と赤ちゃん学，**1**，34-39.

鈴木佐喜子（1987）母子関係論と乳児の集団保育．青木一ほか（編）保育幼児教育体系　保育の思想．労働旬報社，pp. 236-344.

第3章

保木井啓史・智谷思音・中坪史典（2014）「ながら行為」としての保育者の専門性に関する研究——登園時から設定保育に至るまで．広島大学大学院教育学研究科紀要第三部，**63**，111-120.

中坪史典・岡花祈一郎・古賀琢也（2010）幼児同士の協同遊びを育む保育者の実践的思考．教育学研究ジャーナル，**6**，31-39.

野口隆子（2013）研修用ビデオにみる登園場面の言葉かけ．野間教育研究所紀要，**52**，51-71.

OECD (2012) International Comparison: Minimum Standards, *Starting Strong III: A Quality Toolbox for ECEC – online version*, (http://www.oecd.org/edu/school/4848

3436.pdf)
山田忠雄・柴田武・酒井憲二・倉持保男・山田明雄・上野善道・井島正博・笹原宏之（編）（2011）新明解国語辞典第7版．三省堂，pp. 1117-1118.
山本聡子・松葉百香（2012）子どもの登園における保育者の配慮に関する研究．名古屋市立大学大学院人間文化研究科人間文化研究，**18**，97-108.

第4章

石黒広昭（2003）乳児の食介助場面の相互行為的分析――社会的出来事としての食事．北海道大学大学院教育学研究科紀要，**91**，25-46.
石野秀明（2001）2～3歳児の子どもの存在／自己のありようを記述する試み――主体間の両義的な力動的関係という観点から．発達心理学研究，**12**(2)，110-122.
外山紀子（2008a）発達としての〈共食〉――社会的な食のはじまり．新曜社，p. 9.
外山紀子（2008b）食事場面における1～3歳児と母親の相互交渉――文化的な活動としての食事の成立．発達心理学研究，**19**(3)，232-242.
淀川裕美（2015）保育所2歳児クラスにおける集団での対話のあり方の変化．風間書房.
淀川裕美（2016）保育施設の食事場面における保育者の専門性――子どもの育ちの連続性をふまえた園としての取り組みに関する分析．2015年度発達保育実践政策学センター（Cedep）関連SEEDSプロジェクト報告書，11-12.

第5章

鯨岡峻（2013）子どもの心の育ちをエピソードで描く――自己肯定感を育てる保育のために．ミネルヴァ書房.
日本建築学会編（2014）こどもの環境づくり事典．青弓社.
OMEP日本委員会（2012）子どもたちの世界を豊かに．非売品.
太田堯（1990）教育とは何か．岩波書店.
汐見稔幸・村上博文・松永静子ほか（2012）乳児保育室の空間構成と“子どもの行為及び保育者の意識”の変容．保育学研究，**50**(3)，64-74.
汐見稔幸・小西行郎・榊原洋一（編）（2006）乳児保育の基本．フレーベル館.

第6章

畠山美穂（2013）虚構世界．小田豊・山崎晃（監修）七木田敦・杉村伸一郎・中坪史典・松井剛太・河野利津子（編）幼児学用語集．北大路書房，p. 12.
師岡章（1992）ごっこ遊びの探究――生活保育の創造をめざして　八木紘一郎（編）新読書社，p. 41.
野尻裕子（2015）ごっこ遊び．森上史朗・柏女霊峰（編）保育用語辞典 第8版．ミネルヴァ書房，p. 70.

第7章

石井光恵（1993）砂場をめぐる子どもたち．発達，**53**，58-64.
石井光恵（1995）遊び空間の視点から「砂場」を考える．日本保育学会大会研究論文集（48)，744-745.
笠間浩幸（2001）砂場と子ども．東洋館出版社.
柏まり・田中亨胤（2007）子どもの創造的遊びを支える教師の役割――砂場における教師と子どもの対話の分析を通して．幼年児童教育研究，**19**，11-21.
松本信吾（1993）子どもはなぜ砂場遊びに魅きつけられるのか．発達，**53**，48-57.
松本信吾（2007）保育者の目からとらえた砂遊び．発達，**110**，68-74.
箕輪潤子（2009）遊びがもっと魅力的になる3・4・5歳児の言葉がけ　砂場編．明治図書出版.
小川清実（2000）出会いの種々相．遊びの探求．保育ジャーナル.
山内淳子・真宮美奈子・三神敬子・梶原美奈（2012）「自らの保育をとらえる視点」提示の試み――砂場遊びにおける熟達した保育者の子どもへの言葉かけの特徴．山梨学院短期大学研究紀要，**32**，134-146.

第7章　保育現場からのコメント

友定啓子（2012）「森の幼稚園」の保育的意義――人とかかわる力を育む視点から．山口大学教育学部研究論叢（第3部)，**61**，269-282.

第8章

朴淳香（2008）生活としての運動　岩崎洋子（編著）保育と幼児期の運動遊び．萌文書林，pp. 41-46.
Fredricks, J. A., & Eccles, J. S. (2005) Family socialization, gender, and sport motivation and involvement. *Journal of Sport & Exercise Ppsychology*, **27**, 3-31.

ホーン＆ハリス　杉山佳生（訳）（2008）子どもの有能感――コーチおよび親に対する示唆　スモール＆スミス（編著）市村操一・杉山佳生・山本裕二（監訳）ジュニアスポーツの心理学．大修館書店，pp. 109-116.（Horn, T. S., & Harris, A. (2002) Perceived competence in young athletes: Reserch findings and recommendations for coaches and parents. In F. L. Smoll, & R. E. Smith (Eds) *Children and youth in sport.* Brown & Bechmark.）

宮丸凱史（2011）子どもの運動・遊び・発達――運動のできる子どもに育てる．学研，pp. 2-32.

文部科学省幼児期運動指針策定委員会（2012）幼児期運動指針．

森司朗・杉原隆・吉田伊津美・近藤充夫（2004）園環境が幼児の運動能力発達に与える影響．体育の科学，**54**(4)，329-336.

森司朗・杉原隆・吉田伊津美・筒井清次郎・鈴木康弘・中本浩揮（2011）幼児の運動能力における時代推移と発達促進のための実践的介入．平成 20-22 年度文部科学省科学研究費補助金（基盤研究Ｂ）研究成果報告書（課題番号 20300204）.

杉原隆（2000）新版幼児の体育．建帛社，pp. 27-29.

杉原隆（2014）遊びとしての運動の重要性．杉原隆・河邉貴子（編著）幼児期における運動発達と運動遊びの指導――遊びのなかで子どもは育つ．ミネルヴァ書房，pp. 31-44.

杉原隆・森司朗・吉田伊津美（2004）幼児の運動能力発達の年次推移と運動能力発達に関与する環境要因の構造的分析，平成 14-15 年度文部科学省科学研究費補助金（基盤研究Ｂ）研究成果報告書（研究課題 14380013）.

杉原隆・吉田伊津美・森司朗・筒井清次郎・鈴木康弘・中本浩揮・近藤充夫（2010）幼児の運動能力と基礎的運動パターンとの関係．体育の科学，**61**(6)，455-461.

体育科学センター調整力専門委員会体育カリキュラム作成小委員会（1980）幼稚園における体育カリキュラム作成に関する研究Ⅰ――カリキュラムの基本的な考え方と予備調査の結果について．体育科学，**8**，150-155.

吉田伊津美（2014）運動発達に関係する園環境と家庭環境　杉原隆・河邉貴子（編著）幼児期における運動発達と運動遊びの指導――遊びのなかで子どもは育つ．ミネルヴァ書房，pp. 73-82.

吉田伊津美・杉原隆・森司朗・近藤充夫（2004）家庭環境が幼児の運動能力発達に与える影響．体育の科学，**54**(3)，243-249.

第9章

白石敏行・友定啓子・入江礼子・小原敏郎（2008）子ども同士のトラブルに保育者はどうかかわっているか――学生の保育記録の分析結果．山口大学教育学部研究論叢，**57**，287-299．

友定啓子（2010）トラブル場面へのかかわりにみる保育者の専門性．山口大学教育学部研究論叢，**59**，239-251．

友定啓子・入江礼子・白石敏行・小原敏郎（2009）子ども同士のトラブルにどうかかわっているか――500枚の保育記録から．平成19-20年度科学研究費報告書　ブックレット．

友定啓子・白石敏行・入江礼子・小原敏郎（2008）子ども同士のトラブルに保育者はどうかかわっているか――「トラブル場面」の保育的意義．山口大学教育学部研究論叢，**57**，117-128．

第10章

秋田喜代美・増田時枝・安見克夫・中坪史典・砂上史子・箕輪潤子（2013）葛藤場面からみる保育者の専門性の探究．野間教育研究所紀要，52．

秋田喜代美・増田時枝・安見克夫・中坪史典・砂上史子・箕輪潤子（2014）園における知の創出と共有．野間教育研究所紀要，56．

橋本祐子・戸田有一（2012a）日本の幼稚園における片付けの分担①――幼児は責任をどう分配するか．（http://blog.crn.or.jp/report/02/147.html）

橋本祐子・戸田有一（2012b）日本の幼稚園における片付けの分担②――集団における責任の共有と分配．（http://blog.crn.or.jp/report/02/157.html）

平野麻衣子（2014）片付け場面における子どもの育ちの過程――両義性に着目して．保育学研究，**52**(1)，68-79．

鯨岡峻（1998）両義性の発達心理学．ミネルヴァ書房．

鯨岡峻（2015）保育の場で子どもの心をどのように育むのか――「接面」での心の動きをエピソードに綴る．ミネルヴァ書房．

永瀬祐美子・倉持清美（2011）集団保育における遊びと生活習慣行動の関連――3歳児クラスの片付け場面から．保育学研究，**49**(2)．73-83．

永瀬祐美子・倉持清美（2013）集団保育の片付け場面における保育者の対応．保育学研究，**51**(2)，235-244．

第11章

秋田喜代美（2009）「保育」研究と「授業」研究――観る・記録する・物語る研究．日本教育方法学会（編）日本の授業研究 下巻 授業研究の方法と形態．学文社，pp. 177-188.

Izumi-Taylor, S. (2009) Hansei: Japanese Preschoolers Learn Introspection with Teachers' Help. *Young Children*, **64**(4), 86-90.

Izumi-Taylor, S. (2013) Scaffolding in Group-Oriented: Japanese Preschools. *Young Children*, **68**(1), 70-75.

唐澤眞弓（2006）就学前保育にみる文化――日米中の三つの文化比較研究から．保育の友，**59**(6)，22-25.

Lewis, C. C. (1995) *Educating Hearts and Minds: Reflections on Japanese Preschool and Elementary Education*. Cambridge University Press.

中坪史典（2014）保育者・教師の感情の表出と抑制から考える保育学と教育学の間．教育学研究，**81**(4)，54-65.

Nakatsubo, F., Ueda, H., Yoshida, T., & Inoue, M. (2011) "Why do Japanese Early Childhood Teachers Lead or Intervene with Young Children Differently from American Teachers?: The Mimamoru Methodology and Professionalism in Early Childhood Education and Care in Japan". *NAEYC Annual Conference and Expo.*

Nakatsubo, F., Ueda, H., Yoshida, T., & Inoue, M. (2012) "How Do the US Teachers Recognize the Japanese Teachers' Professionalism?: Japanese Mimamoru Approach in Early Childhood Education and Care." *NAEYC Annual Conference and Expo.*

Nakatsubo, F., Ueda, Tsuchiya, K., & Yoshida, T. (2013) "How Do You Intervene in Conflict Situation of Young Children?: Amazing Japanese Mimamoru Approach as the Teachers' Professionalism." *NAEYC Annual Conference and Expo.*

Nakatsubo, F., Ueda, H., Tsuchiya, K., & Yoshida, T. (2014) "Promoting the Problem Solving by Young Children, Do You Intervene Immediately or No?: Japanese Mimamoru Approach as the Teachers' Professionalism" *NAEYC Annual Conference and Expo.*

Nakatsubo, F., Ueda, H., Tsuchiya, K., & Yoshida, T. (2015) "Do You Intervene Immediately or Keep Waiting in the Conflict Situation of Young Children?: Japanese Mimamoru Approach as the Teachers' Professionalism." *NAEYC Annual Conference*

and Expo.
NHK「こども」プロジェクト（2003）裸で育て君らしく 大阪・アトム共同保育所．NHK 出版．
佐藤学（2009）教師花伝書——専門家として成長するために．小学館．
高橋正英（2010）子どものやる気を引き出す教師の立ち位置 使える授業ベーシック 9 なるほど納得！　教師のポジショニング．学事出版．
Tobin, J., Hsueh, Y. & Karasawa, M. (2009) *Preschool in Three Cultures Revisited*. The University of Chicago Press.
上田敏丈・中坪史典・吉田貴子・土谷香菜子（2017）実践知としての保育者の「見守る」行為を解読する試み．子ども学，**5**，223–239.

第 12 章

阿部彩（2008）子どもの貧困——日本の不公平を考える．岩波新書．
Bus, A. G. (2002) Joint caregiver-child storybook reading: A route to literacy development. In Newman, S. B., & Dickinson, D. K. (Eds.), *Handbook of Early Literacy Research*, New York: The Guildford Press, pp. 179–191.
Bus, A. G., van IJzendoorn, M. H., & Pellegrini, A. D. (1995) Joint book reading makes for success in learning to read: A meta-analysis on intergenerational transmission of literacy. *Review of Educational Research*, **65**, 1–21.
Dickinson, D. K., & Keeber, R. (1989) Variation in preschool teachers' styles of reading books. *Discourse Processes*, **12**, 353–375.
Dickinson, D. K., & Smith, M. (1994) Long-term effects of preschool teachers' book readings on low-income children's vocabulary and story comprehension. *Reading Research Quarterly*, **19**, 9–61.
藤岡久美子・伊藤恵里奈（2016）幼稚園における絵本の読み聞かせの選書の分析——3 年間の記録から．山形大学教職・教育実践研究，**11**，59–68.
福岡貞子・磯沢淳子編著（2009）保育者と学生・親のための乳児の絵本・保育課題絵本ガイド．ミネルヴァ書房．
ミーテ（2013）ミーテ会員アンケート「みんなでつくろう！　ご家庭での読み聞かせアンケート 2013」（http://mi-te.kumon.ne.jp/contents/article/8-454/#topics01　閲覧日：2017 年 8 月 30 日）

文部科学省（2017）幼稚園教育要領.

文部科学省（2018）幼稚園教育要領解説.

Murase, T., Dale, P. S., Ogura, T., Yamashita, Y., & Mahieu, A. (2005) Mother-child conversation during joint picture book reading in Japan and the USA. *First Language*, **25**, 197-218.

並木真理子（2010）幼稚園における集団への絵本の読み聞かせ方が幼児の身体的・言語的反応に及ぼす影響．絵本学，**12**，59-68.

並木真理子（2014）幼稚園入園年齢4歳児への読み聞かせにおける絵本の選書理由および保育者の読み聞かせスタイルの検討．子ども学，**10**，66-70.

Ninio, A. (1980) Picture book reading in mother-infant dyads belonging to two subgroups in Israel. *Child Development*, **51**, 587-590.

西坂小百合・篠沢薫・権藤桂子（2014）幼稚園・保育所において絵本はどのように扱われているか：保育者への活動実態・意識調査から．絵本学，**16**，37-44.

Resse, E., Cox, A., Harte, D., & McAnally, H. (2003) Diversity in adults' styles of reading books to children. In A. van Kleeck, S. A. Stahl, & E. B. Bauer (Eds.), *On reading books to children: Parents and teachers*. Nahwah, HJ:Erlbaum, pp. 37-57.

齋藤有・内田伸子（2013）幼児期の絵本の読み聞かせの母親の養育態度が与える影響：「共有型」と「強制型」の横断的比較．発達心理学研究，**24**，150-159.

佐々木宏子（2004）新しい絵本と子どもの発達．発達，**99**，13-17.

全国出版協会・出版科学研究所（2015）出版指標年報2015.

泰羅雅登（2009）読み聞かせは心の脳に届く．くもん出版.

山田恵美（2011）保育における空間構成と活動の発展的相互対応――アクションリサーチによる絵本コーナーの検討．保育学研究，**49**(3)，20-28.

山田恵美（2012）．幼児の活動の展開を支える保育環境――絵本コーナー内の場と読み方．保育学研究，**50**(3)，29-41.

横山真貴子（2004）．絵本の読み聞かせと手紙を書く活動の分析．風間書房.

横山真貴子（2006）．3歳児の幼稚園における絵本とのかかわりと家庭での絵本体験との関連――入園直後の1学期間の絵本とのかかわりの分析から．奈良教育大学教育実践総合センター研究紀要，**15**，91-99.

横山真貴子・水野千具沙（2008）保育における集団に対する絵本の読み聞かせの意義――5歳児クラスの読み聞かせ場面の観察から．奈良教育大学教育実践総合センター研究紀要，**17**，41-51.

第13章

青山真以子（2015）3歳児における音楽的行動の特徴に関する研究——人との関わりに焦点をあてて．音楽研究：大学院研究年報，**27**，83-90.

裴ミン卿・坪能由紀子・小川博久・味府美香・木村充子（2006）幼児の創造的な音楽活動の開発に関する研究2——見て真似て学ぶ異年齢の音楽活動．日本女子大学大学院紀要，家政学研究科・人間生活学研究科，**12**，23-34.

Cunha, F., & Heckman, J. J. (2007) The technology of skill formation, American Economic. *Review*, **97**(2), 31-47.

Daiamond, A., Barnett, S., Thomas, J., & Munro, S. (2007) Preschool Program Improves Cognitive Control. *Science*, **318**(5855), 1387-1388.

独立行政法人理化学研究所（2010）子どもの言語発達に合わせて親もマザリーズ（母親語）の脳内処理を変化——育児経験，性差，個性により親の脳活動の違いが歴然.

フェルド・スティーブン（2000）音響認識論と音世界の人類学——パプアニューギニア・ボサビの森から．山田陽一（編著・訳）自然の音・文化の音——環境との響きあい．昭和堂，pp. 26-63.

羽根田真弓（2010）本格伴奏と簡易伴奏に対する5歳児の歌唱様相について．鳥取短期大学研究紀要，**61**，11-18.

平澤節子（2008）保育現場における器楽指導について——鍵盤ハーモニカ指導に関する一考察．上田女子短期大学幼児教育学科保育者養成年報，**6**，13-20.

久富さよ子（1980）幼稚園・保育所における楽器あそびとその問題点．中村学園研究紀要，**13**，97-106.

細田淳子（2003）ことばの獲得初期における音楽的表現——乳児はどのようにしてうたい始めるか．保育学研究，**41**(2)，218-225.

井口佳子（2004）私の実践をふりかえって——子どもと音のかかわりをつくる．音楽教育実践ジャーナル，**1**(2)，8-11.

池迫浩子・宮本晃司（2014）家庭，学校，地域社会における社会情動的スキルの育成——国際的エビデンスのまとめと日本の教育実践・研究に対する示唆．ベネッセ教育総合研究所（訳）OECD：Fostering Social and Emotional Skills Through Families, Schools and Communities（http://www.oecd.org/edu/ceri/FosteringSocialAndEmo

tionalSkillsJAPANESE.pdf)

今川恭子（2006）表現を育む保育環境——音を介した表現の芽生えの地図．保育学研究，**44**，156-166.

木許隆（2009）保育現場における音楽活動その2~5歳児におけるマーチング導入法．埼玉純真短期大学研究論文集，**2**，53-58.

香曽我部琢（2007）幼児期の遊びにおける音の概念形成モデルについての質的検討．音楽表現学，**5**，23-32.

香曽我部琢（2009）幼児が“音を介した表現”を生み出すに至る認知過程とその意義．音楽表現学，**7**，41-52.

香曽我部琢（2010）遊びにおける幼児の“振り向き”の意味——3歳児の砂遊びにおける“振り向き”から相互作用への展開事例の検討より保育学研究，**48**(2)，169-179.

香曽我部琢（2012）子ども理解としてのサウンドエスノグラフィー——遊びにおける音の世界を通して子どもを理解する．中坪史典（編著）子ども理解のメソドロジー．ナカニシヤ出版，pp. 55-72.

倉橋惣三（1936）ツバメノオウチ，**7**(1)

小山みずえ（2009）大正・昭和初期の幼稚園における「遊戯」研究の展開——大阪市立幼稚園を中心に．上智大学教育学論集，**44**，85-98.

Malloch, S., & Trevarthen, C. (2009) *Communicative Musicality: Exploring the Basis of Human Companionship*. Oxford: Oxford University Press.

増田忍（1971）乳幼児期における音楽的能力の発達（Ｉ）——歌唱 a—音域及び音程感覚．奈良教育大学教育研究所紀要，**7**，145-156.

Mimura, M., Kitano, S., Yoshitomi, K. (2009) “Singing abilities of kindergarten and elementary school children” Assessment of the vocal pitchmatching abilities, *Asia-Pacific Journal of Research in Early Childhood Education*, **3**(1), 29-52.

南美貴（2008）幼児たちの楽器遊びが合奏へと発展した事例——豊かな友達関係から合奏する関係へ．音楽教育実践ジャーナル，**6**(1)，50-56.

水﨑誠（2014）幼児の歌唱行動研究の動向——音高の正確さに着目して．音楽教育学，**44**(1)，26-31.

持田京子（2010）1-2歳幼児のリズムおよび音楽的発達における共振の重要性．東京福祉大学・大学院紀要，**1**(2)，165-171.

Moog, H. (1976) *The Musical Experience of the Preschool Child*. London: B. Schlott.

無藤隆（2013）幼児教育のデザイン――保育の生態学．東京大学出版会．
登啓子（2012）保育における音楽表現活動の検討．埼玉学園大学紀要人間学部篇，**12**，267-273.
小川鮎子，下釜綾子，高原和子，瀧信子，矢野咲子（2013）幼児の身体表現活動を引き出す言葉かけ――オノマトペを用いた動きとイメージ．研究紀要，**47**，103-116.
岡林典子（2010）音楽的視点から捉える保育現場の環境構成――保育者への聞きとり調査をふまえて．京都女子大学発達教育学部紀要，**6**，13-26.
大沼覚子（2007）土川五郎における「遊戯」論の展開とその歴史的意義．幼児教育史研究，**2**，15-30.
幸山良子（2004）祭囃子の実践見学レポート――ゆうひが丘保育園の取り組み．音楽教育実践ジャーナル，**1**(2)，18-21.
Smith, R. B. (1963) The effect of group vocal training on the singing ability of nursery school children. *Journal of Research in Music Education,* **11**, 137-141.
鈴木裕子（2009）幼児の身体的コミュニケーションにおける模倣の機能．教育実践学論集，**10**，57-67.
Thiessen, E. D., Hill, E. A., & Saffran, J. R. (2005) Infant-Directed Speech Facilitates Word Segmentation, *Infancy,* **7**. 53-71.
Tools of the Mind (https://toolsofthemind.org/learn/tools-for-parents/　閲覧日：2017 年 7 月 30 日）
坪能由紀子・木村充子・味府美香・小川博久・裴ミン卿（2005）幼児の創造的な音楽活動の開発に関する研究――幼児の音楽活動の変容の分析・解釈を通して．日本女子大学大学院紀要家政学研究科・人間生活学研究科，**11**，225-233.
梅澤由紀子（2009）幼児の表現としての“たたく”活動の教材化．愛知教育大学幼児教育研究，**14**．3-10.
Valsiner, J. (2001) *Comparative study of human cultural development.* Madrid: Fundacion Infanciay Aprendizaje.
横山朋子（2014）楽器づくりにみられる幼児の音楽的表現の発展過程．人文論叢，**42**，1-12.
吉永早苗（2006）幼児期のマーチング活動に関する考察――その是非を問う．音楽教育実践ジャーナル，**3**(2)，6-15.
吉永早苗（2013）保育者の資質能力としての音楽表現の理解．保育学研究，**51**(3)，

455-457.

吉富功修・三村真弓・伊藤真・井本美穂（2014）歌唱教材の音高が幼児の歌唱の正確さに与える影響．音楽文化教育学研究紀要，**26**，1-14.

第14章

広岡キミエ（1987）幼児の内面を育てる――聞く・見る・話す・表現する 現場からの保育論．ひとなる書房.

兵庫保育問題研究会・田川浩三（2004）ごっこ・劇遊び・劇づくりの楽しさ．かもがわ出版.

北村恵子（1998）幼児教育における表現活動について――劇ごっこの実態調査をもとにして．上田女子短期大学紀要，**21**，57-72.

南元子（2014）近代日本の幼児教育における劇活動の意義と変遷．あるむ.

二宮祐子（2015）物語劇創作活動のナラティヴ・エスノグラフィー――多様性と主体的な活動を支えるための援助プロセス．子ども社会研究，**21**，123-135.

千田是也（1966）演劇入門．岩波新書.

田川浩三・兵庫保育問題研究会（2010）劇づくりで育つ子どもたち．かもがわ出版.

山本茂男（2000）発表会で悩んでいます――アンケートの意見・感想から．児童演劇，**476**，2-5.

山﨑由紀子（2014）幼稚園・保育園で楽しむ 身ぶり表現・ごっこあそび・劇づくり．フォーラムA.

全国保育問題研究協議会編（1993）絵本・劇・あそび――乳幼児の文学．新読書社.

第15章

函館市立はこだて幼稚園（2015）第1分科会提案2資料．第64回全国幼児教育研究大会北海道大会要項，13-14.

井桁容子（2014）発達障害児である前に，一人の子どもである．白梅学園大学子ども学研究所（編）発達障害の再考．風鳴舎，pp. 26-42.

久保山茂樹（2017）障害のある子どもたちの主体的な遊びを育むために．発達，**150**，36-41.

七木田敦（2015）保育と特別支援教育．七木田敦・松井剛太（編著）つながる・つなげる障害児保育．保育出版社，pp. 13-23.

Sandall, S. R., & Schwartz, I. S. (2002) *Building Blocks for Teaching Preschoolers With Special Needs*. Paul H Brookes Pub Co.

瀬田雅江（2014）幼稚園で子どもの姿を保護者とわかりあう．久保山茂樹（編著）子どものありのまま姿を保護者とどうわかりあうか．学事出版，pp. 41-50.

瀬田雅江（2017）就学後も見据えた保護者への支援・保護者との協働．久保山茂樹（編著）実践事例集――特別な支援を要する幼児の一貫した支援を実現するために．科研費報告書，pp. 37-43.

第16章

厚生労働省（2017）保育所保育指針．

文部科学省（2017）幼稚園教育要領．

内閣府・文部科学省・厚生労働省（2017）認定こども園教育・保育要領．

小川晶（2014）保育所における母親への支援――子育て支援をになう視点・方法分析．学分社．

第17章

Derman-Sparks, L. & the A.B.C. Task Force (1989) *Anti-Bias Curriculum: Tool for Empowering Young Children*. NAEYC.

福岡貞子・伊丹弥生・伊東正子・池川正也（2014）多文化絵本を楽しむ．ミネルヴァ書房，pp. ii-iii.

「外国につながる子どもたちの物語」編集委員会（2009）まんがクラスメイトは外国人――多文化共生20の物語．明石書店．

廿日出里美（2006）異文化間接触の文化化構造　山田千明（編著）多文化に生きる子どもたち．明石書店，pp. 206-232.

堀田正央・鈴木篤・森本昭宏・宮内克代・萩原元昭（2010）日本語を母語としない保護者を持った子どもの保育環境に関する研究――K市の事例を中心に．埼玉学園大学紀要人間学部篇，**10**，139-151.

一般社団法人保育英語検定協会（2014）改訂版保育英語検定2級テキスト．本の泉社，p. 6.

川上郁雄（2013）『移動する子ども』学へ向けた視座――移民の子どもはどのように語られてきたか．川上郁雄（編）「移動する子ども」という記憶と力――ことばとアイデンティティ．くろしお出版，pp. 1-42.

管田貴子（2006a）．外国籍幼児の保育所への適応過程に関する研究――留学生の子どもの事例から見えてくるもの．保育学研究，**44**(2)，104-113.

管田貴子（2006b）．幼稚園教諭のもつ外国籍幼児への期待に関する研究――中国人女児の事例から見えてきた課題．乳幼児教育学研究，**15**，25-33.

管田貴子・鳥光美緒子・中西さやか・岡花祈一郎・于麗玲（2005）．東広島市在住の外国籍幼児の現状と子育てニーズに関する研究．東広島市地域課題研究補助金交付事業調査報告書．

松尾知明（2006）乳幼児期からの異文化間教育とは　山田千明（編著）多文化に生きる子どもたち．明石書店，pp. 188-205.

太田裕子（2013）幼少期より日本で成長した高校生が語る記憶，ことば，自分　川上郁雄（編）「移動する子ども」という記憶と力――ことばとアイデンティティ．くろしお出版，pp. 168-193.

Pollock, C. D. & Reken, V. R. (1999) *Third Culture Kids: Growing Up Among Worlds.* Intercultural Press.（喜納もも・日部八重子（訳）(2010）サードカルチャーキッズ――多文化の間で生きる子どもたち．スリーエーネットワーク.）

佐藤郁哉（2002）．組織と経営について知るための実践フィールドワーク入門．有斐閣．

品川ひろみ（2011）多文化保育における通訳の意義と課題――日系ブラジル人児童を中心として．保育学研究，**49**(2)，224-235.

柴山真琴（2002）．幼児の異文化適応に関する一考察――中国人５歳児の保育園への参加過程の関係論的分析．乳幼児教育学研究，**11**，69-80.

渋谷恵（2006）乳幼児をとりまく多文化的状況　山田千明（編著）多文化に生きる子どもたち．明石書店，pp. 11-31.

社会福祉法人大阪ボランティア協会（2013）多文化子育て支援ガイドブック　日本語でつたえるコツ――外国人保護者と子育て支援に関わる人とのより良いコミュニケーションのために（http://www.osakavol.org/08/multicultural/guidebook.html　閲覧日：2015年６月１日）

社会福祉法人日本保育協会（2009）保育の国際化に関する調査研究報告書（平成20年度）（http://www.nippo.or.jp/research/pdfs/2008_02/2008_02.pdf　閲覧日：2016年12月５日）

谷口正子・山岡テイ・森本恵美子・朴淳香（2001）．多文化子育て調査報告書．多文化子育てネットワーク．

冨田明希（1986）幼児期における国際理解と協力，平和のための教育をどうすすめるか——ある就学前児童の異文化適応の過程に学ぶもの．国際理解，**18**，28-48.

内田千春（2013）新保育者の語りに見る外国につながりのある子どものいる保育．共栄大学研究論集，**11**，273-286.

山田千明（2006）はじめに．山田千明（編著）多文化に生きる子どもたち．明石書店，pp. 3-6.

山田千明・塘利枝子・廿日出里美・柴山真琴・松尾知明・久保田力（2003）日本の幼稚園・保育所における異文化理解教育体系化の試み——中国・台湾・韓国・日本の実践事例を手がかりに．日本保育学会大会発表論文抄録，**56**，S4-S5.

第18章

Barlow, D. H., Levitt, J. T., & Bufuka, L. F. (1999) The dissemination of empirically supported treatments: A view to the future. *Behavior Research and Therapy*, **37**, 147-162.

Black, P.　鈴木眞理子（訳）（2008）ビューティサロンの社会学——ジェンダー・文化・快楽．新曜社．（Black, P. (2004) *The beauty industry: Gender, culture, pleasure*. New York: Routledge.）

Creekmore, A. M. (1966) *Methods of measuring clothing variables*. East Lansing: Michigan Agricultural Experiment Station.

Fairbairn, W. R. D. (1952) *Psychoanalytic studies of the personality*. Routledge & Kegan Paul.

箱井英寿（2013）保育における装いの社会・心理的効果の検討——保育実習における装い不安・被服意識の変化，教育心理学会第55回総会発表論文集，452.

Hermans, H. (2012) *Dialogical Self Theory: Positioning and Counter-Positioning in a Globalizing Society*, Cambridge University Press.

木戸彩恵・荒川歩・鈴木公啓・矢澤美香子（2015）幼児期から青年期にかけて衣服を選び，着る行為の変容——女子大学生を対象としたインタビュー調査から，立命館人間科学研究，**32**，85-103.

木戸彩恵・戸田有一・小川晶・小川房子・奈良修三・諏訪きぬ（2012）見え方の操作と保育——表情・感情・化粧をどう考えるのか，エデュケア（大阪教育大学紀要），

33, 1-11.

松延毅・姉帯彩香・林将平・香曽我部琢（2015）保育者は自らの服装の色彩をどのように決定しているのか――混合研究法による保育者の服装の色彩印象評価の分析より．宮城教育大学情報処理センター研究紀要，**22**，3-13.

松村俊志・向居暁・田村隆宏（2012）保育実習生の服装が印象評定に及ぼす影響，日本心理学会第76回大会.

箕浦康子（1997）文化心理学における〈意味〉．柏木恵子・北山忍・東洋（編）．文化心理学．東京大学出版会，pp. 44-63.

三塚タケオ（1984）服装の社会科学（一）――保育労働者の仕事着，評論・社会科学（同志社大学人文学会紀要），**24**，51-72.

水谷英夫（2013）感情労働とは何か．東京信山社.

諏訪きぬ・戸田有一・中坪史典・高橋真由美・上月智晴（2011）保育における感情労働――保育者の専門性を考える視点として．北大路書房.

Twigg, J. (2013) Fashion, the Body and Age. *The Handbook of Fashion Studies*, pp. 78-94.

第19章

秋田喜代美（2009）記録したくなる園内研修のために．保育学研究，**47**，250-253.

秋田喜代美（2013）総論　保育者の専門性の探究．発達，**134**，14-21.

秋田喜代美・あゆのこ保育園（2016）秋田喜代美の写真で語る保育の環境づくり．ひかりのくに.

ドナルド・A・ショーン（著）柳沢昌一・三輪建二（訳）（2007）省察的実践とは何か――プロフェッショナルの行為と思考．鳳書房.

鹿毛雅治（2007）子どもの姿に学ぶ教師――「学ぶ意欲」と「教育的瞬間」．教育出版.

神長美津子（2012）ワークシートを使った園内研修で信頼関係を育む援助を共有する．これからの幼児教育，春，8-13.

木全晃子（2008）実践者による保育カンファレンスの再考――保育カンファレンスの位置づけとともに深まる実践者の省察．人間文化創成科学論叢，**11**，277-287.

岸井慶子（2013）見えてくる子どもの世界――ビデオ記録を通して保育の魅力を探る．ミネルヴァ書房.

岸井慶子（2014）ビデオを通して子どもを見る――保育者のまなざしの深まりとカンファレンス．発達，**138**，66-71.

鯨岡峻・鯨岡和子（2007）保育のための「エピソード記述」．ミネルヴァ書房．
マーガレット・カー（著）大宮勇雄・鈴木佐喜子（訳）（2013）保育の場で子どもの学びをアセスメントする――「学びの物語」アプローチの理論と実践．ひとなる書房．
森上史朗（1996）カンファレンスによって保育をひらく．発達，**68**，1-4.
無藤隆（2011）保育の学校3――五つの今日的課題編．フレーベル館．
中坪史典（2010）記録の意義の再考と園内研修における活用方法――ドキュメンテーションとエピソード記述に学ぶ　季刊保育問題研究，**241**，20-28.
中坪史典（2013）保育者の専門性を高める園内研修――多様な感情交流の場のデザイン．発達，**134**，46-52.
奈良市・奈良市教育委員会（2013）子ども自ら遊びをつくる幼保合同保育の実践開発――保育者の協働と教育的意思決定の焦点をあてて．平成24年度文部科学省委託「幼児教育の改善・充実調査研究」．
奈良市・奈良市教育委員会（2014）子ども自ら遊びをつくる幼保合同保育の実践開発――保育者の協働と教育的意思決定の焦点をあてて．平成25年度文部科学省委託「幼児教育の改善・充実調査研究」．
岡健（2013）保育者の気づきと学びを促す園内研修とは――園内研修が活性化する3つのポイント．これからの幼児教育，春，2-5.
大場幸夫（2007）子どもの傍らに在ることの意味――保育臨床論考．萌文書林．
大豆生田啓友・鈴木直江・渡邊英典（1996）Y男の事例をめぐってのカンファレンス――保育実践に生きる研究を求めて．発達，**68**，5-27.
レッジョ・チルドレン（著）田辺敬子・木下龍太郎・辻昌宏（訳）（2001）子どもたちの百の言葉――イタリア／レッジョ・エミリア氏の幼児教育実践記録．学習研究社．
柴崎正行（2013）子どもが育つ保育環境づくり――園内研修で保育を見直そう．学研．
上田敏丈（2013）保育環境の中に見る保育者の専門性．発達，**134**，28-33.
VanManen, M. (1991) Reflectivity and the pedagogical moment. *Journal of Curriculum Studies*, **26**(6), 507-536.
若林紀乃・杉村伸一郎（2005）保育カンファレンスにおける知の再構築．広島大学大学院教育学研究科紀要第3部，**54**，369-378.

第20章

Hayes, E. (1989) *Effective Teaching Styles*. Jossey-Bass Inc.

Mohanna, K., Chambers, R., & Wall, D. (2008) *Your Teaching Style: A practical guide to understanding, developing and improving.* Radcliffe publishing Ltd.

上田敏丈（2008）保育者のティーチング・スタイル分類に関する研究．国際幼児教育学研究，**15**．1-12.

上田敏丈（2013）保育者のいざこざ場面に対するかかわりに関する研究――発生の三層モデルに基づく保育行為スタイルに着目して．乳幼児教育学研究，**22**．19-29.

上田敏丈（2014）保育者の保育行為スタイルと集団活動場面におけるかかわりに関する研究．教育学研究ジャーナル，**15**．1-9.

ヴァルシナー，ヤーン　サトウタツヤほか（訳）（2013）新しい文化心理学の構築．新曜社．（Valsiner, J. (2007) *Culture in mind societies: foundations of cultural psychology.* The Sage Tearm.）

第21章

足立里美・柴崎正行（2009）保育者アイデンティティの形成と危機体験の関連性の検討．乳幼児教育学研究，**18**，89-100.

足立里美・柴崎正行（2010）保育者アイデンティティの形成過程における「揺らぎ」と再構築の構造についての検討――担任保育者に焦点をあてて．保育学研究，**48**(2)，107-118.

秋田喜代美（2001）保育者のアイデンティティ．森上史朗・岸井慶子（編）保育者論の探求．ミネルヴァ書房，pp. 109-130.

Bandura, A. (1977) Self-efficacy: Toward a unifying theory of behavioral change. *Psychological Review*, **84**, 191-215.

Bluck, S. (2003) Autobiographical memory: Exploring its functions in everyday life. *Memory*, **11**, 113-123.

榎本博明（2011）大人の時間　日本発達心理学会（編）発達科学ハンドブック3　時間と人間．新曜社，pp. 113-129.

Erikson, E. H. (1950) *Childhood and society.* W. W. Norton & Company.（仁科弥生（訳）（1977）幼児期と社会1．みすず書房．）

香曽我部琢（2011）保育者の専門性を捉えるパラダイムシフトがもたらした問題．東北大学大学院教育学研究科研究年報，**59**(2)，53-67.

Lewin, K. (1951) *Field theory in social science: selected theoretical papers.* Harper &

Brothers.（猪俣佐登留（訳）（1979）社会科学における場の理論．誠信書房．）
三宅幹子（2005）保育者効力感研究の概観．福山大学人間文化学部紀要，**5**，31-38.
無藤清子（1979）「自我同一性地位面接」の検討と大学生の自我同一性．教育心理学研究，**27**(3)，178-187.
西山修（2008）保育者のアイデンティティと効力感は保育実践に影響を及ぼすか——領域「人間関係」について．乳幼児教育学研究，**17**，19-28.
西山修（2009）保育者の効力感と自我同一性の形成——領域「人間関係」について．風間書房.
西山修（2013）免許状更新講習における保育者支援プログラムの簡易実施とその効果．応用教育心理学研究，**30**(2)，3-13.
岡本祐子（2002）ライフサイクルとアイデンティティ．岡本裕子（編著）アイデンティティ生涯発達論の射程．ミネルヴァ書房，pp. 3-57.
佐藤浩一（2008）自伝的記憶の機能．佐藤浩一・越智啓太・下島裕美（編著）自伝的記憶の心理学．北大路書房，pp. 60-75.
清水寛之（2011）自伝的記憶の発達．日本発達心理学会（編）発達科学ハンドブック 3 時間と人間．新曜社，pp. 274-292.
谷冬彦（2001）青年期における同一性の感覚の構造——多次元自我同一性尺度（MEIS）の作成．教育心理学研究，**49**(3)，265-273.
吉田満穂・髙橋敏之・西山修（2016）自伝的記憶としての気付き体験による保育者の変容過程．岡山大学教師教育開発センター紀要，**6**，38-48.

終　章

Greenhalgh, T., & Hurwitz, B. (1998) *Narrative Based Medicine Dialogue and Discourse in Çlinical Practice*. BMJ Books.（斎藤清二・岸本寛史・山本和利（監訳）（2001）ナラティブ・ベイスト・メディスン——臨床における物語りと対話．金剛出版．）
Harms, T., Clifford, R. M., & Cryer, D. (1998) *Early Childhood Environment Rating Scale Revised Edition*, New York: Teachers College Press.
中坪史典（2017）子どもの主体的な遊びの特徴とそれが引き出される背景．発達，**150**，12-17.
渡辺誠（2016）米国人エグゼクティブから学んだポジティブ・リーダーシップ——やる気を引き出す AI（アプリシエイティブ・インクワイアリー）．秀和システム社.

おわりに

本書は，日常の中に埋め込まれ，自明視される「見えにくい」保育者の専門性を「誰にでも見える」ようなかたちで描出し，保育の奥深さを読者にわかりやすく解説した点に特徴があります。それぞれの状況のもと，子どもにとって何が望ましいことか，何が最善か，子どもは何を求めているのかなどを瞬時に判断し対応する保育者の姿を読み解いていただけたなら，こんなにうれしいことはありません。

研究倫理やプライバシー配慮の観点から，個人名を記すことはできませんが，各章の事例の中に登場する保育者のみなさまや子どもたち，事例提供や研究遂行にご協力いただいた各園の園（所）長先生，同僚の保育者や保護者のみなさまなど，関係各位の方に対しまして著者を代表し，改めてお礼申し上げます。

本書は，日本保育学会大会の会場において，ミネルヴァ書房の丸山碧氏より，企画のお話をいただいたことがきっかけでした。その後，企画の過程で約２年近い歳月を要しましたが，その間，丸山碧氏には，熱心に議論の相手をしていただき，編集の過程においては，幾度となく適確なご意見，ご助言，アドバイスをいただきました。つまり，本書は，編者と丸山碧氏との協働思考にもとづくものであり，その意味においては，出版社と研究者のコラボレーションの成果に他なりません。保育実践の中にある保育者の専門性の奥深さを社会に発信するために，研究者，保育者，出版社という連携のトライアングルが構築されたことは，編者にとって大きな経験となりました。今回，本書の製作という貴重な機会を与えていただきましたこと，心より感謝申し上げます。

2018年4月

中坪史典

《執筆者紹介》（執筆順，＊は編著者）

＊中坪史典（なかつぼ　ふみのり）
編著者紹介参照

水野佳津子（みずの　かづこ）：佼成育子園保育士

妹尾正教（せのお　まさのり）：仁慈保幼園理事長，統括園長

塩崎美穂（しおざき　みほ）：日本福祉大学子ども発達学部准教授

清永歌織（きよなが　かおり）：赤穂市立塩屋幼稚園教諭

保木井啓史（ほきい　たかふみ）：福島大学人間発達文化学類准教授

妹尾有貴（せお　ゆき）：広島大学附属幼稚園教諭

淀川裕美（よどがわ　ゆみ）：東京大学大学院教育学研究科附属
発達保育実践政策学センター特任講師

知念みね子（ちねん　みねこ）：風のうた保育園園長

村上博文（むらかみ　ひろふみ）：常葉大学保育学部専任講師

福田泰雅（ふくだ　たいが）：赤碕保育園理事長

高橋真由美（たかはし　まゆみ）：藤女子大学人間生活学部教授

中丸元良（なかまる　もとよし）：かえで幼稚園園長

箕輪潤子（みのわ　じゅんこ）：武蔵野大学教育学部准教授

松本信吾（まつもと　しんご）：広島大学附属三原幼稚園教諭

吉田伊津美（よしだ　いづみ）：東京学芸大学教育学部教授

山崎奈美（やまざき　なみ）：東京学芸大学附属幼稚園主幹教諭

白石敏行（しらいし　としゆき）：山口大学教育学部教授

濱名　浩（はまな　ひろし）：立花愛の園幼稚園園長

平野麻衣子（ひらの　まいこ）：兵庫教育大学大学院学校教育研究科講師

池田明子（いけだ　あきこ）：福山平成大学福祉健康学部准教授

市原悟子（いちはら　よしこ）：アトム共同福祉会理事長

横山真貴子（よこやま　まきこ）：奈良教育大学教育学部教授

村崎千津子（むらさき　ちづこ）：富山市立保育所所長

香曽我部琢（こうそかべ　たく）：宮城教育大学教育学部准教授

出原　大（いずはら　だい）：松山東雲女子大学人文科学部准教授

二宮祐子（にのみや　ゆうこ）：東京女子体育短期大学児童教育学科准教授

鈴木惠子（すずき　けいこ）：幼保連携型認定こども園共励こども園保育教諭

久保山茂樹（くぼやま　しげき）：国立特別支援教育総合研究所インクルーシブ教育システム推進センター総括研究員

宮崎勝宣（みやざき　かつのぶ）：路交館　多機能型事業所うぃず守口管理者

小川　晶（おがわ　あき）：植草学園大学発達教育学部准教授

西垣真由美（にしがき　まゆみ）：幼保連携型認定こども園黒野こども園副園長

吉田貴子（よしだ　たかこ）：大阪国際大学短期大学部非常勤講師

池ヶ谷恵美子（いけがや　えみこ）：新宿区立百人町保育園園長

木 戸 彩 恵（きど　あやえ）：関西大学文学部准教授

正岡里鶴子（まさおか　りづこ）：元 成育しせい保育園園長，
東京都世田谷区保育運営支援専門員

掘 越 紀 香（ほりこし　のりか）：国立教育政策研究所幼児教育研究センター総括研究官

中 山 昌 樹（なかやま　まさき）：認定こども園あかみ幼稚園理事長

上 田 敏 丈（うえだ　はるとも）名古屋市立大学大学院人間文化研究科准教授

青 山　　誠（あおやま　まこと）：しぜんの国保育園保育士

西 山　　修（にしやま　おさむ）：岡山大学大学院教育学研究科教授

宮 武 大 和（みやたけ　やまと）：札幌トモエ幼稚園主任教諭

《編著者紹介》

中坪史典（なかつぼ　ふみのり）

広島大学大学院教育学研究科博士後期課程単位修得退学

現　在：広島大学大学院教育学研究科准教授

主　著：『幼児理解からはじまる保育・幼児教育の方法』（共編著，建帛社，2009年）
『児童文化が拓く豊かな保育実践』（編著，保育出版社，2009年）
『子ども理解のメソドロジー』（編著，ナカニシヤ出版，2012年）
『映像で見る主体的な遊びで育つ子ども――あそんでぼくらは人間になる』（共編著，エイデル研究所，2016年）
『質的アプローチが拓く「協働型」園内研修をデザインする』（編著，ミネルヴァ書房，2018年）

テーマでみる
保育実践の中にある保育者の専門性へのアプローチ

2018年6月20日　初版第1刷発行　〈検印省略〉

定価はカバーに
表示しています

編著者　中坪史典
発行者　杉田啓三
印刷者　坂本喜杏

発行所　株式会社　ミネルヴァ書房
607-8494　京都市山科区日ノ岡堤谷町1
電話代表　(075)581-5191
振替口座　01020-0-8076

冨山房インターナショナル・藤沢製本

ISBN 978-4-623-07685-7
Printed in Japan